文献检索与利用实用教程

◎主　编　　颜世伟　柴晓娟

◎编　者　　柴晓娟　颜世伟　梁一丹

　　　　　　黄颖茜　梅庆玲　张蓓蓓

WENXIAN JIANSUO YU LIYONG SHIYONG JIAOCHENG

 南京大学出版社

图书在版编目(CIP)数据

文献检索与利用实用教程 / 颜世伟,柴晓娟主编
. — 南京 ：南京大学出版社，2015.7(2023.1 重印)
ISBN 978 - 7 - 305 - 15192 - 7

Ⅰ. ①文… Ⅱ. ①颜… ②柴… Ⅲ. ①情报检索—高
等学校—教材 Ⅳ. ①G252.7

中国版本图书馆 CIP 数据核字(2015)第 102951 号

出版发行 南京大学出版社
社　　址 南京市汉口路22号　　　邮　编　210093
出版人 金鑫荣
书　　名 文献检索与利用实用教程
主　　编 颜世伟 柴晓娟
责任编辑 刘群烨 吴 华　　　　编辑热线 025 - 83596997
照　　排 南京南琳图文制作有限公司
印　　刷 盐城市华光印刷厂
开　　本 787×1092 1/16 印张 16 字数 388 千
版　　次 2015 年 7 月第 1 版 2023 年 1 月第 7 次印刷
ISBN 978 - 7 - 305 - 15192 - 7
定　　价 39.80 元

网址：http://www.njupco.com
官方微博：http://weibo.com/njupco
微信服务号：njuyuexue
销售咨询热线：(025) 83594756

前　言

　　人们的信息需求活动推动了信息管理技术的发展。在一系列信息认知、生产、组织、利用活动进程中，信息被人们所感知的类型由最初的实物信息、口语信息发展到文字信息、影音信息、数据信息，进而扩充至今天的多媒体信息、数字化信息，信息的存在类型进入了多元化时代；网络的泛在服务，以智能手机为代表的移动终端的普及，使各类信息变得唾手可得，信息的获取途径与服务模式也进入了多元化时代；泛在的信息又引起了人们生活方式与行为习惯的巨大变化，人们的信息需求同样进入了多元化时代。

　　学术资源的获取与利用在人们的信息需求活动中占据着重要的地位，在印刷品文献为代表的传统时代，学术资源获取的便捷化一度成为学术精英阶层的"专利"。网络环境下，学术资源的数字化、学术数据库的大力推广、数字化图书馆进程的推进、开放学术资源获取运动的发展等等一系列信息管理技术与服务的变革进程打破了信息交流与利用的藩篱，"旧时王谢堂前燕，飞入寻常百姓家"，学术资源的产生、存储、组织、揭示与利用进入了一个"去威权化"的新时代。

　　信息技术的快速发展，网络学术资源的爆炸式增量，让人们从便捷获取学术资源的"满满的正能量"中所享受的欢悦没有持续太长时间，便很快陷入了新的困惑之中：面对海量信息，如何才能排除干扰，快速便捷地找到适量、合用的学术信息呢？基于知识创新的学术检索进程中，在获取所需信息的同时，如何有效地利用各类系统平台提供的增值服务呢？要破解"我们身处信息汪洋之中，却不得不忍受信息饥渴之苦"的浩叹，只能通过不断提升人们的信息素养来实现。

　　综合国内外有关信息素养的描述，在校大学生应具备如下信息素养：意识到自己的信息需求，并能明确地表达出来，知道选用合适的检索工具，通过制定合理的检索策略,成功检索到所需学术资源,经过科学的分析与组织,利用这些资源实施知识创新活动。根据1984年教育部颁布的《关于在高等学校开设〈文献检索与利用课〉的意见》的文件精神及1992年国家教委印发的《文献检索课教学基本要求》的规范要求,各高校纷纷开始开设文献检索课,对在校大学生进行信息素养教育。经过多年的教学实践活动,检索课程在培养大学生的信息意识和获取、利用网络学术资源的能力、提高他们在网络环境下的学术研究能力、利用文献管理工具更好地进行知识创造的能力等方面取得了巨大的成就。但是,在取得成绩的同时,检索课程教学也面临诸如教学模式与教材同质化、教学手段僵化等问题,如何在新形势下,有针对性地为在校大学生准备一本合适的教材,既是进行检索课程教学改革的基础,也是每一个从事教学活动的老师无可推卸的责任。

本书在编写内容上,除了包括检索原理和技术、学术文献数据库的使用方法与技巧等基本知识外,在兼顾传统文献获取途径的同时,还包括利用智能移动终端等设备在网络环境下拥有尽可能多的学术资源获取途径,以及如何自主性地获取所需文献资源并进行知识创新活动等内容。

本书共分8章:

第1章概述了文献信息的基本概念,阐述了信息组织与资源描述、信息素养与信息教育、信息伦理与知识产权等概念的内涵;

第2章主要介绍了信息检索语言、检索技术、检索方法与检索策略以及如何对信息检索效果进行评价等内容;

第3章在理清网络信息资源的特点与类型的基础上,介绍了常用搜索引擎与域名资源、开放获取网络资源等知识;

第4章分类介绍了图书概况、图书检索与获取、参考工具书的使用等内容;

第5章分类介绍了期刊概况、中外文期刊数据库的使用与检索技巧;

第6章在论述了学位论文定义、类型、特点的基础上,介绍了国内外常用学位论文数据库的使用与论文写作的基本规范;

第7章主要介绍了引文数据库及专利、标准、会议、科技报告等特种文献及其检索等方面的内容;

第8章揭示了网络信息服务、信息推送技术与个人文献管理工具等知识,介

绍了常用文献保障服务体系、资源导航与知识发现以及即时通信服务与移动图
书馆等其他形式的网络服务内容。

　　本书由颜世伟、柴晓娟主编，并对本书的立项、内容、结构、写作大纲的制定
等编务工作进行策划与设计，负责对全书修改、审校与定稿。各章节编写分工
如下：第1章、第4章由颜世伟编写；第2章、第7章由梁一丹编写；第3章由黄
颖茜编写；第5章由梅庆玲编写；第6章由张蓓蓓编写；第8章由柴晓娟编写并
负责全书的思考题拟定。

　　本书的编写源于通达学院针对应用型人才的培养目标，对该课程进行教学
改革以及对教材内容进行修改，通达学院教务处的老师们在本书的教材立项及
编写过程中给予了大力的帮助与指导，同时也得到了南京大学出版社吴华老师
的大力支持，在此表示深深的谢意！

　　本书在编写过程中参考了大量的国内外文献、同类图书，在此向著作者表
示谢意。由于水平有限，虽然努力，书末的参考文献仍难免有疏漏，谨请谅解。
书中内容可能仍有不足乃至错误之处，敬请读者和专家给予批评和指正。

编　者

2015 年 4 月于扬州

目　录

第1章 文献信息概述

1.1 文献信息基本概念

1.1.1 信息、文献、知识、情报

1. 信息、文献、知识、情报的基本定义

（1）信息

信息是事物的运动状态与运动方式，是物质的一种属性。人们通过获得、识别自然界和社会的不同信息来区别不同事物，得以认识和改造世界。

信息一词是逐渐由普通词语演变为科学术语的。最初，它只有音信、消息的意思，而且，这两个词还另有传递、传播的含义：意味着一端有音信的来源，另一端有接收方。如果音信的内容是指令，则接收方可能是预期的执行者；如果音信的内容是一般资料，则接收方可能只是个使用者。继而，字义扩大，包括通过调查研究获取的资料。再后，泛指一般数据资料[①]。

信息作为科学术语最早出现在哈特莱（R. V. Hartley）于 1928 年撰写的《信息传输》一文中。在它变为术语的过程中，1948 年信息论的出现起了重要作用。信息论的创始人美国的数学家香农（C. E. Shannon）在《通讯的数学原理》中首次提出将信息这个概念加以量化，"信息是用来消除随机不确定性的东西"。英国哲学家波普尔提出三个世界的理论：世界 1 指物理世界，世界 2 指精神世界，世界 3 则指客观知识世界，实际指的就是信息。控制论创始人维纳（Norbert Wiener）在《信息控制论》一书中指出："信息是人们在适应外部世界，并使这种适应反作用于外部世界的过程中，同外部世界进行互相交换的内容和名称。"经济管理学家认为"信息是提供决策的有效数据"。我国信息学专家认为"信息是事物存在方式或运动状态，以这种方式或状态直接或间接的表述。"

信息与物质、能量被称为构成世界的三大要素。信息与人类社会密切相关，它的主要功能在于反映事物内部属性、状态、结构、相互联系以及与外部环境的互动关系，减少事物的不确定性。

信息具有共享性、客观性、时效性、传递性、可扩充性、可替代性等特征。

[①] 《中国百科大辞典》总编辑委员会. 中国百科大辞典：普及版[M]. 北京：中国大百科全书出版社，2005.

（2）文献

信息、情报等知识本身是抽象的，必须借助于一定的物质载体，才能进行知识传播乃至于体现它们的存在，这些承载着各类信息的载体，就是文献。人们通常所理解的文献是指图书、期刊、论文等载体形态所记录知识的总和。

物质成为文献必须具备以下基本要素：① 一定的载体。文献首先是一种物质载体，刻辞的龟甲兽骨、记事的绳结、铸刻文字的金石与简帛、拓本、图谱、书本乃至胶片、磁带、光盘等"文献"都是不同形式的信息传播载体；② 载有一定的知识。文献上载有历史价值和研究价值的各类知识；③ 一定的方法和手段。通过刻、写、印等手段，采用文字、代码、图形、符号、音视频、数据等方式在载体上记载人类知识；④ 一定的意义表达和记录体系。

"文献"一词古已有之，多指历朝的典籍和贤才。最早见于《论语·八佾》，"夏礼吾能言之，杞不足徵也；殷礼吾能言之，宋不足徵也。文献不足故也。足，则吾能徵之矣。"南宋朱熹《四书集注》："文，典籍也；献，贤也。"陆游《谢徐君厚汪叔潜携酒见访》诗云："衣冠方南奔，文献往往在。"

随着社会的发展，"文献"的概念已发生了巨大变化，除了泛指古籍贤人外，人们还把具有历史价值的古迹、古物、模型、碑石、绘画等，统称为"历史文献"。当代，文献概念的内涵不断扩大。国际标准化组织在《文献信息术语国际标准》（ISO/DIS 5217）中对文献的定义为：在存贮、检索、利用或传递记录信息的过程中，可作为一个单元处理的，在载体内、载体上或依附载体而存贮有信息或数据的载体。1984 年，我国颁布的国家标准《文献著录总则》则将其定义为：文献是记录有知识的一切载体。

（3）知识

知识是人们对于客观事物的存在和运动规律的认识，是人类在改造客观世界的实践中积累起来的认识和经验的总和。广义的知识指人对客观事物所知的一切，包括对一景一物的认识；狭义的知识则指人类在某一学科领域中的认识成果，特别是反映客观规律而有实用价值的系统知识。狭义的知识是现代科学各门类的研究对象。知识可以显性的通过一定的物质载体表现出来，也可以隐性的存贮于人的头脑中，指导人的实践活动。知识可能是关于理论的，也可能是关于实践的。

（4）情报

情报是指被传递的知识或事实，是知识的激活，是运用一定的载体，越过空间和时间传递给特定用户，解决科研、生产中的具体问题所需要的特定知识和信息。

"情报"一词，外来于日语对"Information"的翻译（我国台湾、香港等地译为"咨讯"），主要指"信息、资讯、消息"。较早时，学界因观点不同，还引发过"信息"与"情报"称谓的争论，不过现在在图书馆学领域多将"情报"统一到信息这一学术术语之中。

本书用文献信息的概念来指代以文字、语言、数字、图像、声频、视频等方式表达出来，记录在特定载体上的信息资源。

2. 信息、文献、知识、情报的关系

四者之间的关系既紧密联系又相互有所区别。在图书馆学界，目前"情报"概念更多统一于"信息"概念；（广义）信息广泛存在于自然界和人类社会，其外延最广，它是物质存在的方式和运动规律与特征的反映；信息被人类所感知并经过提炼加工，经过系统化而成为知识，是理性化、系统化了的信息；利用知识创新形成的新信息（狭义）可以为特定用户的特定目的服务，这类被利用了的信息，就成为情报；文献是记录、积累、传播和继承知识的最有效手段，是人类社会活动中获取情报的最基本、最主要的来源，也是交流传播情报的最基本手段。文献中所含的知识只有被利用了才会发挥其应有效益；知识一经产生，就以声像信息、实物信息、文献信息的形式传播。人们通过信息获得对事物新的认识，从而产生新的知识。

从概念外延上看，四者的关系如图 1-1 所示：

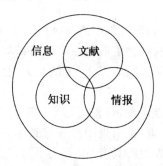

图 1-1　信息、文献、知识、情报之间的关系

从传播过程看，四者的关系如图 1-2 所示：

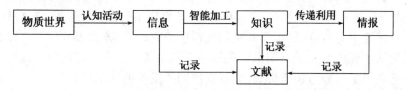

图 1-2　信息、文献、知识、情报之间的关系

3. 文献信息的基本分类

为了更深入地研究和利用文献信息，有必要对文献信息进行分类。人们从不同的角度出发，对文献信息有不同的分类形式：

① 按性质，文献信息可分为语义信息和非语义信息。语义信息是指用语言、文字或语义性质的符号所描述的信息；非语义信息是指用非语义性质的声音、颜色、或实物承载的信息。

② 按内容，文献信息可分为科学信息、技术信息、经济信息、军事信息、法律信息、政务信息、金融信息、市场信息、文化信息、旅游信息等等。

③ 按存在形式，文献信息可分为文字信息、声像信息和实物信息。文字信息是指用文字或符号、代码等来表达其内容的信息，如图书、报刊等；声像信息是指通过声频或视频信号荷载和传递的信息，如通过电视、广播、电话、网络、录音、录像、谈话所传递的信息；实物信息指通过实物承载、传递的信息，如样品、样机等。

④ 按价值，文献信息可分为有害信息和无害信息。有害信息是指会给我们的生产、学

习和生活带来危害的信息，如网络上的虚假信息、黄色信息等；无害信息又分为有用信息和无用信息，有用信息就是对我们生产、学习、生活有作用的信息，而无用信息就是对我们暂时没有什么用处或不能利用但也没有害处的信息。

此外，文献信息分类的方法还有很多种，采用不同的分类标准，就可以从不同的角度对文献信息进行分类。

1.1.2 信息资源及其特征

1. 信息资源概念

信息资源是人类社会生产及管理过程中所涉及的一切文件、资料、图表和数据等信息的总称。信息资源广泛存在于经济、社会生活的各个领域和部门。随着社会发展的不断推进，信息资源对国家和民族的发展，对人们的工作、生活至关重要，成为国民经济和社会发展的重要战略资源。

信息是资源的观点，从实践方面看，首先起源于日本。二战结束后，为了迅速振兴经济，日本政府制定了"技术立国"的政策，把引进国外先进技术、振兴日本工业确立为基本国策。这一政策实施的成功，加之日本人始终具有"国土狭小，自然资源贫乏"的忧患意识，使得他们把技术和技术信息的开发与利用迅速推广到经济、社会信息的开发与利用，从而逐步确立了信息资源论的新思想。

从理论方面看，美国信息经济学家 J·马尔夏克、G·斯蒂格勒等人在 20 世纪 50 年代末、60 年代初率先从微观角度入手，对信息价值、信息成本、信息价格、信息效率以及信息在社会稀缺资源配置中的地位、作用及其机制进行了研究；另一方面 F·马克卢普和 M·U·波拉特等人又从宏观角度入手对知识产业和信息产业展开了全面的研究。这些研究从理论上论证了信息资源是一种与物质资源、能量资源同等重要的现实资源。

2. 信息资源特征

信息资源与能源资源、物质资源相比，具有以下特征：

① 信息资源能够被重复使用，其价值在使用中得到体现；
② 信息资源的利用具有很强的目标导向，在不同的用户中体现出不同的价值；
③ 信息资源具有整合性，人们对其检索和利用不受时空、语言、行业的制约；
④ 信息资源是社会财富，任何人无权全部或永久买下信息的使用权；
⑤ 信息资源是商品，可以被销售、贸易和交换。

随着科学技术、社会生活在广度和深度的快速发展，信息资源的数量以前所未有的速度增长，在出现大量传统文献信息资源的同时，以网络资源为代表的数字化信息资源得以迅猛增长，依附于网络的现代文献信息资源涵盖了社会、科技生活的各个方面，与传统文献信息资源相比，现代文献信息资源表现出：数量庞大、渠道丰富；更新快速、时效性强；离散分布、交叉重复；形式多元、语种多样；状态不稳、良莠不齐等新特征。

1.1.3 文献信息的类型

文献信息囊括了人类一切智能活动的成果，涉及范围非常广泛，对其分类很难有统一的标准,通常有载体形式、加工深度、出版类型等划分标准。

1. 按载体形式划分

文献信息可分为自然型、印刷型、缩微型、视听型、机读型、数字型等六种类型。

① 自然型文献。人类文明的早期,文献信息大多记录在天然载体,如石、骨、金、木等材料上。这类文献信息主要有:金石文献,如旧石器时代的远古壁画,刻有文字的青铜器,刻有五经等儒家经典的石碑等;甲骨文献,用于记录文献的骨骼多为龟的腹甲或牛的肩胛骨,清光绪年间在河南安阳小屯村出土的甲骨文献是我国现存最早的此类文献;泥板文献,主要为两河流域的古代文献载体,如,记录美索不达米亚苏美尔文明的典籍;简策文献,在我国战国、秦汉时期,曾广泛采用竹、木等材料作为文献的主要载体形式,将竹或木制成单片叫简,用绳编扎起来后叫册(册、策相通);绢帛文献,除金石竹木等材料外,古人还用绢帛等编织物作为文献载体,不仅轻便易书,且长宽可根据需要任意裁剪。战国至两晋时期,绢帛文献比较普遍,在纸张出现以前的较长时期内,简策文献和绢帛文献并存,两者合称简帛文献。

② 印刷型文献。印刷型文献是以纸张为载体,以手写、石印、油印、胶印、铅印、影印、复印等为记录手段的传统的文献类型,它仍是目前出版的主要形式,也一直占据文献信息资源的主导地位。该类文献的优点是携带方便、便于随时阅读、可广泛流传、不受时空限制等,缺点是存储密度低、占据空间大、整理存储均需花费较多人力物力。

③ 缩微型文献。该文献是利用感光材料胶片或胶卷为载体,以缩微照相为记录手段而产生的一种文献形式。现在常见的胶片产品有缩微胶卷和缩微平片两种,优点是体积小、价格低、信息存储密度高,相对于印刷型文献可大大节约存储空间,携带方便,便于实现自动化管理和检索。缺点是需借助于专门的设备才能阅读,保存条件要求高。

④ 视听型文献。又称声像文献、直感文献,它是一种以磁性材料或感光材料为载体,以磁记录或光学技术为手段直接记录声音信息、视频图像,如唱片、录音带、幻灯片、电影片、电视片、录像带等。该类文献的优点是直观生动,易于接受,缺点是必须依靠配套设备才能阅读,同时也不易检索与更新。

⑤ 机读型文献。它是一种以磁性材料为存储介质,通过编码和程序设计把文献变成数字语言和机器语言,输入到计算机中去,存储在磁带、磁盘、磁鼓或光盘上,用时需由计算机等设备输出供阅读、下载、打印的文献。

⑥ 数字型文献。它是一种以网络为传播载体,以多媒体为内容特征,以交互性、多样性为传递方式的一种数字化文献形式,也称网络型文献。该文献具备提供海量信息、存取便捷的优势,同时,也有信息污染严重、信息太多导致甄别困难等方面的问题。

2. 按加工程度划分

按文献信息被加工的深度,可分为零次文献、一次文献、二次文献、三次文献。

① 零次文献。它是指尚未发表,或未进入社会交流,或不适合公开和大范围交流的比较原始的文献,未经任何加工整理,是一种零星的、分散的和无规则的文献,如笔记、底稿、手稿、原始统计数据、实践记录等。它具有原始性、新颖性、分散性和非检索性等特征,一般在小范围内交流、使用、参考,有些具有较高的价值,但获取与收集整理的难度较大。

② 一次文献。作者以本人的科技或生产活动成果为依据创作的原始文献,如专著、期刊论文、会议论文、科技报告、学位论文、专利说明书等。它是作者的创造性劳动成果,具有较高的信息价值,但数量庞大、发表分散、无序,为人们查找及利用带来不便。

③ 二次文献。将分散的、未经组织的大量一次文献进行加工整理,形成系统化的、条目化的文献,如书目、索引、题录、网络搜索引擎等检索工具。二次文献是在对一次文献的处理的基础上产生的,它并不是以反映一次文献的学术内容为重点,而是按文献的内容特征(主题、分类等)或文献的外部特征(作者、篇名等)来揭示一次文献线索,目的在于为查找一次文献提供快速和准确引导,所以也被称为检索工具。

④ 三次文献。这种文献是指在一次文献、二次文献的基础上,经过综合分析而编写出来的具有较强参考性、概括性、指导性的高层次文献信息。它主要有两种类型:一种是针对某些具体研究项目的当前状况、发展趋势进行分析和评述,如专题评论、综述、学科动态等;另一类是将发展较为成熟的知识系统化,以便于人们学习、查找和利用,如教科书、百科全书、年鉴、词典、指南等。三次文献一般文后附有大量的参考文献。

从文献信息检索的角度来看,一次文献(含零次文献)是检索的对象,二次文献是检索所依赖的工具,三次文献是知识集合与创新的研究成果,它既可被视为检索目标,又可被作为检索手段。

3. 按出版类型划分

① 图书。1964 年联合国教科文组织关于图书出版统计国际标准化建议中规定:图书是一种至少 49 页的(封面除外),用通常字体排印、装订成册的,在国内出版并向公众发行的非定期出版物。一般是在期刊论文、会议论文、研究报告及其他一次文献的基础上,经过加工、重组的文献,同其他类型出版物相比,具有内容详尽、知识体系完整等特点,是人们系统学习、全面了解某一领域知识内容的主要文献信息来源,但出版周期较长,知识的新颖性较差,往往不能反映某一领域的最新研究成果。

按图书内容和读者对象一般又可分为专著(Monograph)、最新进展丛书(Recent Advances Series)、教科书(Textbook)、参考工具书(Reference Book)等。在传统文献检索活动中,参考工具书发挥着重要的作用,常用的工具书有:字词典、类书、政书、手册、年鉴、百科全书、指南、图册、名录等。

② 期刊。期刊是指有一个固定的名称,标有序号,装帧形式基本一致,定期或不定期连续出版的文献。每年至少出一期,每期载有两篇以上不同作者写的论文。世界上最早的期刊被认为是 1665 年创刊的法国《学者杂志》和英国《哲学汇刊》。期刊出版周期短、报道速度快、信息量大、能及时反映国内外发展水平,成为人们了解科研进展、进行学术交流的主要文献信息来源。

期刊根据其学术水平和编辑部资格等标准,分国际级、国家级、省部级、市级等级别;按出版周期,分周刊(Weekly)、月刊(Monthly)、双月刊(Bimonthly)、季刊(Quarterly)、年刊(Annuals)等;按内容性质,分为学术性、通讯性、消息性、资料性、科普性等多种形式。以通报(Bulletin)、学报(Acta)、汇刊(Transaction)为名的期刊多由大学或学术团体出版,学术水平较高。

　　我国期刊编号采用国内期刊编号与国际连续出版物编号并用的方案。国内期刊编号以 CN 开头,后加 6 位数,分成两组,再加学科分类号,以斜杠隔开。ISSN 号(国际标准连续出版物号)以 ISSN 开头,后加 8 位数字,分成两组,如图 1－3 所示。

ISSN 1007－3841
CN 22－1361/Ⅰ

图 1－3　中国期刊编号

　　期刊有卷(Vol.)和期(No. 或 Iss.)标识。期刊的期是某种期刊在一年内根据其出版频率从第一期起连续编号,一年中所有期刊合为一卷。创刊年的卷为第 1 卷,第 2 年为第 2 卷,依次类推。

　　③ 科技报告。科技报告是描述一项科学技术研究的结果或进展,或一项技术研制试验和评价的结果,或是论述一项科学技术问题的现状和发展的文献。它是关于某项科研成果的正式报告,或是其进展阶段的实际记录。许多最新的研究课题和尖端科学往往首先反映在科技报告中,它常代表一个国家或地区在某专业领域内的科研水平。目前,各国都特别注意科技报告的撰写,美、英、德、日等国家每年出台数十万份科技报告,其中美国的 AD(美国军事技术情报局报告)、PB(美国出版局报告)、NASA(美国宇航报告)、DOE(美国能源局报告)报告,英国的 ARC 报告,法国的 CEA 报告和德国的 DVR 报告在国际上较为著名。

　　特点:每份报告单独成册、有连续编号、内容艰深、数据权威、技术全面,在发表速度上快于其他文献类型,大多数属于保密或控制发行,仅少数公开或半公开,主要依据报告编号加以识别。

　　④ 会议文献。会议文献是指在学术会议上交流的论文、报告及有关文献。学术会议一般是围绕着某一学科或专业领域的新成就和新课题来进行交流探讨。会议文献的学术性、指向性很强,代表了相关领域内最新的研究成果。会议文献的形式主要为会议录,常常以期刊专集的形式报导。

　　会议文献有不同的出版形式,如以期刊形式出版的会议专号、会议特辑、书本式会议录、连续会议录等。有些会议定期召开,其会议文献也定期出版,从而形成了连续出版物,这些出版物虽然也有"Proceedings"等字样,但收藏单位一般将其视为期刊收藏。会议文献常带有"Conference"、"Proceedings"等文献标识。

　　特点:内容新颖、学术性强,能反映某专业最新的发展水平,有助于了解有关领域的新发现、新动向和新成就。主要依据著录项中的会议名称、时间、地址、会议录出版单位及其地址、会议录提供单位及其地址、页码等加以识别。

　　⑤ 专利文献。专利文献是指个人或单位为了获得某项发明的专利权,在申请专利时向专利局呈交的有关该项发明的一份详细技术说明书。专利文献需阐述发明的目的、用途、特点、效果及采用何种原理或方法等等。

　　广义的专利文献包括专利申报及审批过程中所产生的一切文件及出版物,包括专利申请书、专利说明书和专利检索工具书等;狭义的专利文献通常是指专利说明书。专利说明书与其他类型文献相比更具有法律色彩,它一般包括所申请专利技术的详细说明、专利权范围和插图。不过在说明其核心技术问题时,常含糊其辞,以保护其关键技术,而在权利要求部分则采用严格的法律叙述。这类文献一般出版迅速、格式规范、文字简练严谨。专利文献有助于了解最新技术,避免科研过程中的重复劳动。

专利文献主要依据著录项中的专利批准号、专利国别、专利权人、专利优先日期(公开日期)、出版时间等加以识别。

⑥ 学位论文。学位论文是高等院校、科研院所的毕业生为获取学位所撰写的学术性论文,是学生学习成果及学习能力的综合体现。目前我国的学位论文一般分为学士学位论文、硕士学位论文、博士学位论文三个层级。学位论文研究的内容专深、系统、详细和完整,具有一定的学术性和独创性,有较高的参考价值。在我国,图书馆等文献收藏单位一般只收录博硕士论文,通常所说的学位论文检索也多指硕士与博士论文检索。早期学位论文一般不公开出版,获取原件比较困难。目前可以通过《万方学位论文库》、《中国知网学位论文库》及各学位授予单位图书馆的《学位论文库》等数据库进行原文检索。

学位论文一般明确标有"Thesis"或"Dissertation"等字样,同时注有学位颁发时间、地点、颁发单位等信息。

⑦ 标准文献。标准文献是指对各种产品和工程建设的质量、规格及其检验方法等方面所做的技术规定。标准文献的制定工作一般是由主管部门或权威协会完成,作为一种规章性的技术文献,它是同行业共同遵守的准则和依据,有一定的法律约束力。一般分为国际标准、地区标准、国家标准、专业(部)标准和企业标准(地方标准)等五类。

一件完整的标准一般应该包括以下各项标识或陈述:标准级别、分类号(通常是《国际十进分类法》UDC 类号和各国自编的标准文献分类法的类号)、标准号(一般由标准代号、序号、年代号组成。如 GB1 - 73,其中"GB"是中国国家标准代号,"1"为序码,"73"为年代号)、标准名称、标准提出单位、审批单位、批准年月、实施日期、具体内容项目。

⑧ 政府出版物。政府出版物是由政府机关负责编辑印制的,并通过各种渠道发送或出售的具有官方性质的文件,如政府公报、会议文件、法令汇编、各种公告、调查报告等。它内容涉及广泛,包括法令、统计资料、方针政策、规章制度、科技政策等,是政府用以发布政令和体现其思想、意志、行为的物质载体,同时也是政府的思想、意志、行为产生社会效应的主要传播媒介。在科技、商业推广等活动中,了解相关方面的政策和规定,必须借助于这一类型的文献。

政府出版物大致可分为两类:一类是行政性文件,包括会议记录、司法资料、条约、决议、规章制度以及调查统计资料等;另一类是科技性文献,包括研究报告、科普资料、技术政策文件等。政府出版物数量巨大,内容广泛,出版迅速,资料可靠,是重要的信息源。

⑨ 产品技术资料。产品技术资料指产品目录、产品样本和产品说明书一类的厂商产品宣传和使用资料。产品样本通常对定型产品的构造原理、性能特点、产品规格、用途、用法、操作规程、维修注意事项等所做的具体说明,内容成熟,数据可靠,有的有外观照片和结构图,可直接用于产品的设计制造中参考。产品样本具有其他技术资料所不具备的特色,从产品样本中可以获得关于产品结构的详细说明,它反映了企业的技术水平和生产动态,也有利于促进新产品、新工艺的推广应用。其特点是技术成熟可靠、图文并茂,一般都装潢精美,有很强的直观性。产品样本对于新产品选型、设计和订货都有一定的参考和借鉴作用。

产品技术资料通常有表示产品样本一类资料的词,如"Catalog","Guide book","Master of","Databook of"等,以及公司名称。

⑩ 技术档案。技术档案是指科研生产活动中形成的、有一定工程或项目对象的技术文件的总称。它涉及图纸、图表、照片、原始记录的原本以及复制件,详细内容包括任务书、协议书、技术指标、审批文件、研究计划、方案大纲、技术措施、调查材料、设计资料、试验和工艺记录等。它是一项工程项目完整、忠实的记录,内容详尽具体,是科研工作中用以积累经验、吸取教训和提高质量的重要参考文献,有很高的利用价值。不过,这些技术档案多数为内部使用,不公开出版发行,有些有密级限制。

技术档案有明确的档案编号,清楚注明建档、归档单位及时间。

以上十种类型的文献信息是科技活动中最主要的信息来源,被称为"十大信息源"。除此之外,还有报纸、新闻稿、统计资料、手稿、地图、广告资料等其他形式的文献信息资源。不同类型的文献信息往往为不同的科研工作所需要,或为某工作的不同阶段所需要。如系统学习某一领域知识,常参考图书类文献;定型产品的设计,往往偏重于标准文献;理论研究,主要利用期刊论文;发明创造或技术革新,常常事先借鉴专利说明书;了解科研进展及成果,可检索科技报告;掌握学科动态,可借助于会议文献。

文献信息的分类是一个动态的学术概念,除上述分类标准外,还有表现方式、公开程度等不同的划分依据,依前者标准,文献可分为文本、图像、数据、语音、数字等不同文献类别;依后者标准,又有白色文献、灰色文献、黑色文献之分。

1.2 信息组织与资源描述

1.2.1 信息组织

1. 信息组织的定义

信息组织是为了方便人们检索、获取信息而将庞杂、无序的信息,根据其内部特征和外部特征,对信息进行加工处理、系统化和有序化的过程。信息组织又是一个增值的过程。广义的信息组织还包括信息搜集与选择、信息分析与揭示、信息描述与加工、信息整理与存储。信息描述、揭示与序化是信息组织的中心内容。

信息组织的目的是根据使用需要建立起信息资源收藏系统和检索工具,以便利信息资源的开发利用,从而达到减少社会信息流的混乱程度、提高信息产品的质量和价值、建立信息产品与用户的联系、节省社会信息活动总成本的目的。从构成内容上看,信息组织包括:信息源外表特征的描述、信息源内容特征的揭示、信息重组和信息存储四个方面。

2. 信息组织的必要性

人类在社会生活、科学研究进程中创造了大量的信息资源,这些资源通常是人们经过直接观察获得的对客观对象的记述,更多时候是以原生态(未经过处理)的数据的形式呈现的,要成为一种能进行公共交流的知识,通过各种不同形式进行传播,就必须经过必要的有序化组织活动,以方便对这些信息资源进行开发利用,所以,信息组织是信息检索与利用的基础与前提。另一方面,随着互联网的迅速崛起,信息资源急剧增加,如果没有良好的信息组织工作,一切信息资源都将难以被检索、共享和利用,正如奈斯比特在《大趋势》一书中指出的:"失去控制和无组织的信息不再是一种资源",需求者将处于同时陷入信息汪洋与信息孤岛的尴尬境界。

3. 信息组织的流程

信息组织活动的流程按时间先后顺序依次为:信息选择与鉴别、信息分析与归类、信息描述与揭示、信息整理与存贮。

① 信息选择与鉴别。收集到的信息一般是没有经过加工的原始信息,需要从采集到的、处于无序状态的信息流中甄别出有用的信息,剔除无用的信息,是信息组织过程的第一步。

② 信息分析与归类。信息的分析是按照一定的分类表或者一定的逻辑关系从语法、语义和语用上对选择过的信息内、外特征进行分析,在此基础上经过细化、挖掘、加工整理,将原始信息排列成序,经过归类的信息变成有条理的信息体系。

③ 信息描述与揭示。根据信息组织和检索的需要,对信息资源的主题内容、形式特征、物质形态等进行分析、选择、记录的活动。在这一过程中,要在描述的信息载体上按一定的规律加注标识符号,所以,也称为著录与标引过程,原始信息(一次信息)经过描述与揭示,就正式成为二次信息。

④ 信息整理与存贮。将经过加工整理序化后的信息按照一定的格式和顺序存贮在特定的载体中的一种信息活动。一般是按照一定的规则将著录和标引的结果编制成简明的目录,提供给信息需求者作为查找信息的工具。

1.2.2 信息组织方式

根据信息的形式、内容、效用三个层次,对应区分出信息组织的三个层次[①],即形式信息组织、内容信息组织和效用信息组织,或者称为语法信息组织、语义信息组织、语用信息组织。

1. 形式信息组织

形式信息组织是根据信息的形式(外部)特征,使用一套形式化的符号系统按照一定的规则组织信息的方法。常见的形式信息组织有以下几种基本方法[②]。

① 字顺法。从字、词角度组织有关信息,可满足人们检索的一般要求。由于汉字与外文在字顺排检方面有很大的不同,又有汉字检字法和外文检字法之分。汉字检字法方面,有音序法、形序法、音序形序并用法等。中文字典、词典常用形序法、音序法这两种排检法。形序法又可分为部首法、笔画法、笔形法、四角号码法等;音序法则细分为汉语拼音字母法、声部法、韵部法等。外文检字法常见之于外语词典,主要有"word by word"法和"letter by letter"法,前者基于实词逐个比较,后者基于字母逐个比较。

② 代码法。代码具有唯一性和标准性,用代码集约信息,易于被人接受又便于管理。

---

① 李卫红,沈保全.信息组织方法述略[J].情报杂志,2001(1).

② 储节旺,等.信息组织学[M].北京:清华大学出版社,2007.

代码一般使用拉丁字母和阿拉伯数字,如专利代码、商品代码、身份证号码。

③ 时序法。以信息形成的时间为序组织信息。获得历史信息和从历史角度获取信息常采用此法,比如编纂工具书、著书立说过程中,时序法的使用较为普遍。

④ 地序法。以信息的空间地域特征为依据组织信息。获得有关地域方面的信息也是大众需求的一个重要方面,因为地域本身就代表了某一方面的特殊信息。地序法一般有文字法和图文法两种。

根据信息的外部特征进行信息组织的还有引证关系法(利用信息之间引证与被引证的关系来组织信息)、物名法、专用代码法及根据颜色、规格、质地等特征组织信息的方法。

2. 内容信息组织

根据信息的内容特征,使用一套含有语义的符号系统来组织信息,就是内容信息组织法。常用的内容特征组织有分类法、主题法(标题词法、单元词法、叙词法、关键词法)、元素结构法等。

① 分类法。分类法是一种按照学科或体系范畴,依据类别特征组织排列信息的方法,以分类标识作为检索标识,按学科性质进行系统排列,具有很好的层次性和系统性。分类体系便于用户进行浏览检索,传统的文献组织多采用这种方法,同时也是网络信息组织的一种基本方法。但这种方法存在更新速度慢、变化难度大、表述关系的能力有限等缺点。

刘向、刘歆父子编撰的《七略》首创图书分类体系,西晋荀勖首创的"经、史、子、集"四部分类法,以及《中国图书馆分类法》(简称《中图法》)、《中国人民大学图书馆图书分类法》(简称《人大法》)、《杜威十进分类法》(简称 DDC 或 DC)等都属于此类信息组织法。

② 主题法。能够表达主题概念的、经过规范化的、具有检索意义和组配性能的词语,就称为主题词。所谓主题法就是根据信息的主题概念特征来组织信息的方法,它以主题词作为检索标识,按字顺排列,直观性强,也是一种普遍使用的信息组织方法,该方法提供了一种直接面向具体对象、事实或概念的信息组织方法和信息检索途径。

主题法是近代产生的文献检索方法,具有直指、专指、灵活的优点,同时又兼顾了相同内容聚集的特点,是人们从内容角度更直接获取信息的有效方法。标题法、单元词法(元词法)、叙词法和关键词法(键词法)是最常见的主题组织法。

3. 效用信息组织

效用信息组织是根据信息的实用价值来组织信息的方法,主要有权重值组织法、概率组织法等形式。

① 权重值组织法。赋予不同信息以不同权重值,然后通过复杂的计算,以权值大小排列信息的重要性来组织信息的方法。质量评估、城市规划、行政决策等常用此法。

② 概率组织法。按照事物出现的概率大小对事物进行组织的方法。这种方法是在未全知信息情况下,对信息进行组织的一种方法。如,预测文体活动胜负、期货交易、对能否考上大学的学生进行排名等。

效用信息组织法能够反映和满足用户的信息需求,是一种应用性的组织方法,在实际生活中应用极为广泛。

4. 网络信息组织

网络信息资源具有多维的分类标准,通常按加工深度分为一次信息和二次信息[①]。网上一次信息主要有主页(Home Page)、电子邮件、BBS、网络新闻(Usenet 和 Newsgroups)等形式;鉴于一次信息来源广泛、种类繁多、内容复杂、急剧增长,用户在网络信息汪洋中找到所需信息非常不容易。人们对一次信息进行加工,运用搜索引擎和菜单索引等方式组织成网上二次信息。

相较于传统信息资源,网络信息资源数量庞大、增长迅速,内容丰富、形式多样,变化频繁、价值良莠,结构复杂、分布广泛,对其进行组织亟待加强。

网络信息组织[②]是指人们根据网络信息本身的特点,运用各种工具和方法,对网络信息进行加工、整理、排列、组合,使之有序化、系统化、规律化,从而有利于网络信息的存储、传播、检索、利用,以满足人们的网络信息需求的活动过程。目前网络信息组织的方式主要有以下几种方式。

① 文件方式。文件是计算机存储数据的重要方式,一个文件可以包括数据、程序或字符,是计算机保存处理结果的基本单位。对于图形、图像、图表、音频、视频等非结构化信息,可以方便地利用文件系统来管理。以文件方式组织网络信息资源具有简单方便,能存贮非结构化信息等优点,因此以文件方式来组织信息资源仍然使用的较广泛,Internet 也提供了诸如 FTP 一类的协议来帮助用户利用那些以文件形式保存和组织的信息资源。但这种组织方式存在文件大小和数量的冲突,增加了网络的负载,不能很好地组织与管理结构化信息,从而降低了信息组织的效率。

② 超媒体方式。超媒体技术是超文本与多媒体技术的结合,它将文字、表格、声音、图像、视频等多媒体信息以超文本方式组织起来,使人们可以通过高度链接的网络结构在各种信息库中自由查阅,找到所需要的任何媒体的信息。超媒体方式的优势主要有:以非线性的方式组织信息,符合人们思维联想和跳跃性的习惯;节点中的内容可多可少,结构可以任意伸缩,具有良好的包容性和可扩充性;可组织各类媒体的信息,方便地描述和建立各媒体信息之间的语义联系,超越了媒体类型对信息组织与检索的限制;通过链路浏览的方式搜寻所需信息,将信息控制机制整合进系统数据之中,避免了检索语言的复杂性。

③ 全文本方式。该方法主要用于全文数据库的组织,是对非结构化的文本信息进行组织和处理的一种方式。它不同于二次文献数据库的组织,无需前控,不必用规范化语言对信息进行复杂的前处理。它不是对文献特征的格式化描述,而是用自然语言来揭示文献的知识单元。由于是全文揭示,它能够完整地反映出一次文献的全貌,通过计算机自动进行文献信息处理和组织。基于全文数据库的全文检索可以将任意字符作为检索标识,便于用户用自然语言直接检索未经标引的一次文献。

④ 主页方式。采取类似于档案卷宗的组织方式,可将有关某机构或个人的各种信息集中组织在一起,是对某机构或人物等各类对象的全面介绍。

① 周宁.信息组织[M].2 版.武汉:武汉大学出版社,2001.
② 储节旺,等.信息组织学[M].北京:清华大学出版社,2007.

⑤ 数据库方式。数据库是对大量的规范化数据进行管理的技术,它利用严谨的数据模型对信息进行规范化处理,对查询进行优化,从而提高信息管理的效率。由于数据的最小存取单位是字段,因此用户可根据需要灵活地改变查询结果集的大小,从而可大大降低网络数据传输的负载。由于大量的信息系统是建立在数据库技术基础之上,形成了一整套系统分析、设计与实施的方法,为人们建立网络信息系统提供了现成的经验和模式,因此,网络上质量高的信息大多表现为数据库,网上除了提供信息服务的大量文献数据库外,还存在着客户数据库、市场行情数据库、竞争对手数据库等与企业密切相关的数据库。

用数据库方法组织信息对数据的安全保护有积极意义,但是,利用数据库方式组织网络信息也存在许多不足,如对非结构化信息处理难度较大,不能提供数据之间的关联,无法处理结构复杂的信息,而且缺乏直观性和人机交互性。

⑥ 搜索引擎方式。搜索引擎是互联网上专门提供查询服务的一类工具,它利用诸如 Robot、Spider、Worm 等自动代理软件,定期或不定期地在网上爬行,通过访问网络中公开区域的每一个站点,对网络信息资源进行收集,然后利用索引软件对收集的信息进行自动标引,创建一个详尽的、可供用户进一步按关键词查询的 Web 页索引数据库。搜索引擎方法是目前互联网上对二次信息进行组织的主要方式之一,此种方式所搜集的信息虽然丰富,但良莠不齐,查准率较低。

⑦ 主题树方式。将信息按照某种事先确定的主题概念体系分门别类地逐层加以组织,用户通过浏览的方式层层遍历,直到找到所需要的信息线索,再通过信息线索连接到相应的网络信息资源。网上许多著名的网络检索工具如 Yahoo!、Sohu 等,都采用这种方式组织信息资源。

1.2.3 信息资源描述与标引

1. 文献著录标准化

信息组织的实施,首先需要依据一定的科学规则和方法来描述信息资源的特征。信息资源描述[①]是指根据信息组织和检索的需要,对信息资源的内容特征和形式特征进行分析、选择和记录的活动。在传统文献组织与检索系统的编制中,信息资源描述被称为文献著录或书目著录。本书略去信息资源描述的其他内容,主要针对文献著录标准化加以叙述。

文献著录标准化[②]属于信息资源描述的标准化范畴,也是学术规范的基础,是指在国家或国际范围内,对文献著录的原则、内容、格式等做出具有一定约束力的规范。著录的标准化有利于推进集中编目和合作编目的开展。统一的著录原则、内容、格式等是集中编目和合作编目的基础。只有著录标准化才能生产机读目录,以便通过使用计算机实现编目和检索的网络化,促进文献管理和交流的数字化进程。

文献著录标准形成于 20 世纪 70 年代,是随着计算机在文献领域应用的同时逐步发展起来的。目前除我国的《文献著录总则》外,国际上影响最大、使用最广泛的著录标准主要有 AACR₂ 和 ISBD。

---

① 马张华.信息组织[M].2 版.北京:清华大学出版社,2003.
② 周六炎.科技文献管理[M].武汉:武汉大学出版社,1992.

①《文献著录总则》。1979 年，我国正式成立了"全国文献工作标准化技术委员会"，该委员会下设的目录著录分委员会，负责组织制定有关文献著录标准的工作。1983 年，由北京图书馆标准化小组起草的《全国文献目录著录标准》，经国家标准局批准以《文献著录总则》(GB/T3792.1～1983)的名称颁布，1984 年 4 月 1 日起实施。《文献著录总则》颁布后，各类型文献的著录标准均以此为指导和规范进行编制。

② ISBD。全称是 International Standard Bibliographic Description，中文为《国际标准书目著录》。1971 年，国际图书馆协会联合会(International Federation of Library Associations，简称 IFLA)编目委员会颁布了《国际标准书目著录(专著)》，随后又推出了一系列以丛书、乐谱、地图资料、非书资料等为对象的书目著录的国际标准。为协调各个标准，IFLA 于 1976 年又出版了《国际标准书目著录总则》(ISBD(G))。为文献信息描述提供了统一的框架，为各国文献描述的统一和标准化创造了条件。

③ AACR₂。AACR₂ 的全称是 Anglo-American Cataloging Rules：2，中文为《英美编目条例第 2 版》，由"著录"和"标目、统一书名和参照"两部分组成，著录部分共 13 章，对各种文献资料的著录格式作了规定，其主要依据是 ISBD 的各种版本；第二部分共 6 章，对著录标目(Access Point)的选择、个人和团体项目、地理名称、统一书名和参照款目的著录都分别作了明确的规定。

《文后参考文献著录规则》(GB/T 7714)是一项专门供著者和编辑编撰文后参考文献使用的国家标准，该标准在著录项目的设置、著录格式的确定、参考文献的著录以及参考文献表的组织等方面尽可能与国际标准保持一致，以达到共享文献信息资源的目的。

主要文献信息源参考文献著录格式①如下所示。

(1) 图书(含电子图书)

著录项目：主要责任者.题名：其他题名信息[文献类型标志].其他责任者.版本项.出版地：出版者，出版年：引文页码[引用日期].获取和访问路径.

示例：

[1] 余敏.出版集体研究[M].北京：中国书籍出版社，2001：179 - 193.

[2] 赵耀东.新时代的工业工程师[M/OL].台北：天下文化出版社，1988[1988 - 09 - 26].http：//www.ie.nthu.edu.tw/info/ie.newie.htm(Big5)

[3] CRAWFPRD W，CORMAN M.Future libraries：dreams，madness & reality[M].Chicago：American Library Association，1995.

(2) 期刊、报纸等连续出版物(含电子报刊论文)

著录项目：主要责任者.题名[文献类型标志].连续出版物题名：其他题名信息，年，卷(期)：页码[引用日期].获取或访问路径.

示例：

[1] 李晓东，张庆红，叶瑾琳.气候研究的若干理论问题[J].北京大学学报：自然科学版，1999，35(1)：101 - 106.

---

① 《中华人民共和国国家标准·文献著录总则》(GB 3792.1—83).

　　[2] HEWITT J A. Technical services in 1983 [J]. Library Resource Services,1984, 28(3):205 – 218.

　　[3] 丁文祥. 数字革命与竞争国际化[N]. 中国青年报,2000 – 11 – 20(15).

　　[4] 傅刚,赵承,李佳路. 大风沙过后的思考[N/OL]. 北京青年报,2004 – 04 – 12(14) [2005 – 07 – 12]. http://www. bjyouth. com. cn/Bqb/20000412/.

（3）学位论文

著录项目:作者. 论文题名[文献类型标志]. 学位授予单位,学位授予年.

示例:

　　[1] 张志祥. 间断动力系统的随机扰动及其在守恒律方程中的应用[D]. 北京:北京大学数学学院,1998.

　　[2] CALMS R B. Infrared spectroscopic studies on solid oxygen [D]. Berkeley: Univ. of California,1965.

（4）会议录

著录项目:作者. 文献标题[文献类型标志]. 论文集名称[文献类型标志]. 出版地:出版社. 出版年:起止页码.

示例:

　　[1] 中国力学学会. 第 3 届全国实验流体力学学术会议论文集[C]. 天津:[出版者不详],1990.

　　[2] ROSENTHALL E M. Proceedings of the Fifth Canadian Mathematical Congress, University of Montreal,1961[C]. Toronto:University of Toronto Press,1963.

（5）专利

著录项目:专利申请者或所有者. 专利题名:专利国别,专利号[文献类型标志]. 公告日期或公开日期[引用日期]. 获取和访问路径.

示例:

　　[1] 姜锡洲. 一种温热外敷药制备方案:中国,88105607. 3[P]. 1989 – 07 – 26.

　　[2] 西安电子科技大学. 光折变自适应光外差探测方法:中国,01128777. 2 [P/OL]. 2002 – 03 – 06[2002 – 05 – 28]. http://211. 152. 9. 47/sipoasp/zljs/hyjs-yx-new. asp? recid＝01128777. 2&leixin＝0.

　　[3] KOSEKIA, MOMOSE H, KAWAHITO M, et al. Compiler:US,828402[P/OL]. 2002 – 05 – 25[2002 – 05 – 28]. http://FF&p＝1&＝u＝netahtml/PTO/search-bool. html&r＝5&f＝G&l＝50&col＝AND&d＝PG01&s1＝IBM. AS. &0S＝AN/IBM&RS＝AN/IBM.

（6）科技报告

著录项目:主要责任者. 题名:其他题名信息[文献类型标志]. 其他责任者. 版本项. 出版地:出版者,出版年:起止页码.

示例：

> [1] U. S. Department of Transportation Federal Highway Administration. Guidelines for handling excavated acid-producing materials，PB 91 - 194001［R］. Springfield：U. S. Department of Commerce National Information Service，1990.
>
> [2] World Health Organization. Factors regulation the immune response：report of WHO Scien-tific Group［R］. Geneva：WHO，1970.

（7）标准文献

著录项目：标准号. 标准名称［文献类型标志］. 出版地：出版社，出版年.

示例：

> [1] GB/T16159～1996. 汉语拼音正词法基本规则［S］. 北京：中国标准出版社，1996.

（8）电子文献

著录项目：主要责任者. 题名：其他题名信息［文献类型标志/文献载体标志］. 出版地：出版者，出版年（更新或修改日期）［引用日期］. 获取和访问路径.

示例：

> [1] PACS-L：the public-access computer systems forum［EB/OL］. Houston，Tex：University of Houston Libraries，1989［1995 - 05 - 17］. http：// info. lib. uh. edu/pacsl. html.
>
> [2] 萧钰. 出版业信息化迈入快车道［EB/OL］. （2001 - 12 - 19）［2002 - 04 - 15］. http：//vww. creader. com/news/20011219/200112190019. html.

常用传统文献类型和标志代码：

图书（M）、会议录（C）、汇编（G）、报纸（N）、期刊（J）、学位论文（D）、报告（R）、标准（S）、专利（P）。

常用电子文献类型和标志代码：

数据库（DB）、计算机程序（CP）、电子公告（EB）、磁带（MT）、磁盘（DK）、光盘（CD）、联机网络（OL）。

【检索实例 1 - 1】　作者在论文写作时，于 2014 年 8 月 18 日引用了网络上搜索到的一篇"虚拟消费如何维权？"文章中的数据，该文由记者王建萍、王昱 2012 年 6 月 29 日报道在《消费质量报》上，在文后列出参考文献该如何记录？

解答　根据"参考文献著录格式"要求，报纸等的著录格式应为：王建萍，王昱. 虚拟消费如何维权？［N/OL］. 消费质量报，2012 - 06 - 29(09)［2014 - 08 - 12］. http：//market. scol. com. cn/new/html/xfzlb/20120629/xfzlb593653. html.

2. 网络信息资源描述标准化

信息资源描述标准化进程中，由于网络信息资源在类型、结构、形式、描述环境、描述主体等方面与传统信息资源相比发生了很大的变化，需要建立适合其特点、通用的描述标准与规范。学界对此问题进行深入探讨，在 MARC 格式调整的基础上，广泛关注网络信息资源的描述问题,即元数据标准问题,以探索不同的解决途径。

（1）MARC 格式的调整

MARC 即机读目录(Machine Readable Catalogue)的英文缩写,是以代码形式和特定结构记录在计算机存储介质上的、用计算机识别和阅读的目录。MARC 的整个框架和所设计的字段原来主要用于描述印刷型文献,数字化文献所具有的许多特点使原来的 MARC 不能适应,为 MARC 能继续在描述数字化文献方面发挥作用,对其进行了一系列的调整,包括建立 MARC/CF 格式、建立 MARC 统一格式、扩展 MARC 统一格式(如增加"电子资源地址与存取"等字段,专门描述网络化数字资源的特征)。

（2）元数据(metadata)方案

元数据是关于数据的数据,随着互联网的发展而产生,其原理近似于 $AACR_2$ 体系下的书目著录规范。书目记录了某一种图书的题名、著者、出版事项、页码、ISBD 号、分类、主题以及该书在图书馆书架中的位置等信息,不仅描述了图书的外部特征,也揭示了图书的内容特征。元数据的功能与书目卡片的功能大体相似,通过元数据可以了解某网站的资源类型、WEB 页的标题、责任者、主题词或关键词以及内容摘要等信息,只不过元数据的元素要比 $AACR_2$ 简单明了。

3. 信息资源标引

信息资源的标引[①],也称文献标引,是指分析文献的内容属性(特征)及相关外表属性,并用特定语言表达分析出的属性或特征,从而赋予文献检索标识的过程。文献标引过程一般包括主题分析、转换标识两个环节。前者在了解和确定文献内容属性及帮助提示内容的某些外表属性之后,将这些属性概括为主题,并用自然语言表述;后者用专门的主题概念或概念因素,构成一定形式的检索标识,也就是用特定的检索标识揭示文献内容。信息资源标引语言又称检索语言、索引语言,或受控语言、规范语言等。常用的标引语言有分类语言、主题语言等。

主题法、分类法等不仅是信息组织的基本方法,也是信息资源标引的基本方法,更是检索语言的基本构成内容,关于该部分相关内容将在检索语言章节中详细介绍。

1.3 信息素养与信息教育

1.3.1 信息素养

1. 信息素养概念

信息素养(Information Literacy)又称"信息文化"、"信息能力"、"信息素质",是指个体对认识、创造和利用信息的态度和能力。它是当代公民应具备的基本素质,是个人有效融入信息社会的先决条件,是终身学习的核心。

---

① 曹树金,罗春荣.信息组织的分类法与组织法[M].北京:北京图书馆出版社,2000.

随着信息技术的发展,信息素养作为现代社会中公民所必须具备的基本素质,内容越来越丰富,它不再单指信息搜集和获取能力,而是涵盖信息知识、信息意识、信息能力和信息道德四个方面的内容。

2. 信息素养内涵

信息素养的概念最早由美国信息产业协会主席保罗·泽考斯基于 1974 年提出,并将其解释为"利用大量的信息工具及主要信息源使问题得到解答的技能"。

信息素养概念一经提出,便得到广泛传播和使用。世界各国的研究机构纷纷围绕如何提高信息素养展开了广泛的探索和深入的研究,对信息素养概念的界定、内涵和评价标准等提出了一系列新的见解。1979 年美国信息产业协会、1987 年信息学家 Patrieia Breivik、1989 年美国图书馆协会(ALA)下设的"信息素养总统委员会"等都对信息素养赋予内涵与评价。

信息素养被概括为:"人们在解决问题时利用信息的技术和技能"。"了解提供信息的系统并能鉴别信息价值、选择获取信息的最佳渠道、掌握获取和存储信息的基本技能";"要成为一个有信息素养的人,就必须能够确定何时需要信息并且能够有效地查寻、评估和利用所需要的信息";"一个具有信息素养的人,他能够认识到精确的和完整的信息是做出合理决策的基础,确定对信息的需求,形成基于信息需求的问题,确定潜在的信息源,制定成功的检索方案,从包括基于计算机和其他信息源获取信息、评价信息、组织信息于实际的应用,将新信息与原有的知识体系进行融合以及在批判性思考和问题解决的过程中使用信息。"

我国学界基本认同的定义[①]是"信息素养和信息能力即有效确定、搜寻和获取个人和组织需求信息的意识、素质和能力。"

进入 21 世纪以来,信息素养的内涵逐渐发展成为包括信息意识、信息技能、信息道德等涉及社会政治、经济、法律等各个领域的综合性概念。随着信息素养的内涵不断丰富,它的外延也不断扩大,从与计算机技术、图书馆以及教育界相关,最后发展到与终身学习相关。

3. 信息素养的构成

伴随学界对信息素养内涵的不断阐释,信息素养的构成要素,经历了一个从只关注掌握信息的技能,到关注具有信息意识,再到强调具有信息评价、鉴定、选择的能力并为终身学习奠定基础的过程,信息素养是一个动态的概念,它的构成要素也随着社会的发展而丰富和扩大。一般来说,信息素养由信息知识、信息意识、信息能力和信息道德 4 个要素构成[②]。

① 信息知识是有关信息本质、特性和运动的规律;是信息系统的构成及原则;是信息技术和方法等方面的基本知识,因此它是信息素养的基础。

② 信息意识是信息素养的核心,信息意识的形成一方面与个人的信息需求和信息能力有关,另一方面与社会活动、信息环境等因素有关。信息意识多指在一定的信息需求支配下的能动思维活动和由此引起的信息驱动活动,如为解决某些疑难问题,有目的地进行信息探

① 梁建荣. 借鉴国外经验深化高校信息素养教育[J]. 图书馆工作与研究,2010(7).
② 蒋德先. 关于信息素质教育教学现状和发展趋势的分析[J]. 农业图书馆情报学刊,2012(7).

索活动等,信息意识是信息素养的先导。

③ 信息能力是指人们在社会活动中捕捉、加工、传递、吸收和利用信息的一种潜在能力。它包含信息的搜集获取、分析鉴别和综合利用等能力,特别是能掌握利用一系列网络检索工具查找、获取特定类型的所需信息的技术,以及能够熟练使用网络信息资源并通过结合其他信息资源提高信息在特定情形下的价值,能够利用网络资源,获取可提高生活质量的各种信息服务的能力。

④ 信息道德是指个体在信息的获取、使用、制造、传播过程中应遵守的一定伦理规范。它是调节信息创造者、信息服务者、信息使用者之间相互关系的行为规范的总和。它的目的是促进社会个体遵循一定的信息伦理和道德准则来规范自身的信息行为活动,不得危害社会或他人合法权益,信息道德是信息素养的保证。

1.3.2　信息素养教育

信息素养教育是指为启发人的信息意识、提高人的信息能力、提升人的信息道德水平所进行的一系列社会教育和培训活动。其目的不仅是培养人们的信息检索技能和计算机应用技术,更重要的是培养人们对现代信息环境的理解能力、应变能力以及运用信息的自觉性、预见性和独立性,从而提高人们的综合素质。

1. 信息意识教育

信息意识是人对信息的敏感程度,是人们对信息的感知和需求的能动反映,包括捕捉判断信息并及时抓住有用信息的敏感力。信息意识教育的目的在于把个体潜在的信息需求意识转化为显性的信息需求,并能充分正确地表达、辨析、鉴定信息价值和合理利用信息,从而形成一种对信息所特有的恒久注意力和反应力,也就是提升个体的综合信息能力。

2. 信息知识教育

信息知识是信息素质的重要组成部分,只有具备了一定的信息知识,才能识别信息需求,判断所需信息的性质并具有对信息进行处理的能力。信息知识教育是一个分层次进行的过程,比如可将在校学生分为:大一、大二群体,大三、大四群体,研究生群体等不同层级的教育对象,分别施以:基础性理论知识与基本检索技能教育;综合性、针对性检索知识和检索策略教育;深层次文献管理、分析、知识挖掘与论文写作等知识创新教育。

3. 信息能力教育

信息能力教育是信息素质教育的主要方面,包括对信息的获取、分析、加工、利用、协作、交流、创新能力。信息能力的加强和提高,有利于促进开放式信息思维的形成,培养纵向、横向、立体思维的能力,使创造力得到更大的发挥。信息能力教育一般包括以下几个方面:确定所需信息的种类范围,评价、选择最合适的信息源;制定成功的检索策略,迅速有效地获取信息;对获得信息进行分析、鉴别、评价;信息组织、综合、交流与协作;将所得信息与自身原有知识结构相结合,进行知识创新或利用其解决问题。

4. 信息道德教育

信息化社会不仅要求人们有一定的信息意识、知识和能力，还要求人们有良好的信息道德和心理素质，能自觉地做到理解与信息使用有关的经济、法律和社会问题，并能合理合法地获取和使用信息。信息道德教育是指在信息活动中要遵循一定的信息伦理与道德准则，规范自身的信息行为，提高自身的信息道德修养，避免出现信息泄密、信息犯罪等现象。一般来说，信息道德教育内容包括：信息与学术道德相关知识、意识培养；学术活动者或信息使用者在相关活动过程中自觉讲究网络、学术礼仪；学术活动或信息使用过程中自觉遵守相关道德规范。

1.3.3　信息素养评价

1. 国外信息素养教育与评价

1987 年，美国图书馆协会（ALA）成立了信息素养教育委员会，目的是明确信息素养在学生学习、终身教育、成为一个良好公民过程中的作用，设计学习环境下的信息素养教育模型，决定继续教育和教育培养的发展方向。

1998 年，全美图书馆协会和教育传播与技术协会在其出版物《信息能力：创建学习的伙伴》中制定了学习者信息素养标准。这一标准从信息素养、独立学习和社会责任三个方面论述，更进一步丰富了信息素养在技能、态度、品德等方面的要求，内容包括 3 大项 9 个标准（详见表 1-1）。

表 1-1　学习者信息素养标准

信息素养指标	信息素养要求
信息素养	有信息素养的学生能有效和高效地获取信息
	有信息素养的学生能批判性地评价信息
	有信息素养的学生能准确地、创造性地使用信息
独立学习	独立的学习者要有信息素养，并能探求与个人兴趣有关的信息
	独立的学习者要有信息素养，并能评价文献和其他对信息的创造性的表达
	独立的学习者要有信息素养，并能力争在信息查询和知识的产生中做得最好
社会责任	对学习团体和社会做出积极贡献的学生具有信息素养，并能认识信息对民主社会的重要性
	对学习团体和社会做出积极贡献的学生具有信息素养，并能实践与信息和信息技术相关的合乎道德的行为
	对学习团体和社会做出积极贡献的学生具有信息素养，并能积极参与小组的活动来探求和产生信息

2000 年 1 月 18 日，美国大学与研究图书馆协会（ACRL）制定了"高等教育信息素养评价标准"，共包含 5 大标准 22 条 86 项（执行效果）具体的评价指标，较全面地反映了信息素

养的内涵要求(表1－2)。这两个标准的制定,不但有力地指导了美国信息素养教育,而且也为其他国家所广泛采用。特别是 ACRL 标准,由于其较强的实践性和指导性,已在墨西哥、西班牙、澳大利亚、南非和欧洲等许多国家和地区得到应用。

表1－2　(美国)高等教育信息素养评价标准

评价标准(5项)	表现指标(22条)
能确定所需信息的性质和范围	1. 能定义和描述对信息的需求
	2. 可以找到多种类型和格式的信息来源
	3. 能权衡获取信息的成本和收益
	4. 重新评估所需信息的性质和范围
能有效而又高效地获得需要的信息	1. 能选择最适合的调研方法或信息检索系统获取所需要的信息
	2. 能建构和运用有效的检索策略
	3. 能运用各种各样的方法从网上或通过人员咨询获取信息
	4. 能在必要时调整和优化检索策略
	5. 能抽取、记录和管理信息及其出处
能评判性地评价信息及其来源,并能把所遴选出的信息与原有的知识背景和评价系统结合起来	1. 能从所收集的信息中,概括出中心思想
	2. 能连通并能运用原始的标准来评价信息及其来源
	3. 能综述中心思想,并具有新的创新理念
	4. 能对新旧知识进行对比,确认所增加的价值、矛盾性或其他别具一格的信息特点
	5. 能判断是否新的知识对个人价值观体系的影响,并采取措施谋求和而不同
	6. 能够通过与他人或者某一领域的专家、实践者对话,验证对信息的理解和解读
	7. 能确定原始的咨询应该如何修改
能有效地利用信息达到某一特定的目的	1. 能用新旧知识创造新的计划、新的作品和表现形式
	2. 能根据作品或表现形式的需要,修改和调整对信息的处理过程
	3. 能把作品或表现形式与他人有效地交流
懂得有关信息技术的使用所产生的经济、法律和社会问题,并能在获取和使用信息中遵守公德和法律	1. 懂得与信息和信息技术有关的道德、法律和社会经济问题
	2. 遵守有关获取和使用信息资源的法律、规章、机构的制度和行业规范
	3. 能在传送作品或表现形式时使用信息来源

　　为了提高学生的信息素养,并为大学生提供一个具体的信息素养评价指标,美国部分高校根据信息素养标准,结合本校情况建立了指标体系。如1996年马萨诸塞州大学5个图书馆的联合项目“信息素养项目:定义能力”、1997年纽约州立大学(SUNY)图书馆馆长委员会的项目“信息素养规划”、1998年宾夕法尼亚州立大学图书馆信息素养工作组和1999年加州大学洛杉矶分校图书馆的项目“信息能力调查”等分别制定了本校的信息素养能力指标体系。

2. 国内信息素养教育与评价

我国的信息素养教育起步较晚,主要是以开设文献检索课的形式开展。1984 年教育部下达(84)004 号《关于在高等学校开设〈文献检索与利用课〉的意见》的文件,开始要求高校开设文献检索课;之后又下发(85)065 号、(92)108 号文件,对我国的文献检索和信息教育作出了规范。21 世纪以来,我国又多次召开有关信息素养教育方面的研讨会,为推进我国信息教育迈上新台阶奠定了基础。

为探索并制定适合我国的信息素养教育与评价指标体系,清华大学图书馆与北京航空航天大学图书馆在 2003 年承担了为期两年(2003～2005 年)的科研项目"北京地区高校信息素质能力示范性框架研究"。该指标体系分为通用层次能力指标体系和学科层次指标体系。在北京地区高校信息素质教育研究会的配合下,课题组完成了北京地区高校信息素养能力指标体系的设计——《中国(北京)高校信息素养能力示范性框架研究》,这是我国第一个比较完整、系统的信息素养能力评价体系,共分 7 个一级指标(称为维度),下设 19 个二级指标(称为指标)和 61 个三级指标(称为指标描述)。该体系在许多指标上,借鉴了 ACRL 标准的内容,是目前国内较为详细的信息素养评价指标体系。7 个一级指标内容如下:

① 具备信息素质的学生能够了解信息以及信息素质能力在现代社会中的作用、价值与力量;

② 具备信息素质的学生能够确定所需信息的性质与范围;

③ 具备信息素质的学生能够有效地获取所需要的信息;

④ 具备信息素质的学生能够正确地评价信息及其信息源,并且把选择的信息融入自身的知识体系中,重构新的知识体系;

⑤ 具备信息素质的学生能够有效地管理、组织与交流信息;

⑥ 具备信息素质的学生作为个人或群体的一员能够有效地利用信息来完成一项具体的任务;

⑦ 具备信息素质的学生了解与信息检索、利用相关的法律、伦理和社会经济问题,能够合理、合法地检索和利用信息。

在制定信息素养指标体系的尝试方面,除上述体系外,还有中国科学技术信息研究所信息素养指标体系、高校大学生信息素质指标体系等不同的评价体系。

1.4 信息伦理与知识产权

1.4.1 信息伦理

1. 信息伦理的定义

信息伦理又称信息道德,是指个体在信息的开发、传播、管理、获取、利用等信息活动中应遵守的一定伦理规范,它是调节信息创造者、信息服务者、信息使用者之间,以及个体与社会之间,相互信息关系的行为规范的总和。

信息社会,传统伦理准则受到来自以下几方面的冲击:首先,传统伦理准则很难约束网络信息交往行为;第二,信息的个体拥有性与信息的共享性之间产生激烈的冲突,加大了信息持有人的矛盾;第三,网络信息存在形式使其极易被窃取、滥用、修改或非法使用和传播;此外,信息社会中出现了非法存取信息,信息技术被非法使用,侵犯知识产权等伦理问题。面对信息污染、侵犯个人隐私权与知识产权、网上诈骗、网络攻击与破坏等网络信息活动失范行为,信息伦理的概念应运而生。

2. 信息伦理的内涵[①]

信息伦理是在信息活动中以善恶为标准,依靠人们的内心信念等非强制力手段维系的。其内容可概括为"两个方面、三个层次"。

① 两个方面即主观方面和客观方面。前者指人类个体在信息活动中以心理活动形式表现出来的道德观念、情感、行为和品质,如对信息劳动的价值认同,对非法窃取他人信息成果的鄙视等,即个人信息道德;后者指社会信息活动中人与人之间的关系及反映这种关系的行为准则与规范,如,权利义务、契约精神等,即社会信息道德。

② 三个层次即信息伦理意识、信息伦理关系、信息伦理活动。信息伦理意识是信息伦理的第一个层次,包括与信息相关的道德观念、情感、意志、信念、理想等。它是信息伦理行为的深层心理动因,信息伦理意识集中地体现在信息伦理原则、规范和范畴之中;信息伦理关系是信息伦理的第二个层次,包括个人之间、个人与组织之间、组织之间的关系。这种关系是建立在一定的权力和义务的基础上,并以一定信息伦理规范形式表现出来的;信息伦理活动是信息伦理的第三个层次,包括信息道德行为、信息道德评价、信息道德教育和信息道德修养等。信息伦理活动主要体现在信息伦理实践中。

3. 信息伦理的功能

信息伦理作为一种体现技术发展和时代特征的应用伦理,涉及个体的交往行为和社会交往秩序,其社会功能主要表现为认识功能、调节功能和教育功能。

①认识功能。主要表现在两个方面:一是信息伦理可以反映信息交往活动中个人同他人、个体与社会的利益关系,指出个体与现实世界价值关系中的方向;二是信息伦理可以教导人们认识信息交往中个体对他人、社会、国家应尽的责任和义务。

② 调节功能。信息伦理的目的是促进社会个体遵循一定的信息伦理和道德准则来规范自身的信息行为活动,不得危害社会或他人合法权益。所以,它是正确调节人们之间以及个人与社会之间的利益关系,处理好由信息资源引发的各种矛盾,从而保障信息社会稳定和发展的重要手段。

③ 教育功能。信息伦理的教育功能是通过社会舆论、群体习惯和个体良心等途径表现出来的,通过开展道德评价、树立道德榜样、塑造理想人格等方法实现的。信息伦理正是通过具体的规范、规则告诉人们应该有所为和有所不为。信息伦理从人性出发,以和谐为价值核心,提出了无害、功利、公平、尊重和发展的伦理原则,提出了在信息流通各个领域的道德

---

① 沙勇忠.信息伦理论纲[J].情报科学,1998(6).

规范,伦理准则可以减少信息人员的非伦理行为的发生。

1.4.2　知识产权

文献检索与利用过程中常常牵涉到知识产权问题。只有了解专利法、著作权法等知识产权方面的常识,才能掌握专利信息的检索方法,正确认识电子信息的免费检索与付费检索、合法检索与非法检索等问题。近年来,我国通过不断完善知识产权信息资源的建设与利用,积极引导学界、科技界与企业界充分利用知识产权信息,指导科技创新及技术转化活动,以期达到有效提升科技研发质量,加快知识产权成果的转化速度。

1. 知识产权的概念

知识产权是指人们就其智力劳动成果所依法享有的专有权利,通常是国家赋予创造者对其智力成果在一定时期内享有的专有权或独占权。我国《民法通则》规定,知识产权是民事主体依法对其智力创造性成果和工商业标记享有的专有权利。根据《与贸易有关的知识产权协议》《建立世界知识产权组织公约》等国际公约和我国《民法通则》《反不正当竞争法》等的规定,知识产权的范围主要包括:著作权(版权)及其相关权利(指邻接权)、专利权、商标权、发现权、发明权、商业秘密权、植物新品种权、集成电路布图设计专有权等。由此可知,知识产权一词实质上是若干权利的统称,并且随着时代发展,其内涵也在不断扩展,逐渐发展成为现代知识产权体系。

2. 知识产权的范围

依其服务领域,知识产权通常被划分为两类:一类是著作权(也称为版权、文学产权),是指自然人、法人或者其他组织对文学、艺术和科学作品依法享有的财产权利和精神权利的总称;另一类是服务于工业和商业领域的类型,称为工业产权,包括发明权、实用新型权、外观设计权、商标(及其服务标记)权、商号权、其他商事标记权以及与制止不正当竞争有关的权利。

知识产权具有两大功能:一是保护功能,知识产权制度保护知识创造者的利益,但不等于永久地垄断;二是公开功能,特别是公开专利内容。通过这两种功能调节公共利益,促进科技与经济的发展。许多国家的专利法规定,专利申请公开以后尚未授权的,任何人发现专利申请不符合新颖性、创造性、实用性的要求或侵权,都可以向专利部门提出异议,因此必然免费公布专利信息,让任何人能免费检索到原文。

3. 知识产权的特征

专有性、时间性、地域性、法定性、客体的无形性与可复制性是知识产权所具有几个重要特征。

① 专有性。权利人对其智力创造性成果享有独占的、垄断的、排他的权利,任何人没有法律规定或者未经权利人许可不得为商业性目的享有或使用该项权利。同时法律规定,不允许有两个或者两个以上同一属性的相同内容的知识产权并存。

② 地域性。除签有国际公约或双边互惠协定外,经一国法律所保护的某项权利只在该

国范围内发生法律效力。知识产权在空间上具有严格的领土性特征。

③ 时间性。知识产权只有在法律规定的有效期内受到保护,超出法律规定的有效期限,权利即告失效,这时这项智力成果就进入公有领域,供人无偿使用。各国法律对保护期限的长短并不完全相同,只有参加国际协定或进行国际申请时,才对某项权利有统一的保护期限。其中,商标权人在保护期满后可以通过续展延长保护期限;商业秘密的保护期取决于权利人采取的保密措施的有效性。

④ 法定性。只有经法律确认并予以保护的智力成果,才能成为知识产权的客体。

⑤ 无形性与可复制性。知识产权是一种无形财产权,区别于有形财产权的一个重要特征,就是知识产权客体是无形的并且可以被无限次地复制。

思考题

1. 信息作为科学术语最早出现于哪一年,是谁提出的,经谁将其概念加以量化?
2. 构成世界的三大要素是什么?
3. 物质成为文献必须具备哪些基本要素?
4. 理解文献、知识、情报与信息的概念及其相互之间的关系。
5. 与自然、物质资源相比,信息资源有何特点?
6. 从出版类型看,十大信息源是指哪些文献?
7. 常用纸质参考工具书有哪些?
8. 按载体形式分,文献信息资源有几种类型?
9. 文献有白色、灰色、黑色文献之分,依据的是什么分类标准?
10. 信息素养的构成要素有哪些?
11. 利用搜索引擎,从网上查找到《美国高等教育信息素养评价标准》的原文,并了解各标准的"执行效果"是什么?
12. 我国信息素养能力评价体系有哪些内容?
13. 信息伦理的功能与特征是什么?
14. 知识产权有何重要特征?
15. 著作权人有何权利?
16. 请找出我国知识产权局的网络域名地址。
17. 网络环境下存在哪些版权问题?

第 2 章　信息检索基础

2.1　信息检索概述

信息检索的实践活动由来已久,但作为一个比较规范化的学术术语,最早由美国学者C·W·Mooers 在1949 年提出并使用。近年来,随着信息资源的急剧增长,"信息检索"这一学术名词逐渐流行并被越来越多的人所认识、使用。

2.1.1　信息检索定义与原理

1. 信息检索的定义

信息检索有广义和狭义双重含义。

广义的信息检索是指信息按一定的方式组织起来,并根据信息用户的需要找出有关信息的过程和技术,包括存储(storage)和检索(retrieval)两个环节。信息存储是对信息进行收集、标引、描述和组织,并进行有序化编排,形成信息检索系统的过程;信息检索是指通过查询机制从各种检索系统中查找出用户所需的特定信息的过程。

狭义的信息检索就是从信息集合中找出所需要的信息的过程,即信息查寻(information search)。

2. 信息检索的原理

如上所述,信息检索的全过程包括存储和检索两个环节,如图 2-1 所示。存储是指将大量无序的信息集中起来,根据文献信息资源的外表特征和内容特征,经过整理、分类、浓缩、标引等处理,使其系统化、有序化,并按一定的技术要求建成一个具有检索功能的工具或检索系统,供人们检索和利用。而检索是指运用编制好的检索工具或检索系统,查找出满足用户要求的特定文献信息资源。[1]

检索的本质是用户信息需求与文献信息集合的比较和选择,是两者匹配的过程。用户在检索时,信息检索系统一方面接受用户的检索提问,另一方面从数据库(检索工具)中接受信息特征标识,然后在两者之间进行匹配运算,如果比较结果一致或基本一致,那么具有该标识的信息可能就是所要的命中文献,如果比较结果不一致,则要重新检索。

---

① 谢德林,等.信息检索与分析利用[M].2 版.北京:清华大学出版社,2009.

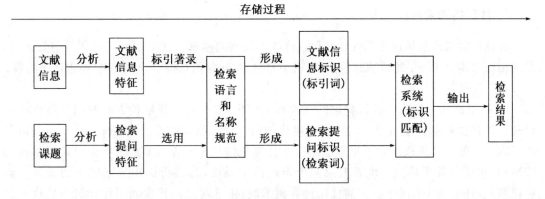

图 2 - 1　信息检索原理

2.1.2　信息检索的基本历程

到目前为止,信息检索经历了手工检索、机械检索和计算机检索三个发展阶段。

1. 手工检索阶段

手工检索(manual retrieval)是一种传统的检索方式,即以手工操作的方式,利用工具(包括图书、期刊、目录卡片等)来检索信息的一种检索手段。手工检索作为一种重要的检索方式,将与自动化检索长期共存,互为补充,并在文献检索中发挥其应有的作用。从检索原理看,自动化检索就是在手工检索的基础上发展起来的。目前世界上许多著名的检索工具在出版发行时,印刷型、磁带型和缩微型同时发行,有些还发行光盘型,前者用于手工检索,后者用于自动化检索。如《工程索引》《化学文摘》《科学文摘》等。

手工检索的优点是便于控制检索的准确性,缺点是检索速度慢、工作量大。

2. 机械检索阶段

机械检索最初是从简单的穿卡孔逐步发展起来的,它是手工检索向现代化信息检索的过渡阶段,主要包括机电信息检索系统(用诸如打孔机、验孔机、分类机等机电设备记录二次文献,用电刷作为检索元件的信息检索系统)和光电信息检索系统(用缩微照相记录二次文献,以胶卷或胶片边缘部分若干黑白小方块的不同组合做检索标志,利用光电检索元件查找文献的系统)两种基本类型。

机械信息检索系统利用当时先进的机械装置改进了信息的存储和检索方式,通过控制机械动作,借助机械信息处理机的数据识别功能部分代替人脑,促进了信息检索的自动化。但它并没有发展信息检索语言,只是采用单一的方法对固定的存储形式进行检索,而且过分依赖于设备,检索复杂,成本较高,检索效率和质量都不理想。机械信息检索系统很快被迅速发展的计算机信息检索系统取代。

3. 计算机检索阶段

计算机信息检索是在计算机技术和通信技术发展的基础上建立起来的。到目前为止,其发展历程大体上经历了脱机信息检索、联机信息检索、光盘信息检索、网络信息检索四个阶段。

(1) 脱机信息检索

20世纪五六十年代是脱机检索的试验和实用化阶段,其特征是检索时利用计算机作批处理。计算机信息检索始于20世纪50年代初期。1954年,美国海军军械试验站图书馆利用IBM701电子计算机建立了世界上第一个计算机情报检索系统;1959年美国人卢恩利用IBM650电子计算机建成了世界上第一个定题检索系统,为科研机构一定主题的新到文献提供服务;1961年,美国化学文摘社用计算机编制《化学题录》,首次利用计算机来处理书目信息;此外,还有1962年美国国家航天局开设的NASA系统,1964年美国国家医学图书馆的医学文献分析与检索系统MEDLARS等。在这一时期,计算机还没有联网,也没有远程终端装置,主要是利用计算机进行现刊文献的定题检索和回溯性检索。当时的信息检索是脱机批处理检索,即由用户向计算机操作人员提问,操作人员对提问内容进行主题分析,编写提问式,输入计算机,建立用户提问档,按提问档定期对新到的文献进行批量检索,并将结果及时通知用户。

脱机信息检索的优点:采用批处理,可同时进行多项检索;可处理检索关系相当复杂的检索词汇;适用于长期跟踪某专题的信息检索服务。缺点:用户不能参与检索过程,无法实时地修改检索策略,查准率较低;用户不能及时浏览结果以及无法快速地获取文章。

(2) 联机信息检索

联机检索是指用户使用终端设备,通过通信线路与中央计算机连接,直接与计算机对话,检索远程数据库内的文献信息,检索结果由终端输出。20世纪60年代至80年代是联机检索试验和实用化阶段。1965年以后,第三代集成电路计算机进入实用化阶段,存储介质发展为磁盘和磁盘机,存储容量大幅增加,数据库管理和通信技术都有深入发展,信息检索从脱机阶段进入联机信息检索时期。1965年系统发展公司进行了首次全国性的联机检索表演。1967年以后,许多联机检索系统相继出现。第一个大规模联机检索系统是1969年全面投入运行的NASA的RECoN系统。20世纪70年代到80年代,出现了诸如DIALOG、OCLC、ORBIT、STN等世界著名的联机检索系统。20世纪80年代,我国在北京、南京、上海等几十个城市设立了100多个国际联机检索终端,联通DIALOG、ORBIT、STN、MEDLARS等大型联机检索系统,开展国际联机检索服务。

联机检索的优点:检索速度快、检索范围广、检索途径多、检索精度高、检索内容新、检索辅助功能完善。缺点:检索费用高;系统检索指令复杂,多由掌握检索技能、熟悉命令的有经验的人员来操作。

(3) 光盘信息检索

1985年第一张商品化的CD-ROM数据库Biliofile(美国国会图书馆的MARC)推出以来,大量以CD-ROM为主载体的数据库和电子出版物不断涌现,光盘检索以其操作方便、不受通信线路的影响等特点异军突起。早期的光盘检索系统是单机驱动器和单用户,为满足多用户同时检索的要求,即同一数据库多张光盘同时检索的要求,出现了复合式驱动器、自动换盘机及光盘网络技术。

光盘检索的优点：光盘存储信息容量大、耐用、复制费用低；光盘检索系统比联机检索系统在设备支持上和通信使用费用方面要求低，尤其适于那些信息服务预算少而且比较偏远地区的单位使用；光盘检索可以提供文本、图像图形、声音及动画等相结合的检索界面，它使用菜单检索方式，比传统的联机检索界面友好。缺点：信息的更新只能定期进行，检索时效性较差；检索步骤多，需反复操作，检索费时开销大。

常用的国外光盘数据库有美国的《化学文摘》（Chemical Abstracts）、《生物学文摘》（Biological Abstracts）、英国的《科学文摘》（Science Abstracts）。常用的中国光盘数据库有《中国大百科全书》（光盘版）、《中国科研机构数据库光盘（CSI）》等。

（4）网络信息检索

20 世纪 90 年代，互联网的应用从单纯的科学计算与数据传输向社会应用的各个方面扩展，图书馆、信息服务机构和科研机构以及一些大的数据库生产商纷纷加入互联网。为信息需求者提供各种各样的信息服务，构成丰富的网络信息资源，其数据库内容涉及所有知识领域，打破了信息检索的区域性和局限性，用户足不出户就可以获取所需的文献信息。

与其他检索方式相比，网络信息检索的特点是：信息检索范围广，信息量大，信息检索的时效性强，但是其处理的信息类型复杂，信息载体形式多样，尤其是通过搜索引擎进行网络信息检索的结果的查准率较低，信息冗余大。目前国内外文献数据库服务系统、图书馆OPAC 检索系统、知识发现检索系统等都属于网络信息检索形式。

2.1.3　信息检索类型

1. 根据检索对象和检索内容的划分

依据检索对象和检索内容的不同，分为文献型、事实型、数据型检索三种。

① 文献型检索。文献型检索是以文献为信息检索对象，利用检索性工具书和文献型数据库，查找用户所需的特定文献，包括某一主题、时代、地区、著者、文种的有关文献，以及这些文献的出处和收藏处所等。例如，查找有关"信息组织""无线传感器"的文献，其结果通常为与所查请求相关的文献线索或全文，是一种相关性检索。文献检索是最核心、最基本的检索，它下面还可以细分为题录检索、文摘检索和全文检索等。

② 事实型检索。事实型检索是以某一客观事实为检索对象，利用参考工具书和指南数据库，查找用户所需的特定事实，包括某一事物发生的时间、地点及过程。例如，查找某一机构、企业或人物的基本情况、查找某一人物的生平等，其检索结果是客观事实或是为说明事实而提供的相关资料，是一种确定性检索。

③ 数据型检索。数据型检索是以数值或数据为检索对象，利用参考工具书、数值数据库和统计数据库，查找用户所需的特定数据，包括文献中的某一数据、公式、图表、指数、常数以及化学分子式等。例如，查找某一企业的年销售额、物质的属性数据等，其检索结果是经过检测、可供直接使用的科学数据，也是一种确定性的检索，数据型检索常分为数值型检索与非数值型检索。

数据型检索侧重于"量"，提供具体数据信息；事实型检索侧重于"质"，提供具体事实信息,都是为用户提供确定性答案;而文献型检索不是直接解答用户提出的问题,而是提供与之相关的文献名称及出处,供用户筛选分析,以便进一步获取信息。

2. 根据数据格式和检索技术层次的划分

依据数据格式和检索技术层次的不同,分为文本信息检索、多媒体检索和超媒体及超文本检索三种[①]。

① 文本信息检索。文本信息检索是查找含有特定信息的文本文献的检索,其结果是以文本形式反映特定信息的文献。如图书、期刊、专利文献等的数据库及搜索引擎以文本数据为主要处理对象。这是一种传统的信息检索类型,在信息检索中依然占据着主要地位。

② 多媒体检索。多媒体检索是查找含有特定信息的多媒体文献的检索,其结果是以多媒体形式反映特定信息的文献。包括视频检索、声音检索、图像检索和综合检索等,是在网络环境下发展起来的全新检索类型。

③ 超媒体及超文本检索。超媒体及超文本检索是基于超媒体系统和超级文本系统进行的信息检索。传统文本都是线性的,用户必须顺序阅读,而超媒体及超文本则不同,用户可自由浏览信息。

2.2　信息检索语言

2.2.1　信息检索语言概述

1. 定义

信息检索语言是组织文献与检索文献所使用的语言。它是根据信息检索的需要,描述文献信息内容特征和外部特征并进行检索的人工语言。检索语言是标引与检索提问之间约定的语言,是人与检索系统对话的基础,它是信息标引人员和信息检索人员沟通的桥梁。对于信息标引人员来说,它是表达文献主题内容,形成文献标识并借以组织文献的依据;对于检索人员来说,它是表达检索课题要求,并同检索系统中已经存储的文献标识进行比较从而获得所需文献的依据。其主要作用就是对文献的外部特征和内容特征进行多层次描述,提供多种检索途径,以便用户从不同角度检索查找。

2. 基本要求

在信息检索中,决定检索效率的因素有很多,如检索语言的质量、标引质量、索引质量等因素。其中,检索语言的质量与检索效率关系最密切,为了保证较高的检索效率,对检索语言的基本要求[②]如下:

① 具有必要的语义和语法规则。能准确地表达某一学科技术领域的任何文献和任何

① 陈蔚杰,徐晓琳,谢德体.信息检索与分析利用[M].3版.北京:清华大学出版社,2013.
② 于大羽,方杰,郭立民,等.现代图书馆入馆指南[M].北京:海洋出版社,2003.

提问的中心内容、主题、特征；

② 具有表达概念的单一性。用该语言表达的每一文献或提问，只能有一种解释；

③ 具有文献检索标识和提问特征进行比较和识别的方便性，既可用于手工检索，又可用于计算机检索；

④ 检索语言体系应科学合理。

2.2.2　检索语言分类与举要

1. 检索语言分类

检索语言的种类很多，依据划分方法的不同，可以分为不同的类型。

① 根据是否规范化，检索语言可以分为规范化的语言（即人工语言，如标题词语言）和非规范化的语言（即自然语言）。

② 根据包括的专业范围，检索语言可以分为综合性语言和专业性语言。综合性检索语言是在一定范围内或国际范围内通用的检索语言，如各国的图书分类法；专业性检索语言是适用于某一专业领域的检索语言，如各国的专利分类法等。

③ 根据描述文献的特征，检索语言可分为描述文献外部特征的检索语言和描述文献内容特征的检索语言。描述文献外部特征的检索语言是以文献上标明的、显而易见的外部特征，如题名、著者姓名、机构名称、文献号和文献出处等作为文献的标识和检索的依据；内容特征语言与外部特征语言相比较，它在揭示文献特征与表达信息提问方面，具有更大的深度，在用来标引与检索时，更需要依赖标引人员的智力判断。内部特征语言的结构与使用规则，远比外部特征的检索语言复杂，因而，对内容特征语言的研究，成为信息检索语言研究的主体与核心，我们所说的检索语言通常都是指描述文献内容特征的语言。该类检索语言通常包括分类语言和主题词语言。

④ 按标识组配方式，检索语言可分为先组式检索语言和后组式检索语言。先组式检索语言是描述文献主题概念的标识在检索之前就已经固定好了的标识系统，如分类语言、标题词语言等；后组式检索语言是描述文献主题概念的标识在检索之前未固定组配，而是在检索时根据检索的实际需要，按照组配规则临时组配的标识系统，如叙词语言等。

2. 常用检索语言举要

（1）分类语言及分类法

① 分类语言。分类语言也称分类法，它是用分类号表达主题概念，并将各种概念按照学科性质进行系统组织的一种检索语言。它将文献内容按照知识门类的逻辑秩序，从一般到具体，从简单到复杂，层层划分，每次划分则产生许多类目，形成的每个类目用分类号作标识，每个分类号就是特定的知识概念，一系列的分类号组成类表。

分类语言以数字、字母或两者结合体作为基本字符，采用字符直接连接并以圆点（或其他符号）作为分隔符的书写方法，以基本类目作为基本词汇，以类目的从属关系来表达复杂概念，主要包括体系分类法、组配分类法和混合分类法三种类型。

目前我国常用的分类法主要有《中国图书馆图书分类法》（《中图法》，第四版后更名为

《中国图书馆分类法》,台港澳地区沿用赖永祥《中国图书分类法》,两者系出同源,纲目大体一致,都是参照杜威十进制图书分类法改进而成,但详细的分号数码偶有区别)《中国科学院图书馆图书分类法》(简称《科图法》)《中国人民大学图书馆分类法》(《人大法》)等;国外常用的分类法主要有《杜威十进分类法》《国际十进分类法》《美国国会图书馆分类法》《冒号分类法》等。

② 中国图书馆分类法介绍。《中国图书馆分类法》(简称《中图法》)是中国目前图书情报界广泛使用的一部综合性分类法。它是在科学分类的基础上,结合图书的特性编制的分类法。《中图法》采用英文字母与阿拉伯数字相结合的混合编码形式,一个字母代表一个大类,即一级类目。不同的字母与数字组合代表不同级次的类目,其中有一类作出特殊规定,即工业技术类用双字母代表二级类目。《中图法》将知识门类分为"马列主义、毛泽东思想,哲学,社会科学,自然科学,综合性图书"五大部类,在此基础上组成 22 个基本大类,具体如下表 2－1 所示:

表 2－1 　《中国图书馆分类法》的 22 个基本大类

基本部类	标记符号	类目名称
马列主义、毛泽东思想	A	马克思主义、列宁主义、毛泽东思想、邓小平理论
哲　学	B	哲学、宗教
社会科学	C	社会科学总论
	D	政治、法律
	E	军事
	F	经济
	G	文化、科学、教育、体育
	H	语言、文字
	I	文学
	J	艺术
	K	历史、地理
自然科学	N	自然科学总论
	O	数理科学和化学
	P	天文学、地球科学
	Q	生物科学
	R	医药、卫生
	S	农业科学
	T	工业技术
	U	交通运输
	V	航空、航天
	X	环境科学、安全科学
综合性图书	Z	综合性图书

分类法采用具有一定次序的符号来代表类目,称为标记符号,例如,《中图法》中用"Q6"代表生物物理学、用"TQ"代表化学工业类;"670"代表制造业类。《中图法》的分类号采用的是混合号码,即英文字母与阿拉伯数字相结合,如 U6(水路运输)、V4(航天)等。《中图法》采用等级列举的方法表达从属关系,类目逐级展开,一级一级地细分,一级类目用一个符号,二级类目用两个符号,三级类目用三个符号,依次类推。例如:

```
〔大类〕          F 经济
〔二级类〕        F0 政治经济学
                F1 世界各国经济概况、经济史、经济地理
                F2 经济计划与管理
〔三级类〕        F20 国民经济管理
                F21 经济计划
                F23 会计
〔四级类〕        F239 审计
……
```

图书分类的结果是使每种图书都获得一个分类号。因为同一类图书可能有很多种,所以在分类的基础上,再赋予每种图书一个书次号,共同组成图书的索书号。如"G252.7/3 - 323""G252.7"为分类号,"3 - 323"为书次号。索书号反映的是每种、每册图书的具体排列次序和存放位置,读者凭索书号到典藏地寻找与索取图书。

分类法检索能满足从学科或专业角度广泛地进行课题检索的要求,达到较高的查全率。查全率的高低与类目的粗细多少有关,类目越细,专业指度越高,查准率也越高。但如果遇到细小专深的类目或是新的交叉学科或主题狭窄的课题,可能不易查找。同时分类法修订时间较长,不能及时反映新的科学技术主题。

(2) 主题语言

① 主题语言概述。主题语言也称主题法,它是由主题词汇构成,将自然语言中的名词术语经过规范化后直接作为信息标识,按字母顺序排列标识,通过参照系统提示主题概念之间的关系。目前较常使用的是标题词语言、关键词语言和叙词语言。

与分类语言相比较,主题语言有两大特点:第一,可直接使用描述文献内容特征的名词性术语作为标识来揭示文献的内容特征;第二,把这些标识按照字母顺序排列成主题词表,以此作为标引、检索文献的工具。

利用主题语言进行文献信息检索时,首先要对检索课题进行主题分析,对照主题词表选择指度最高的主题词,再按照主题词查阅检索工具,获得所需文献线索。

② 常用主题语言举要:

Ⅰ. 标题词语言。标题词语言,是指从自然语言中选取并经过规范化处理,表示事物概念的词、词组或短语。标题词是主题语言系统中最早的一种类型,它通过主标题词和副标题词的固定组配来构成检索标识,主标题一般是事物的名称,副标题表示事物的性质、结构、应用等各个方面,如"图书馆—设施",其中"图书馆"是主标题词,"设施"是副标题词。这些标题词在编制标题词表时已进行了固定组配,是一种先组式的主题语言。标题词是标引和检

索文献的工具,它的作用是对从文献信息中筛选出来的标题词,从词义、词形、词间关系和用法等方面进行管理和控制,使一种事物只用一个标题词表达,一个标题词只表达一种事物或含义,以避免使用过程中的混乱。

标题词语言只能选用"定型"标题词进行标引和检索,反映文献主题概念必然受到限制,不适应时代发展的需要,目前已较少使用。

Ⅱ. 叙词语言。又称规范化词,指从自然语言中优选出来的并经过规范化处理(对词类、词形、同义词、多义词等处理)的名词术语。把规范化词按照一种便于检索的方式编排起来,就形成了主题词表。例如,同义词规范类型:同一事物的不同称呼,如:马铃薯与土豆、网上聊天与 QQ、儿歌与童谣等;同一事物的简称、全称、音译等,如日本语与日语、互联网与因特网、中央电视台与 CCTV 等。

据统计,全世界已有 500 多种叙词表。它们大体上可以分为两类:综合性叙词表和专业性叙词表。常见综合性叙词表有美国的《工程与科学主题词表》、日本的《科学技术情报中心主题词表》等;常见专业性叙词表有美国的《航空和航天局主题词表》《国际核情报系统主题词表》、英国的《电机工程师协会主题词表》等。

我国有 60 余部叙词表,其中综合性叙词表有《汉语主题词表》和《国防科学技术主题词典》等;专业性叙词表有《航空科技资料主题词表》《电子技术汉语主题词表》《化学工业主题词表》等,这些叙词表作为检索系统的工具都已投入使用。

Ⅲ. 关键词语言。关键词又称自由词,属自然语言范畴。关键词语言是一种未经规范化的自然语言词汇。因此,对于同一事物概念、同一著者,用词也会有所不同。关键词是指那些出现在文献标题、摘要和正文中对表达文献主题内容具有实质意义的词语,它将描述主题内容的关键词抽出,按字顺排列提供检索,一般不加或加以少量规范化处理。

关键词法目前已得到广泛的应用,出现了多种关键词索引形式,大体可分为两类:一类是带上下文的关键词索引,包括题内关键词和题外关键词索引等;另一类是不带上下文的关键词索引。例如,要检索"语音水印技术",可直接选用"语音"和"水印技术"作为关键词。

Ⅳ. 引文索引语言。所谓引文索引语言,是指以某一引文做索引词标引和检索所有引用过该引文的一切文献,这种索引词的全体就叫做引文索引语言,简称"引文语言"。科学论文之间的引用关系构成了"引用网络",顺着这一网络上溯下追,可以找到一系列内容相关的文献。引文索引语言和引文索引法就是在这一基础上建立起来的。以文献间引证关系这种连接科学文献的内在系统为基础,用引文语言标引文献和编制索引的一整套技术方法,就称为引文索引法。美国的《科学引文索引》(SCI)便是用引证关系追溯法的典型检索工具。

2.3　信息检索技术

2.3.1　布尔逻辑检索

布尔逻辑检索,就是用布尔逻辑运算表达提问式中各个检索词之间的逻辑组配关系,确定文献中的命中条件和组配次序的检索方法。常有以下三种常用运算:

1. 逻辑"或"

又称逻辑加,用"OR"或"＋"表示,当需要查找与检索词 A、B 相关的文献,并且只要记录中出现其中任意一个词就算命中,即表示为 A＋B 或 A OR B(图 2-2)。

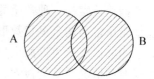

图 2-2　逻辑"或"运算

作用:放宽提问范围,增加检索结果,通过逻辑"或"运算达到扩检作用,从而提高查全率。逻辑"或"用得越多,检中的文献也越多。使用逻辑"或"可连接同一检索式的多个同义词、近义词和相关词。

例如,"微机＋电脑＋PC""微机 OR 电脑 OR PC"。

2. 逻辑"与"

也称逻辑乘,用"AND"或"＊"表示,当需要查找包含检索词 A 和 B 的文献,并且记录中必须同时出现 A 和 B 两个词才算命中信息,表示为 A＊B 或 A AND B(图 2-3)。

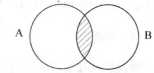

图 2-3　逻辑"与"运算

作用:增加限制条件,即增加检索的专指性,逐步缩小检索范围,提高检索结果的查准率。检索时,逻辑"与"组配越多,检索命中文献的结果就越少。例如,检索"计算机在图书馆的应用"方面的文献,其提问式可写成:"计算机 and 图书馆""计算机＊图书馆"。

3. 逻辑"非"

逻辑"非",用"NOT"或"－"表示,当需要查找包含检索词 A 而不包含检索词 B 的文献,并且记录中出现 A 但不包含 B 的文献才算命中,表示为:A－B 或 A NOT B(图 2-4)。

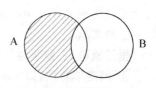

图 2-4　逻辑"非"运算

作用:逻辑"非"用于排除不希望出现的检索词,能够缩小命中文献范围,增强检索的准确性。常用于主题概念范围内去除某段年份、某个语种或去除某种类型(会议、期刊)的文献等。由于"NOT"算符有排除掉相关文献的可能,因此,在实际检索中应慎用。例如,"计算机 NOT 微机","计算机－微机"。

逻辑算符的优先执行顺序一般是:有括号时,先执行括号内的逻辑运算;无括号时,"NOT"优先级＞"AND"优先级＞"OR"优先级。在检索式中,只有"AND""OR"逻辑运算,其前后的检索词可以交换;检索式中有"NOT"时,前后检索词不能交换。

不同的数据库所使用的逻辑运算符号并不完全相同,有的用"AND""OR""NOT",有的用"＊""＋""－"。也有些检索工具会完全省略任何符号和关系,直接把布尔逻辑关系隐含在下拉菜单中供用户选择。例如,逻辑"与"在 CNKI 平台单一检索项多条件检索,指定多个检索词或检索表达式时用"＊",多个检索项同时检索时用"AND";在 SCI 数据库"主题"字段中可以用"AND",但在"出版物名称"字段中却不能使用。

2.3.2　截词检索

截词检索是一种常用的检索技术,在西文检索中更是广泛使用。由于西文的构词特征,在检索中常会遇到单复数形式不一致;同一意思的词,英美拼法不一样;词干加上不同性质的前缀和后缀就可以派生出许多意义相近的词,这样就会出现检索式过长,输入时间长,存在耗时的情况。截词检索就是为解决这些问题而设计的。截词检索指的是用给定的词干做检索词,检索出含有该词干的全部相关文献。它可以起到扩大检索范围、提高查全率、节省检索时间等作用。截词检索在名词的单复数形式、词的不同拼写法、词尾的不同变化等方面有很好的应用。常用的截词符有"?""*""#""$"等。

按照截词位置的不同,截词检索可分为:右截断(前方一致)、左截断(后方一致)、左右同时截断(中间一致)等类型。按截断的长度可划分为有限截断(limited truncation)和无限截断(unlimited truncation)。

1. 右截断

右截断(即前方一致)将检索词的词尾部分截断,要求比较被检项的前面部分。右截断在计算机检索中广泛应用,这种方法可以省去键入各种词尾有变化的检索词的麻烦,有助于提高查全率。

例如,键入检索词"physic*"(* 代表多个字符的截断),表示 physic、physical、physicalism、physician、physicochemistry 等,可以检索出含有"physic"开头词汇的所有文献;键入检索词"acid??"(? 代表一个字符的有限截断,?? 表示两个字符的有限截断检索),表示可以检索出含有 acid、acidic、acids 等词汇的文献,但不会检索出包含 acidicity、acidify 等词汇的文献。

概括地说,右截断运算主要应用在以下四个方面:

① 词的单复数,如"desk?""class??";

② 年代,如"197?"(20 世纪 70 年代)、"20??"(21 世纪);

③ 作者,如用"Thatcher*"可检索出所有姓 Thatcher 的所有作者;

④ 同根词,如用"success*"可检索出 succeeded,successful,succeeds 等同根词。

在具体的检索实践中,使用右截断运算有可能检索出无关词汇,尤其在使用无限右截断时,所选词干不能太短,否则将造成大量误检,或是发生溢出,导致检索失败。

2. 左截断

左截断(即后方一致)将截词符号放置在检索字符左侧,以表示截词符左侧的有限或无限个字符不影响该字符串的检索。这种截断在计算机检索中广泛应用,这种方法可以省去键入各种词头有变化的检索词的麻烦,有助于提高查全率。在检索化学化工文献和复合词较多的文献时,使用后方一致的截断较多见。

例如,键入检索词"*computer"可以命中 minicomputer、microcomputer 等相关词汇。左、右截断检索存在隐含"OR"运算"*computer"等价于"minicomputer OR microcomputer…"。

3. 左右同时截断

左右同时截断(即中间一致),把截断符号放置在检索词的左右两侧,将词根左右词头、词尾同时截断。例如,键入检索词"﹡computer﹡"可以命中包含该字根的所有索引词,如 minicomputer、microcomputer、minicomputers、microcomputers 等。

截词检索可以减少检索词的输入量,简化检索步骤,扩大查找范围,提高查全率,目前截词检索在检索系统特别是外文检索系统中有广泛的运用。

2.3.3　位置检索

利用布尔逻辑运算符检索时,只对检索词进行逻辑组配,不限定检索词之间的位置以及检索词在记录中的位置关系。有些情况,如果不限制检索词之间的位置关系则会影响某些检索课题的查准率,因此,大部分检索系统都设置了位置限定运算符,以确定检索词之间的位置关系,这种检索称为位置检索。

位置检索是利用记录中的自然语言进行检索,词与词之间的逻辑关系用位置运算符组配,对检索词之间的相对位置进行限制。这种检索方法适用于两个检索词以指定间隔距离或者指定的顺序出现的场合。位置运算符跟 AND 运算符类似,但比 AND 运算符功能更具体。

按照两个检索词出现的顺序和距离的不同,可以有多种位置运算符,而且对于同一功能的运算符,不同的检索系统可能有不同的表达方式,也有的检索系统不支持位置运算符,检索之前应该先看看数据库的帮助信息。常用位置运算符有(W)、(N)、(S)、(F)等。

(W)运算符中的 W 含义为"with",表示该运算符两侧的检索词相邻,词序不允许颠倒,而且两词之间不允许插词,只允许出现空格或标点符号。如,CD(W)ROM 将检出含有 CD ROM 或 CD-ROM 的文献,solar(W)energy 可检出 solar energy。

(nW)运算符中的 W 含义为"word",表示在此运算符两侧的检索词中间可以插入 $0 \sim n$ 个其他词,包括系统禁用词,词序不变。例如,communication(2W)satellite 将检索出含有 communication satellite, communication via satellite, communication on the satellite 的记录。

(N)运算符中的 N 含义为"near",表示运算符两侧的检索词相邻,两词之间不允许插词,只允许出现空格或连字符号—,词序可以颠倒。例如,cross(N)section 可检索出 cross section 和 section cross。

(nN)是(N)运算符的变形,表示两检索词之间允许插入 $0 \sim n$ 个词,词序可以颠倒。例如,cotton(2N)processing 可检索出 cotton processing,processing of cotton,processing of Egyp—tian cotton。

(S)运算符中的 S 含义为"Subfield",表示其两侧的检索词必须出现在同一句子(子字段)中,词序可以颠倒,两词相对位置距离不限。在文摘字段中,一个句子就是一个子字段。

(F)运算符中的 F 含义为"Field",表示其两侧的检索词必须出现在同一字段中,词序可以颠倒,两词相对位置距离不限。例如,pollution(F)control 可检索出 control and management of industrial pollution。

注意(F)与 AND 的区别,(F)指定两个检索词在同一个字段中出现,而 AND 布尔逻辑组配中的两个检索词会出现在不同的字段中;同位置运算符相比,AND 运算不仅可以连接两个以上的检索词,还可以用于两个以上的检索集合组配运算。

2.3.4　全文检索

全文检索(Full Text Retrieval)是以文本数据为主要处理对象,实现内容信息存储与检索的技术。全文检索是根据数据资料的内容,而不是外在的特征来实现的信息检索。它通过提供快捷的数据管理工具和强大的数据检索手段,帮助人们进行大量文档资料的整理和管理工作,使人们能快速、方便地查到他们想要的任何信息。

网络环境下的全文检索技术以机器可读的字符代码形式或图像形式存储文本信息,具有结构化和非结构化的多媒体信息收集、加工和索引功能;具有数据库维护、控制、备份、恢复和管理等功能;能根据内容语义及上下文联系进行布尔检索、语词检索、截词检索、位置检索、字段检索、概念检索和模式检索等;能检索、打印、下载和传递检索结果。

全文检索目前主要通过以下方式实现:对文本内容中的每个检索项进行位置扫描,然后排序,建立以每个检索项的离散码为表目的倒排文档;采用自由指定的检索项(如关键词字符串等)直接与全文文本的数据高速对照,进行检索;采用超文本模型建立全文数据库,实现超文本检索。

在文献检索活动进程中,除上述常用检索技术外,有时还会用到诸如加权检索、限定检索、词表检索、智能检索等检索技术。

2.4　信息检索方法与策略

2.4.1　检索方法

1. 常用检索方法

文献检索方法是指为准确、快速、高效地检索出所需文献,依据一定的方法而制定的相关检索策略[①]。常用的方法有以下几种:

① 顺查法。顺查法是按照时间发展的顺序由过去到现在去查找信息的方法。这种检索方法适用于围绕一个特定的目标去检索一定时间的全部信息。例如,撰写某一课题的综述、述评的文章,就需要对这一课题的产生、变化、发展有个较全面地了解,一般都采用顺查法。

② 倒查法。倒查法又称逆查法、回溯法,指按照现在回到过去的逆时间顺序查找信息的方法。此方法注重信息的实效性和关键性,只要查到与课题有关的若干资料即可停止检索。这种方法一般用于一些新课题、新观点、新理论、新技术的信息检索。采用倒查法获取较新信息,往往可以节省时间,查准率较高。

① 　蔡丽萍,段莹,刘岩,等.文献信息检索教程[M].北京:北京邮电大学出版社,2013:270-280.

③ 抽查法。根据检索的实际需要抽取某个时期内的信息进行检索的方法称为抽查法。此法针对学科发展变化的特点,抓住某一学科发展的高峰时期进行重点检索,可节省时间,提高检索效率。但是抽查法偏重于信息的阶段性和代表性,如若判断失误,则查准率很低。所以采用该方法应慎重选择那些确具代表性的信息。

④ 追溯法。追溯法又称追踪法、开展法、引文法等。它是利用原始文献后面所附的参考文献、夹注、脚注和附后索引进一步查找所需信息的检索方法。该方法体现为:从已获得信息中的有关注释、参考文献、附后索引,追查其原始文献,这样不断追踪,无限开展,直至检索到所需信息为止。追溯法又分为由近及远追溯法和由远及近追溯法两种。由近及远追溯法是根据已发表的文献后面所附的参考文献(即引文)为线索,由近及远进行逐一查找追溯的方法。这种方法简单易行,工作量大,以较少的文献引出较多的相关文献,适合于历史研究或对背景资料的查询,其缺点是越查材料越旧,追溯到的文献与目前研究专题越来越疏远。采用追溯法查找文献,最好选择综述、评论和质量较高的文献作为起点,因其所附的参考文献筛选严格,权威度较高。利用追溯法高效率地查找文献的最有用的工具是利用引文索引,这类检索工具著名的有美国的《科学引文索引》《社会科学引文索引》《艺术和人文科学索引》,中国的有《中国科学引文索引》《中国社会科学引文索引》。

2. 检索方法的选用原则

每种检索方法各有长短,在具体的检索过程中,还需根据检索要求、检索条件、学科特点来灵活把握,往往是多种方法交替使用,先用工具法(顺查法、倒查法、抽查法往往被归类为工具法)获取一些文献,之后根据其文后参考文献追溯获取一批相关文献。在具体的检索实践中,一般可以遵循以下原则选择信息检索方法:

① 有检索工具时用工具法或交替法;

② 检索工具缺乏而原始文献收藏丰富宜用追溯法;

③ 要解决某一课题的关键性技术,涉及新兴学科或知识更新更快的学科课题,不要求全面,只要能解决这个关键问题就行,要快,针对性要强,要准,宜用倒查法;

④ 要求搜集某一课题的系统资料,要求全面,不能有重大遗漏,最好用顺查法;

⑤ 已经掌握课题发展的规律、特点,用抽查法。

2.4.2　检索途径

检索途径是用户以文献特征为检索的出发点和依据。文献的基本特征由文献的外部特征和内容特征组成。文献外部特征包括题名、责任者、号码等;文献内容特征即与文献主题内容密切相关的特征,常用分类号和主题词来表述。

1. 以文献外部特征为检索索途径

外部特征检索,是指以文献的外部特征,如题名(刊名、书名、篇名)、责任者(如作者、编者、译者、专利权人等)、号码(如专利号、标准号、报告号等)等入手,将其作为检索途径进行文献检索的方法。常包含以下三种途径:

(1) 题名途径

题名途径检索即直接利用文献的题名进行检索,如图书的书名、期刊的刊名、论文的论文篇名等。通过题名途径可以查找图书、期刊、单篇文献。

（2）责任者途径

从已知的文献信息的责任者名称去获取信息目标的检索途径。文献信息的责任者包括个人作者、团体作者、专利发明人、专利权人等。利用作者索引、作者目录、团体作者索引、专利权人索引等。责任者途径一般适用于专业研究人员,特别是某些领域的专家学者,他们发表的学术成果具有该领域方向性特点。通过作者线索,往往可以系统研究跟踪该领域发展热点和发展前沿。采用该途径时,要了解作者索引编排的规则,一般需注意以下几点:

① 国外著者姓名的规则。西方国家的个人姓名通常是名在前姓在后,而在编制著者索引时会倒置,变成姓在前名在后,因而检索时一般是按姓氏查找,表达方式可将姓氏放在前,而名字在后,形成倒叙形式,这时姓名中间往往插入一个逗号,如 James C. Smith 著录为:Smith,James. C. 或者 Smith J C。另外姓名中的家族称号、宗教称号和其他前缀的处理应根据各检索系统的具体规则而定。

② 中国著者姓名的翻译规则。中国著者姓名的翻译规则分为音译和意译。中国著者姓名和团体机构名称的音译,一般用汉语拼音。如王汝传可译为 Wang Ru-chuan、Wang,Ru-chuan、Wang,R. C.、R. C. Wang、ru c. Wang。但是,中国香港和中国台湾有的检索工具中多使用威妥玛式拼音拼写著者姓名的,例如"李"拼写为 Lee。意译就可能有多种写法,检索式必须列举各类写法,才能保证查全率。

（3）号码途径

号码途径检索是依据文献出版时所编的号码顺序来检索文献信息的途径[①]。如专利说明书的专利号、技术标准号、图书的 ISBN 号、期刊的 ISSN 号、专利号、文献收藏单位的索书号、排架号等,这些号码一般具有唯一性,根据这些号码可以识别特定的文献信息,故检索时效率较高。

以通达学院图书馆为例,查找 ISBN 号为 978 - 7 - 305 - 11783 - 1 的图书,通过 OPAC 检索,可以准确查到书名为《网络学术资源检索与利用》、索书号 G254/22(CD)以及馆藏的相关信息。

2. 以文献内容特征为检索途径

内容特征检索是指文献所记载的知识信息中隐含的、潜在的特征,即与文献记载内容密切相关信息,如分类号、主题词、关键词等,以内容特征为检索提供分类、主题等检索途径,更适合检索未知线索的文献。

（1）分类途径

分类途径是以学科属性为出发点,根据文献内容所属的学科类别检索文献的途径。其主要是利用学科分类表、分类目录、分类索引等检索工具查找有关的某一学科或相关学科领域的文献信息。分类途径检索便于从学科专业的角度查找文献,满足族性检索的要求。

检索时由于选取的检索词本身所属学科分类,同时研究方向也有所属学科的分类,通常

① 陈氢,陈梅花.信息检索与利用[M].北京:清华大学出版社,2012.

会有两个以上的分类号码。如所需信息范围较广、查全率高,可选用分类途径检索,这样可较准确地检索到与课题相关领域的资料。

【检索实例 2-1】　通过分类途径检索"计算机仿真系统"期刊论文。

解答　步骤如下:

① 分析课题属于工业技术大类,借助《中图法》"计算机仿真系统"的学科属性、分类登记,获取分类号 TP391.92;

② 确定检索工具;

③ 明确检索途径为分类检索;

④ 输入分类号;

⑤ 获取相应文献。

(2) 主题途径

主题途径检索是检索信息的主要途径,也是常用的一种信息检索途径。使用主题途径检索文献时,关键是明确主题词。主题词是用规范化的词汇表达文献内容的主题。主题途径是根据明确的主题词,利用主题词表和主题索引进行文献检索的途径。此途径没有学科分类的束缚,使分散在各个学科领域有关同一课题的信息集中于同一主题,其最大优点是易于理解和掌握。当所需信息范围窄而具体时,宜选用主题途径检索。

【检索实例 2-2】　检索"计算机软件专利法保护"方面的国内相关期刊文献。

解答　步骤如下:

① 分析课题,先确定主题词为"计算机软件"、"专利法"、"保护";

② 确定检索工具;

③ 明确检索途径为主题途径检索;

④ 输入主题词;

⑤ 获取相应文献。

检索时一般遵循"主题途径为主,多种检索途径综合应用"的原则。如果课题要求专指性强,所需文献专深,宜采用主题途径;如果课题要求泛指性较强或难以选择检索词,可先用分类途径进行浏览,在检索结果中找出相关的词汇,再转入主题途径;如果已知文献的号码、责任者,先利用文献的外部特征检索出一批文献,再选用其他的途径检索。

2.4.3　检索程序与策略

1. 检索程序

信息检索是根据检索课题的需要,利用检索工具或检索系统,按照一定的检索方法和程序去查找文献的过程,它是一项实践性和经验性很强的活动。一般而言,信息检索的过程大致分为以下六个步骤:分析检索课题、选择检索系统工具、确定检索方法、确定检索词并构建检索提问式、上机检索并调整检索策略、输出检索结果。

(1) 分析检索课题

在进行检索之前,对检索课题进行正确的分析能够达到事倍功半的效果。在分析检索课题时,需确定课题所涉及的学科范围、主题要求,所需信息的类型、时间范围、语种范围等,同时还需兼顾不同课题的特殊要求以及课题对查新、查准、查全的指标要求。

例如,"基于 RFID 技术在图书馆中的应用"是以图书馆学为主要学科,信息技术为次要学科,属于文献类型课题,一般要求 10 年左右。

"统计有关长江三角洲经济发展的政策"属于事实数据类型课题检索,一般是检索当前信息,根据需要适当回溯。

(2) 选择检索工具

检索工具是人们用来存储、报道和查找各类信息的工具,选择正确的检索工具能提高检索效率。结合高校图书馆资源以及大学生信息需求的实际情况,常用的检索工具有本校图书馆馆藏检索系统、超星电子图书数据库、CNKI、读秀、维普数据库、万方数据资源系统、外文 SpringLink 电子期刊数据库、Elsevier Science Direct 数据库等。此外,网上免费的检索工具有中国国际知识产权局、欧洲专利局、百度、Google 等。选择检索工具时要综合考虑所选数据库收录的信息内容涉及的学科范围、收录文献的类型、数量、时间范围、更新周期以及数据库提供的检索途径、检索功能和服务方式等。

(3) 确定检索方法

根据客观情况和条件限制,选择合适的检索方法。具体详见 2.4.1 检索方法。

(4) 确定检索词并构建检索提问式

在检索中此步骤最为关键,一是概括检索提问,选择精确的检索词;二是正确构造检索提问式,达到检出的目的。

检索词选取方法及要点[1]如下:

① 切分主题法。用户将检索主题切分成数个概念,并确定反映主题的主要概念,去掉无检索意义的次要概念,然后归纳可代表每个概念的检索词。

【检索实例 2 - 3】　检索有关"计算机系统虚拟化技术"方面的中文期刊文献。

解答　以知网的"中国学术期刊网络出版总库"检索为例。在主题字段下输入"计算机系统虚拟化技术",检索年限为系统默认年限,采用精确匹配方式,得到 3 条检索结果;将主题切分为"计算机系统""虚拟化技术",检索式为:计算机系统 AND 虚拟化技术(精确匹配),得到 30 条检索结果,按其规范性特点提炼主要概念"计算机""虚拟化技术",采用同样的检索方式,则可以得到 338 条检索结果。

② 隐性主题的选择。分析课题时,不仅要对题面主题概念进行拆分,更重要的是对课题的主要概念,特别是课题隐含的主题概念进行分析,掌握课题的实质内容。

【检索实例 2 - 4】　检索有关"无线传感器网络技术"方面的中文期刊。

解答　以知网的"中国学术期刊网络出版总库"检索为例。在篇名字段下输入"无线传感器网络技术",检索年限为系统默认年限,采用精确匹配方式,得到 111 条检索结果;表述无线传感器网络概念的还有 WSN,WSN 为隐形主题,采用检索式为:无线传感器网络技术 OR WSN(精确匹配),得到 134 条检索结果。

可通过以下三种方法挖掘隐形主题与隐含概念:利用工具书、CNKI 知识元搜索、读秀搜索等辅助工具了解背景知识;阅读初查文献,从篇名、关键词、摘要、原文及参考文献中挖

---

① 张玉慧. 网络信息检索与利用[M]. 北京:北京理工大学出版社,2014.

掘隐性词;利用自己的专业知识和平时积累的知识与导师、同学交流,挖掘隐性词。

③ 同义词、近义词的选择。检索词的全称、简称、俗称、英文缩写及不同拼写方式可以统称为检索词的"同义词"。

例如,南京邮电大学可简写成南邮,英文的写法有很多,如 Nanjing Univ Posts & Telecommun, Nanjing Univ Posts & Telecommun NUPT, Nanjing Univ Posts & Telecommun NJUPT, NANJING UNIV POST & TELECOMMUN, NANJING UNIV POSTS & TELECOM, NANJING UNIV POSTA & TELCOMMUN, Nanjing Inst Posts & Telecommun,NUPT, NJUPT 等。

④ 采用截词符检索。对于英文词尾的规则性变换或词形的变化,恰当地应用截词检索也是建立检索式时需要考虑的策略之一。

⑤ 选用数据库规定的代码。许多数据库的文档中使用各种代码来表示各种主题范畴,有很高的匹配性。例如,德温特创新索引中的分类代码,化学文摘数据库中的化学物质登记号。

(5) 上机检索并调整检索策略

构建完检索提问式后,就可以上机检索了。检索时,应及时分析检索结果是否与检索要求一致,根据检索结果对检索提问式作相应的修改和调整,直至得到比较满意的结果。

① 检索结果信息量过多。产生检索结果信息量过多的原因可能有以下两点:一是主题词本身的多义性导致误检;二是对所选的检索词的截词截得太短。在这种情况下,就要考虑缩小检索范围,提高检索结果的查准率。

② 检索结果信息量过少。造成检索结果信息量少的原因有:首先,选用了不规范的主题词或某些产品的俗称,商品名称作为检索词;其二,同义词、相关词、近义词没有运用全;其三,上位概念或下位概念没有完整运用。针对这种情况,就要考虑扩大检索范围,提高检索结果的查全率。

(6) 输出检索结果

根据检索系统提供的检索结果输出格式,选择需要的记录以及相应的字段(全部字段或部分字段),将结果显示在显示器屏幕上、存储到磁盘或直接打印输出,网络数据库检索系统还提供电子邮件发送,至此,完成整个检索过程。对于不能直接获取原文信息的文献,可以通过馆际互借、原文传递、参考咨询等方式获取,也可以直接联系作者本人索取原文。

2. 检索策略

检索策略(Searches Tactic)是在分析课题检索要求的基础上,正确地选择检索词,确定检索途径,科学地运用布尔逻辑算符、位置算符、截断符、字段符等制定合适的检索提问式的原则和方法。检索策略制定的优劣直接影响到检索的查全率和查准率。

检索策略还应该对检索式可能的检索结果作出预测,并事先提出相应的对策。近年来,计算机检索策略,特别是联机检索策略的研究得到了人们的广泛重视,出现了各种各样的检索策略。影响较大的是美国人鲍纳·查尔斯(Bourne,C.)提出的以下五种联机检索策略:

(1) 最专指面优先策略

最专指面优先的策略,是指在检索时,首先选择最专指的概念组面进行检索,如果检索命中的文献相当少,那么其他概念组面就不加到检索提问式中去;如果命中的文献较多,其他概念组面就加到检索提问式中去,以提高查准率。

(2)最少记录面优先策略

最少记录面优先策略与最专指面优先的策略类似,即先从估计检中的文献记录数量最少的概念组面入手,如果检索中的文献记录相当少,则不必检索其他概念组面;反之,则将其他概念组面加到检索提问式中去,提高检索结果的查准率。

(3)积木型概念组策略(图2-5)

积木型概念组策略是把检索课题分解成若干个概念组面,并分别先对这几个概念组面进行检索;在每个概念组面中尽可能地列举同义词、近义词,并用布尔逻辑算符"OR"连接成子检索式,然后再用布尔逻辑算符"AND"将所有概念组面的子检索式连接起来,构成一个完整的检索式。

积木型概念组策略的优点是能提供比较明确的检索逻辑过程,但耗时多,联机检索费用高。为节省机时,可以考虑整个检索式成批输入。

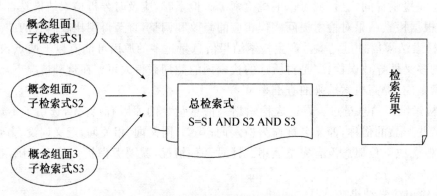

图2-5　积木型概念组策略

(4)引文珠型增长策略(图2-6)

这种策略从直接检索课题中最专的概念指面开始,以便至少检出一篇命中文献。并从这一条或数条记录中找到新的规范词或自由词,补充到检索式当中去,从而检索出更多的相关文献。连续重复上述过程,直到找不到其他适合包含于检索式的附加词为止。这种检索

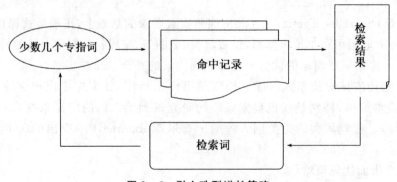

图2-6　引文珠型增长策略

策略交互性最强,但也需要较长的联机时间。

（5）逐次分馏策略

逐次分馏的意思是先确定一个较大的、范围较广的文献初始集,然后逐步提高检索式的专指度,从而逐步缩小命中文献集,直到得到数量适宜、用户满意的命中文献集合为宜。

检索策略的制定应该遵循以下的原则与方法。

① 选词的原则与方法:

Ⅰ. 首先从主题词表中选用能表达主题概念,查准率高的名词术语,如果选用上位类概念,还要查看是否有下位类概念,如果下位类能表达课题,可选用下位类进行检索;

Ⅱ. 还可从专业词典、手册及分类表等工具中选词,但要避免选用使用频率低的词汇,一般不要用动词和形容词;

Ⅲ. 也可从检索工具中选用主题词,通过此种方法选词,可以了解有关术语及用词规律,选择这种词针对性较强,检索效果较好;

Ⅳ. 如果词表和工具书中未收的词(新学科名词),可选用自由词,但必须选择通用的词汇,同时要保持它的单一性,避免多义性,否则会造成漏检或误检。

② 编写逻辑提问式的原则:

Ⅰ. 用 AND 连接的检索词,应把出现频率不高的检索词放在 AND 的左边。

Ⅱ. 用 OR 连接的检索词,应把出现频率高的检索词放在 OR 的左边。

Ⅲ. 当用 AND 和 OR 两种算符,并且连续用了多个 OR 算符,在编制提问式时,OR 应放在 AND 的左边。

3. 检索实例

【检索实例 2-5】　检索有关"经济全球化背景下的公司理财"方面的中文期刊文献。

解答　① 分析课题,确定检索词为经济或全球化、背景、公司理财。

② 构建检索式:经济 * 全球化 * 背景 * 公司理财,标准检索界面,选择"篇名"字段(模糊匹配),其他取系统默认输入,检索结果为 0 篇,如图 2-7 所示。

③ 将检索词扩展,构建新的检索式(经济＋金融)*(全球化＋世界化)*(背景＋形势)*(公司理财＋企业理财),采用同样的检索方式,检索结果为 26 篇,如图 2-8 所示。

④ 检索结果太少,重新调整检索策略。

➤概念的分析与提取不当

Ⅰ. "经济全球化"属于术语,不能拆分;

Ⅱ. "背景"属于辅助概念,已隐含在"经济全球化"概念之中,应该省略;

Ⅲ. "公司理财"不属于术语,应该拆分成"公司"和"理财"两个概念。

➤概念扩展不当

Ⅰ. "经济"扩展成"金融"在本课题中就变成了"金融全球化企业理财",其含义可能指向银行业,与课题本意不符;

Ⅱ. "经济全球化",通过阅读已检文献,发现有近义词"世界经济一体化";扩展概念检索(经济全球化＋世界经济一体化)*(公司＋企业)* 理财,以"篇名"为检索字段,采用同样的检索方式,检索结果为 141 篇,如图 2-9 所示。

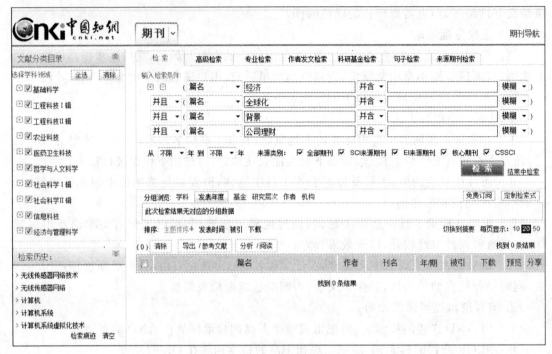

图 2-7　实例检索结果 1

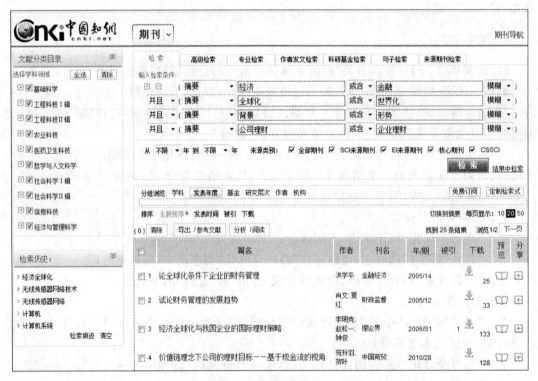

图 2-8　实例检索结果 2

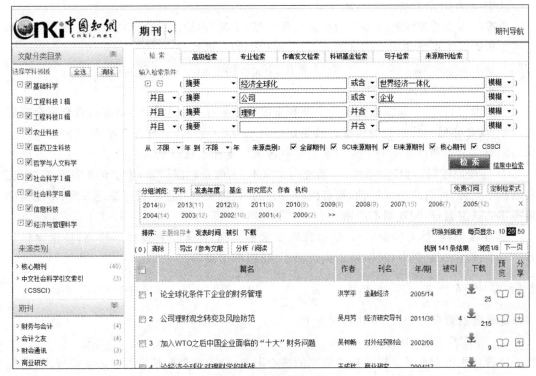

图 2-9　实例检索结果 3

　　选择需要的记录以及相应的字段（全部字段或部分字段），将结果显示在显示器屏幕上、存储到磁盘或直接打印输出，网络数据库检索系统还提供电子邮件发送，完成整个检索过程。

2.5　信息检索效果评价

　　检索效果是利用检索系统进行检索时所获得的有效结果。评价检索效果是为了准确地掌握系统的各种性能和水平，找出影响检索效果的各种因素，以便有的放矢，改进系统的性能，提高系统的服务质量，保持并提高系统在市场上的竞争力。信息检索效果是通过相关信息检索过程的各项指标来衡的。

2.5.1　检索效果评价指标

　　克兰弗登提出六项检索效果指标：收录范围、查全率、查准率、响应时间、用户负担及输出形式。其中两个主要的衡量指标是查全率和查准率。这些指标不仅可以做定性分析也可以做定量分析。

　　查全率是指检出的符合要求的相关文献（切题文献）占全部相关文献的比例。查全率是对所需信息被检出程度的量度，反映检索的全面性，公式为

$$查全率\ R=b/a\times100\%$$

式中,a 为相关文献;b 为切题文献

查准率是指检出的符合条件的相关文献(切题文献)占检出的全部文献的比例。查准率是衡量检索系统拒绝非相关信息的能力,反映检索的准确性,公式为

$$查准率 \ P = b/c \times 100\%$$

式中,c 为检出的全部文献

一般来说,在同一检索系统中查全率和查准率之间存在互逆关系,即提高查全率会降低查准率,反之亦然。检索的最佳状态就是在查全率为 60%~70% 且查准率为 40%~50%。

影响查全率和查准率的主要因素主要有客观因素和主观因素。

① 客观原因(针对检索系统)。系统内文献不全;收录遗漏严重;索引词汇缺乏控制;词表结构不完善;标引缺乏详尽性,没有网罗应有的内容;文献分类专指度缺乏深度,不能精确地描述文献主题;组配规则不严密。

② 主观原因(针对检索者)。检索课题要求不明确;检索工具选择不恰当;检索途径和方法过少;检索词缺乏专指性;检索词选择不当;组配错误等。

2.5.2　提高检索效率的方法

提高检索效率,应从以下几方面着手:

(1) 提高检索者的信息素养

检索者的检索水平是提高检索效率的核心因素,能正确理解检索课题的实质要求,选取正确的检索词,合理使用逻辑组配符完整地表达信息需求的主题;要灵活运用各种检索方式和检索途径,制定最优的检索策略。

(2) 选择质量高的检索工具

评价检索工具的优劣主要是看它的存储功能和检索功能。检索工具的收录范围、索引语言、标引深度与准确性、提供的检索途径、检索方法等是影响检索效果的重要方面。

(3) 优选检索词

优选检索词是提高检索效果的重要手段。检索前应当将课题分解和转换为检索系统认可的规范词,列出其同义词、近义词、广义词、狭义词、分类号,化学物质还应找出其分子式、登记号、别名、俗名和商品名等。避免使用意义泛指的词,尽量使用专指性强的词或短语,要小心和避免使用一词多义的词,避免使用错别字,适当使用截词运算。

(4) 合理调整查全率和查准率

提高查全率时,调整检索式的主要方法有:降低检索词的专指度,从词表或检出文献中选一些上位词或相关词;减少 AND 组配,如删除某个不甚重要的概念组面(检索词);多用 OR 组配,如选同义词、近义词等并以 OF 方式加入到检索式中;族性检索,如采用分类号检索;截词检索;放宽限制运算,如取消字段限制符,调整位置算符等。

提高查准率时,调整检索式的主要方法有:提高检索词的专指度,增加或采用下位词和专指性较强的检索词;增加 AND 组配,用 AND 连接一些进一步限定主题概念的相关检索项;减少 OR 组配;用逻辑非 NOT 来排除一些无关的检索项;加权检索;利用文献的外表特征进行限制,如限制文献类型、出版年代、语种、作者等;限制检索词出现的可检字段,如限定在篇名字段和叙词字段中进行检索;使用位置算符进行限制。

思考题

1. 信息存储与检索过程中需对信息进行哪些环节的处理？
2. 计算机信息检索到目前为止，其发展历程大体上经历了哪几个阶段？
3. 信息检索的基本类型有哪些？
4. 检索语言的定义与基本要求是什么？
5. 按标识组配方式，检索语言可分为几类？
6. 常用分类法有哪些？
7. 《中图法》将知识门类分为几个部类多少个基本大类？
8. 什么是主题语言？常用的主题语言有哪些？
9. 图书索书号由几部分构成？
10. 截词运算中截词符"？"、"＃"、"＄"、"＊"代表什么意思？
11. 按照截词位置，可将截词运算分为哪几种？
12. 什么是位置运算？常见位置运算符有哪些？
13. 常用的信息检索方法有哪些？
14. 常用的信息检索途径有哪些？
15. 鲍纳·查尔斯(Bourne，C.)提出的五种联机检索策略是什么？
16. 克兰弗登提出的六项检索效果指标是什么？
17. 简述信息检索效果的影响因素有哪些？
18. 提高检索效率的方法有哪些？

第 3 章　网络信息资源与检索

3.1　网络信息资源

3.1.1　网络信息资源概述

网络信息资源是指以电子数据的形式,将文字、图像、声音、动画等多种形式的信息存储在光、磁等非印刷质的介质中,利用计算机通过网络进行发布、传递和存储的各类型信息资源的总和。目前,网络信息资源以互联网信息资源为主,同时也包括其他没有联入互联网的各类局域网上的信息资源。网络信息资源与传统信息资源相比,它不仅涵盖传统信息资源的所有内容,而且还延伸出许多传统文献信息资源所不具备的信息资源。利用网络已成为人们获取信息的最主要途径。

网络信息资源与传统载体的信息资源有着根本的区别,它是以电子数据的形式将多种形式的信息存放在光磁等非印刷质载体中,通过网络通信传播并在计算机上显现出来的信息资源,它将原本相互独立、分布于世界各地的数据库、信息中心、文献中心等连接在一起,形成一个内容与结构全新的信息整体[①]。

从科学实用的角度考虑,网络信息资源的主体是能够在互联网上传播和交流的信息集合体,但并非包含所有互联网上可见的信息,而只是指其中能满足人们信息需求的那一部分,这部分信息集合是网络信息资源管理的直接对象。因此,网络信息资源可以理解为以网络为纽带联结起来的信息资源和以网络为主要存储、传播和交流方式的信息资源,它是通过计算机网络可以利用的各种信息资源的总和。

从信息资源建设的角度出发,网络信息资源不再是个物理概念,也不再是相互分割的独立存在的实体,而是一个跨国家、跨地区的信息空间,其资源和服务大大超出传统意义上的馆藏文献库或独立的数据库系统,它是与全国乃至全球相互连接的信息资源网络系统,为人们建立了快速、便捷、有效的联系,提供了崭新的信息资源网络系统。

3.1.2　网络信息资源的特点

网络信息资源是一种新型数字化资源,与传统形式的信息资源相比具有许多独特之处。了解网络信息资源的特点,可以使其在检索与利用方面更好地发挥作用。一般来说,网络信

---

① 　王雅南,刘鸿,刘春,等.实用网络信息检索[M].北京:高等教育出版社,2014.

息资源具有以下特点。

1. 信息量大、增长迅速

互联网是一个开放的信息传播平台,由于网络信息资源的发布限制少、程序简单,政府、机构、企业、个人都可以在网上发布信息,因此,网络信息资源成为海量的、集各种信息资源为一体的、庞杂的信息资源网。在这个庞大的信息供应源中,公共图书馆、网络资源服务商、传统媒体、传统联机服务商、高等院校、科研机构、各类商业公司等发挥着主导作用。

2. 内容丰富、形式多样

网络信息资源内容丰富,覆盖了不同学科、不同领域、不同地区、不同语言的信息资源。从内容看,包括学术信息、商业信息、政府信息、个人信息等不同种类。从载体形式看,它既可以是文字、图表等静态信息,也可以是集图、文、声、像于一体的动态多媒体信息,堪称多媒体、多语种、多类型的混合体。

3. 动态性高、稳定性差

网络信息资源处于不断生产、更新、淘汰的变化之中,具有高度动态性、覆盖式的更新,使得资源在修改后不易被保存下来,网络信息资源具有很强的时效性。同时,任何网站资源都有可能在短时间内建立、更新、更换地址或消失在变化之中,网络信息资源瞬息万变,稳定性差。

4. 高度开放性

相对于印本信息资源的封闭性,通过超文本技术链接起来的网络信息资源,具有高度开放性,资源之间的链接关系使得资源之间的跳转变得更容易,可以通过点击链接开始漫游网络资源,这种链接在带来便利的同时也容易导致用户在漫游中迷失方向,甚至无法回到出发点。

5. 共享程度高、用户类型广

由于信息存储形式及数据结构具有通用性、开放性和标准化的特点,网络信息资源的复制、分发更加容易,因此,在不考虑版权的情况下,一份资源可以以无限多个复本同时服务于无限多的用户。网络打破了传递的时空界限,用户可以在任何时间、任何地点获取信息资源,使网络信息资源传播的时间和空间范围得到了最大程度的延伸和扩展,且多个用户可以同时共享同一份信息资源。网络信息资源可满足不同用户的不同需求,如科学研究、商业交易、学习、娱乐、查询信息等,几乎覆盖了社会的各个领域和各个阶层。

6. 互动性强

由于网络信息资源存储在计算机能够识别的介质上,伴随着计算机软件的更新与性能的日益提高,网络信息资源用户逐渐具有更多的主动性,允许用户对资源发表评论、做进一步完善,并就相关问题展开讨论。作者、出版者和读者可以通过网络直接沟通。用户也可以就某一专题开设电子论坛,其他人可以围绕该专题展开讨论,互相交流,他们不仅是数字信息资源的利用者,而且也成为数字信息资源的开发主体,传统的文献信息资源不具有这一功能。

综上所述,网络信息资源信息量巨大、类型多样、形式丰富、内容广泛、时效性强、关联度高、使用方便,是传统的文献信息资源难以比拟的。但是拥有这些优点的同时,网络信息资源也带来了使用上的困难,由于其分布广泛,数量巨大,呈分散无序状态,如果不能很好地整合,形成有序的信息空间,则无法充分发挥其应有价值。

3.1.3　网络信息资源类型

1. 按照网络信息资源服务方式划分

（1）WWW 信息资源

WWW 信息资源在 WWW(World Wide Web)客户机和服务器之间采用超文本传输协议进行传输,是建立在超文本和超媒体技术的基础上的集文本、图像、图形、声音等为一体,以直观、友好的图形用户接口的网页形式在互联网上展现。它能对分布在网络各处的文本、图像、声音、多媒体、超文本信息进行方便快速的浏览和传递。因而,从 20 世纪 90 年代至今得到迅速发展,并成为网络信息资源的主流。

（2）Telent 信息资源

Telent 信息资源指基于网络通信协议,通过用户计算机与远程计算机登录进行链接,共享远程计算机对外开放的部分信息资源,包括各种硬件资源如打印机、绘图仪等,软件资源如各种大型数据库、图形处理程序等。Telent 是强有力的信息资源共享工具,是实现用户计算机与远程计算机链接的最佳方式之一。利用 Telent 方式提供信息资源服务的主要有各政府部门、科研机构等对外开放的各类商用数据库和各类型图书馆提供的联机公共检索目录 OPAC。

（3）FTP 信息资源

FTP(File Transfer Protocol)信息是互联网上广泛使用的一种服务。可以用来在互联网上的两台计算机之间的文件传输。以联网方式从一个系统到另一个系统进行文件的完整复制与传输的信息资源。FTP 所包含的信息资源类型非常广,可以是文本、图像、声音、多媒体、数据库等。通过 FTP 的文件传输协议,可与互联网上的任何一个 FTP 服务器进行文件上传、下载操作,FTP 是互联网上发布信息、传输文件和软件的主要方式之一。

（4）Gopher 信息资源

Gopher 与 WWW 的分布方式类似,是一种基于菜单式的网络服务模式,多数 Gopher 服务器上建立了信息资源目录的菜单,用户只需在资源目录的菜单中选择所需要的对应项,通过与远方 Gopher 服务器建立连接,就可完成对远程联机信息的访问查询。

（5）用户服务组信息资源

用户服务组信息在 Internet 中是一种极为独特、自由、开放、丰富的信息,也是最受欢迎的一种消息交流方式。它包括新闻组、邮件列表、专题讨论组、兴趣组、辩论会等成千上万讨论组的全球系统。用户可以利用自己的主机申请加入到与自己要讨论的主题相关或相同的讨论组中,用户可以与众多的人开诚布公地沟通思想、获取信息。并随时就某一问题获取他人的帮助和点拨。同时也可以查阅别人的看法和意见,并给予回复。反复这个过程即形成讨论与交流。这种交流广泛、便利、直接的信息是互联网上最为流行、最具活力、最受欢迎的信息资源。

（6）WAIS 信息资源

WA1S 称为广域信息服务,是一种数据库索引查询服务。WAIS 是通过文件内容（而不是文件名）进行查询的。因此,如果打算寻找包含在某个或某些文件中的信息,WAIS 便是一个较好的选择。WAIS 是一种分布式文本搜索系统,用户通过给定索引关键词查询到所需的文本信息。

2. 按照信息交流的方式划分[①]

（1）正式出版的信息

正式出版的信息是指受到一定的知识产权保护、质量可靠、利用率高的知识性、分析性信息,如各种网络数据库、电子期刊、电子图书、电子报纸和馆藏目录等。

（2）半正式出版的信息

半正式出版的信息又称灰色信息,是指受到一定的知识产权保护但没有纳入正式出版信息系统的信息,如各种学术团体和教育机构、企业和商业部门、国际组织和政府机构、行业协会等介绍、宣传自己或其产品的描述性信息,其中以政府信息、人文科学领域的信息为最重要的互联网信息资源。

（3）非正式出版的信息

非正式出版的信息是指流动性、随意性较强,信息量大、信息质量难以保证的动态性信息,如电子邮件、专题讨论小组和论坛、电子学术会议、电子布告板新闻等工具上的信息。

3. 按照网络信息资源内容划分[②]

（1）网络资源指南和搜索引擎

网络资源指南是按主题的等级排列主题类目索引,用户通过逐层浏览类别目录、逐步细化的方式来寻找合适的类别直至具体的资源;网络搜索引擎强调检索功能,允许用户在索引中查找词语或词语组合。

（2）联机馆藏目录

各类图书馆和信息机构将自己的书目信息、期刊目录、数字化馆藏资源放在网上,通过公共联机检索系统（OPAC）检索本馆、地区或行业的馆藏目录。全国高等教育文献保障体系（CALIS）及省市级高校文献保障体系提供省市级、全国范围内多所高校的馆藏各类文献资源。用户通过图书馆链接,就可查询该馆及其他图书馆的馆藏,突破了时、空的限制。

（3）网络数据库

网络数据库是指经过人为加工、组织过的有序信息资源,一般有较高的学术、科研价值。

①　陈兰杰,李英.信息检索教程[M].天津:天津大学出版社,2010.
②　陈氢,陈梅花.信息检索与利用[M].北京:清华大学出版社,2012.

这类资源如 DIALOG、OCLC 等国际联机数据库检索系统,IEL、SCI 等文献数据库,国内的万方、知网、维普等数据库资源。

(4) 电子出版物

电子出版物是以数字代码形式将文字、图像、声频、视频等信息存储在磁、光、电介质上,通过互联网传播,借助电脑或其他相关设备阅读的出版物,包括电子图书、期刊、报纸等。现有的电子出版物中有部分内容是传统纸质文献的电子化版本,更多的是完全以数字化形式编辑、制作、出版和发布,并以网络化形式发行的资源。

(5) 网上参考工具书

互联网上拥有众多的百科全书、手册、年鉴、指南、名录等工具书,这些网络版工具书使用起来非常便捷,用户只需输入待查的字词,就可以找到相关的定义和使用方法。

(6) 其他网络信息

网络的开放性与交互性为其带来了大量的信息,如网上新闻、BBS、政府机构发布的信息、政策法律、会议消息、研究成果等,网上还有大量的邮件资源以及娱乐游戏、教育培训、应用软件等信息,这些信息体量丰富,且大多数提供免费使用。

3.2 搜索引擎与域名

随着网络的发展,互联网上的资源以惊人的速度不断增长,人们在浩如烟海的信息面前无所适从,想迅速准确地获取自己需要的信息,变得十分困难。为了解决用户的信息需求与网上资源的海量、无序之间的矛盾,20 世纪 90 年代,网络信息资源检索工具——搜索引擎应运而生。

3.2.1 搜索引擎

1. 搜索引擎概述

搜索引擎(Search Engine)是互联网环境中的信息检索系统(包括目录服务和关键字检索两种服务方式),它根据一定的策略、运用特定的计算机程序从互联网上搜集信息,在对信息进行组织和处理后,为用户提供检索服务,将与用户检索相关的信息展示给用户的系统[①],一般由搜索器、索引器、检索器和用户接口 4 个部分组成。

① 搜索器。搜索器的功能是在互联网上漫游、发现和搜集信息,它要尽可能多、尽可能快地搜集各种类型的新信息,同时,因为互联网上的信息更新很快,所以还要定期更新已经搜索过的旧信息,以避免造成死链接和无效链接。

② 索引器。其功能是理解搜索器所搜索的信息,从中抽取出索引项,并生成文档库的索引表。索引器可以使用集中式索引算法或分布式索引算法。当数据量很大时,必须实现即时索引,索引算法对索引器的性能(如大规模峰值查询时的响应速度)有很大的影响,一个搜索引擎的有效性在很大程度上取决于索引的质量。

---

① 郭爱章.网络应用与信息检索[M].北京:清华大学出版社,2012.

③ 检索器。检索器的功能是处理用户查询要求，它接受用户输入的查询、在索引库中快速检出文档，进行文档与查询的相关度评价，对输出的结果进行排序，并实现某种用户相关性反馈机制。

④ 用户接口。用户接口的作用是输入用户查询内容，显示查询结果，提供用户相关性反馈机制。其主要目的是方便用户使用搜索引擎，高效率、多方式地从搜索引擎中及时找到有效的信息，用户接口的设计和实现使用人机交互的理论与方法，以充分适应人类的思维习惯。

现代意义上的搜索引擎最早出现于 1994 年 7 月，当时 Mi-chael Mauldin 将 John Leavitt 的蜘蛛程序接入到其索引程序中，创建了大家现在熟知的 Lycos。同年 4 月，斯坦福 (Stanford) 大学的两名博士生，David Filo 和美籍华人杨致远 (Gerry Yang) 共同创办了超级目录索引 Yahoo!，并成功地使搜索引擎的概念深入人心。从此，搜索引擎进入了高速发展时期。

从广义上看，搜索引擎是互联网上的一类网站，是在 WEB 中主动搜索信息并将其自动标引的 WEB 网站及标引的内容存储在可检索的大型数据库，建立相应的索引和目录服务，从而对用户提出的各种问题作出响应，提供用户所需的信息或相关的指针。这类网站与一般网站不同，它是互联网上专门提供检索服务具有检索功能的一类网站。搜索引擎一般拥有客户精准度高、价格低廉、展示面广、稳定性强等优点，同样也存在关键词数量有限、排名规则不确定、通过网站优化获得排名的见效慢等缺点。

2. 搜索引擎类型

搜索引擎的种类很多，关于其分类的标准目前界定尚不清楚，一般来说，按其工作方式大致可分为三种：目录型搜索引擎、全文型搜索引擎和元搜索引擎。

(1) 目录型搜索引擎

实质就是网站目录索引，是将网站分门别类地存放在相应的目录中。用户提交网站后，目录编辑人员会亲自浏览用户的网站，由专业信息人员以人工或半自动的方式搜索网络信息资源，并将搜索、整理的信息资源按照一定的分类体系编制成一种等级结构式目录。国外的 Yahoo!、Open Directory Project、Look Smart 和国内的 Hao123 均属于这类搜索引擎。

目录型搜索引擎具有分类清晰的特点，所收录的网络资源经过专业人员的鉴别和选择，确保了检索的准确性。但该类搜索引擎的数据库规模相对较小，系统更新速度受工作人员的限制，可能导致检索内容的查全率不高。

(2) 全文型搜索引擎

全文搜索引擎提供的是互联网上各网站的每一个网页的全部内容，搜索的范围较大，并具有全新的、强大的检索功能，可以直接根据文献资料的内容进行检索，真正为用户提供对互联网上所有信息资源进行检索的手段，但该类搜索引擎没有清晰的层次结构，有时会给人一种杂乱无章的感觉。全文型搜索引擎具有较高的查全率，Google、百度等都属于这类搜索引擎。

从搜索结果来源的角度，全文型搜索引擎又可分为两种：一种是拥有自己的检索程序 (Indexer)，俗称"蜘蛛" (Spider) 程序或"机器人" (Robot) 程序，并自建网页数据库，搜索结果直接从自身的数据库中调用;另一种则是租用其他引擎的数据库,并按自定义的格式排列搜索结果,如 Lycos 引擎等。

(3) 元搜索引擎

元搜索引擎(Meta Search Engine)也称集成化搜索引擎,它集成了若干个独立的搜索引擎,能够综合利用多个索引数据库系统中的信息资源,从而提高搜索引擎的查询性能。

元搜索引擎具有能提供较快的搜索速度、智能化处理搜索结果、设置个性搜索功能和友好的用户检索界面等特点,它的查全率和查准率都比较高。常见元搜索引擎有 Metacrawler、Dogpile、Ixquick、Mamma 等。

在搜索引擎发展进程中,元搜索引擎有一种初级形态称为集合式搜索引擎。集合式搜索引擎是通过网络技术,在一个网页上链接多个独立搜索引擎,检索时需点选或指定搜索引擎,一次输入,多个搜索引擎同时查询,搜索结果由各搜索引擎分别以不同的页面显示,其实质是利用网站链接技术形成的搜索引擎集合,而并非真正意义上的搜索引擎。集合式搜索引擎无自建数据库,不需要研发支持技术,也不能控制和优化检索结果。

3. 搜索引擎的主要任务

搜索引擎的主要任务包括以下三方面:

(1) 信息搜集

各个搜索引擎都派出绰号为蜘蛛(Spider)或机器人(Robot)的"网页搜索软件"在各网页中爬行,访问网络中公开区域的每一个站点并记录其网址,将它们带回搜索引擎,从而创建出一个详尽的网络目录。由于网络文档的不断变化,机器人也不断把以前已经分类组织的目录更新。

(2) 信息处理

将"网页搜索软件"带回的信息进行分类整理,建立搜索引擎数据库,并且定时更新数据库内容。在进行信息分类整理阶段,不同的搜索引擎在搜索结果的数量和质量上有明显差别。有的搜索引擎数据库非常大,而有的则相对较小。当然,最重要的是数据库的内容必须经常更新、重建,以保持与信息资源的同步协调。

(3) 信息查询

一般包括分类目录及关键词两种信息查询途径。分类目录查询是以资源结构为线索,将网上的信息资源内容进行层次分类,使用户能按照线性结构逐层、逐类检索信息。关键词查询是利用建立的网络资源索引数据库向网上用户提供查询"引擎"。用户只要把想查找的关键词或短语输入查询框中,并点击"搜索"键,搜索引擎就会根据输入的提问,在索引数据库中查找相应词语并进行必要的逻辑运算,最后给出查询的命中结果,用户只要通过搜索引擎提供的链接,就可以方便地访问到相关信息。

4. 搜索引擎的使用

(1) 选择合适的搜索工具

每种搜索引擎都有各自不同的特点,只有选择合适的搜索引擎才能达到事半功倍的效

果,选择合适的搜索引擎有以下两点原则:

① 去信息应该在的地方。直接到信息源查找这种方法既简单又有效,也是搜索运用上的首要原则。例如,搜索科学类信息,除利用各种数据库外,用 Sircus 搜索引擎也非常有效;如果要查找某指定公司的 Web 页,可以使用 Open Market Commercial Sites 索引(http://www.dir.info)查找。

② 优先选择目录式搜索引擎。对于搜索信息的主题和学科属性比较明显的,优先选择分类目录式搜索引擎。同时目录索引工具在提供的某种产品或服务上也略占优势,因而搜索此类中文信息时,经常用到搜狐、新浪或网易的目录搜索。

(2) 确定关键词

在搜索引擎利用上,关键词选择的准确与否直接影响检索结果。如果关键词选择已经非常准确的话,往往就可以迅速找出所要找的信息,而不需要用其他更复杂或高级的搜索技术来构造表达式。选择搜索关键词有以下几个原则:

① 要明确检索目标,为什么检索,以确定关键词的范围是大是小;

② 使用特定的词汇,多利用反映具有个性和特征的概念作为关键词;

③ 要注意搜索引擎对关键词识别上的特殊规定。例如,是否区分字母的大小写,如果搜索人名或者地名等关键词,应该正确使用大小写字母形式;是否有不支持的停用词(Stop Words)或过滤词(Filter Words),因为这类词不能用作关键词,如常用的名词,英文中的 and、how、what、web、homepage 和中文中的“的”“地”“和”等;

④ 根据需要适当增加关键词数量精确检索,如果给出一个单词进行搜索后,发现获得的数以千计甚至以百万计的匹配网页不相关时,就需要再加上一个或多个关键词,则检索结果的范围相对会缩小,搜索结果会更加准确。

(3) 选用高级搜索

提问表达式的构造质量将直接影响检索质量,而检索工具是通过利用其高级检索功能来实现对提问表达式的精确与深度构造,所以从某种程度上讲,高级搜索功能是反映其总体搜索水平高低的重要指标。对用户来讲,能灵活选用高级搜索功能有助于控制检索结果的质量。一般情况下,搜索引擎多从检索技术应用、检索条件限定和搜索结果处理三方面来体现高级搜索的特点。

搜索技术的应用以布尔逻辑技术应用最为广泛。

首先,要能正确使用布尔逻辑检索方式。搜索逻辑命令通常是指布尔逻辑命令“AND”“OR”“NOT”及与之对应的“ * ”“＋”“－”等逻辑命令,用逻辑与“AND”来缩小检索范围,逻辑或“OR”来扩大检索范围,逻辑非“NOT”来排除部分概念。不同的搜索引擎支持的逻辑运算符略有区别,因此,在了解使用布尔逻辑检索前,也要了解其在不同搜索引擎的使用方法,在此基础上再利用布尔逻辑技术进行复合表达式的构造。用好这些命令可使我们日常搜索应用达到事半功倍的效果。

搜索条件的限定包括对检索结果的时间、数量、排列次序、域名、文件类型、显示程度等信息的设置,给出的搜索条件越具体,搜索引擎返回的结果也会越精确。对结果限定条件的选择配合检索技术的应用可大大提高查准率和查全率。

在对搜索引擎结果的处理上,每种工具都各有特色。有的提供进阶检索功能,有的提供相关主题提示和链接检索,在获得每一次检索结果的基础上再细化查询,利用好这部分功能可以扩大检索成果或精确检索结果。

(4) 特殊搜索命令

搜索引擎还支持一些特殊的搜索命令,方便用户快速定位检索。例如,利用双引号进行准确查找;利用"title:"或"t:"表示标题搜索;用命令"site:"表示在某个特定的站点中进行搜索;利用"url:"表示利用某个特定的 URL 搜索;通过"link:"命令链接其后的网址;用"filetype:"表示限定搜索的文档类型;用"daterange:"表示限定搜索的时间范围;用"phonebook:"表示查询电话等。对于上述特殊命令,不同的搜索引擎支持的程度各不相同。对用户而言,要先学习再使用,并且这种搜索命令不能为深入检索所用,但若能将特殊命令熟练掌握,再配合其他搜索技巧一起使用,将会非常有效。

对于以上介绍的搜索技巧,需要在日常搜索中多运用,养成良好的搜索习惯。其中很重要的一条就是在利用工具之前阅读理解检索工具的帮助信息,阅读搜索引擎相关命令、自身的操作、定义符及规则说明等。

3.2.2　域名

1. 域名的定义

域名是互联网技术的产物,又是组织或个人的网络标识,也是组织或个人利用独立的网站展示信息或实现网上交易平台的必要条件,其主要部分一般与实体名称或标识相同或相似。

网络是基于 TCP/IP 协议进行通信和连接的,每一台主机都有一个唯一的标识固定的 IP 地址,以区别在网络上成千上万个用户和计算机。网络在区分所有与之相连的网络和主机时,均采用了一种唯一、通用的地址格式,即每一个与网络相连接的计算机和服务器都被指派了一个独一无二的地址。为了保证网络上每台计算机的 IP 地址的唯一性,用户必须向特定机构申请注册,分配 IP 地址。由于 IP 地址是数字标识,使用时难以记忆和书写,因此在 IP 地址的基础上又发展出一种符号化的地址方案,来代替数字型的 IP 地址。每一个符号化的地址都与特定的 IP 地址对应,这个与网络上的数字型 IP 地址相对应的字符型地址,就被称为域名。

2. 域名的级别

域名分为不同级别,包括顶级域名、二级域名、三级域名等。

顶级域名,又分为国家顶级域名、国际顶级域名两类。国家顶级域名,200 多个国家都按照 ISO3166 国家代码分配了顶级域名,例如,中国是.cn,美国是.us,日本是.jp 等;国际顶级域名,例如,表示工商企业的.com,表示网络提供商的.net,表示非营利组织的.org 等。大多数域名争议都发生在.com 的顶级域名下,因为多数公司上网的目的都是为了赢利。为加强域名管理,解决域名资源的紧张,Internet 协会、Internet 分址机构及世界知识产权组织(WIPO)等国际组织经过广泛协商,在原来三个国际通用顶级域名的基础上,新增加了 7 个国际通用顶级域名:firm(公司企业)、store(销售公司或企业)、web(突出 WWW 活动的单位)、arts(突出文化、娱乐活动的单位)、rec(突出消遣、娱乐活动的单位)、info(提供信息服务的单位)、nom(个人),并在世界范围内选择新的注册机构来受理域名注册申请。

二级域名是指顶级域名之下的域名。在国际顶级域名下,它是指域名注册人的网上名称,例如 ibm,yahoo,microsoft 等;在国家顶级域名下,它是表示注册企业类别的符号,例如 com、edu、gov、net 等。

中国在国际互联网络信息中心(Inter NIC)正式注册并运行的顶级域名是.cn,这也是中国的一级域名。在顶级域名之下,中国的二级域名又分为类别域名和行政区域名两类。类别域名共 6 个,包括用于科研机构的.ac;用于工商金融企业的.com;用于教育机构的.edu;用于政府部门的.gov;用于互联网络信息中心和运行中心的.net;用于非盈利组织的.org。行政区域名有 34 个,分别对应于中国各省、自治区和直辖市。

三级域名,用字母(A~Z,a~z,大小写等)、数字(0~9)和连接符(一)组成,各级域名之间用实点(.)连接,三级域名的长度不能超过 20 个字符。如无特殊原因,建议采用申请人的英文名(或者缩写)或者汉语拼音名(或者缩写)作为三级域名,以保持域名的清晰性和简洁性。

3. 域名的注册

目前,国际上对域名注册遵循"先申请先注册""先注册即拥有"原则。在新的经济环境下,域名所具有的商业意义已远大于其技术意义,成为企业在新的科学技术条件下参与国际市场竞争的重要手段,它不仅代表了企业在网络上的独有的位置,也是企业的产品、服务范围、形象、商誉等的综合体现,是企业无形资产的一部分。同时,域名也是一种智力成果,它是有文字含义的商业性标记,与商标、商号类似,体现了相当的创造性。域名是一种有价值的资源,已成为知识产权保护的客体,从世界范围来看,尽管各国立法尚未把域名作为专有权加以保护,但国际域名协调制度是通过世界知识产权组织来制定,这足以说明人们已经把域名看做知识产权的一部分。

相对于传统知识产权领域,域名是一种全新的客体,具有其自身的特性,例如,域名的使用是全球范围的,没有传统的严格地域性的限制;从时间性的角度看,域名一经获得即可永久使用,并且无须定期续展;域名在网络上是绝对唯一的,一旦取得注册,其他任何人不得注册、使用相同的域名,因此其专有性也是绝对的。

3.3　常用搜索引擎简介

3.3.1　全文搜索引擎

1. Google(谷歌,http://www.google.com.hk/)

Google 搜索引擎(图 3-1)是在互联网上被人们广泛应用的信息搜索工具,是目前最有影响力的搜索引擎之一,通过它,用户能够访问超过 80 亿个网址的索引。2010 年 3 月 22 日,谷歌宣布将其中文搜索移至香港,4 月 2 日宣布将谷歌更名为谷歌中国。

图 3-1　谷歌搜索引擎

Google 搜索引擎界面非常简洁,易于操作。主体部分包括一个长长的搜索框,外加两个搜索按钮、LOGO 及搜索分类标签。

(1) 基本搜索功能

① Web 搜索。目前 Google 目录中收录了上百亿网页资料库,Google 的默认搜索选项为网页搜索,用户只需要在查询框中输入想要查询的关键字信息,单击"Google 搜索"按钮,就可以获得想要查询的资料。

② News 搜索。Google 提供了三个大的分类来进行新闻资讯的搜索服务。

Ⅰ. Finance:商业信息、财经新闻、实时股价和动态图表;

Ⅱ. News:阅读、搜索新闻资讯;

Ⅲ. Realtime:定制实时新闻,直接发至邮箱。

③ Images 搜索。单击首页正下方 Images 标签,再输入要查询的关键字即可进行图片内容的搜索,Images 搜索还提供了多种图片分类供用户准确搜索。

④ Video 搜索。单击首页正下方 Video 标签,再输入要查询的关键字即可进行视频信息的搜索,Video 搜索还提供了多种视频分类供用户选择搜索。

(2) 特色搜索功能

Google 还开发了很多极具特色的搜索功能供用户进行特殊搜索体验。

① Maps 搜索。谷歌地图是 Google 公司提供的电子地图服务,包括局部详细的卫星照片。此款服务可以提供含有政区和交通以及商业信息的矢量地图、不同分辨率的卫星照片和可以用来显示地形和等高线地形视图。

② Blogs 搜索。

③ Books 搜索。

④ Scholar 搜索。

Google Scholar 搜索的每一个搜索结果都代表一组学术研究成果,其中可能包含一篇或多篇相关文章甚至是同一篇文章的多个版本。Google 还为每一搜索结果都提供了文章标题、作者以及出版信息等编目信息。一组编目数据,都与整组文章相关联,但 Google 会推举最具代表性的一篇。这些编目数据来自于该组文章中的信息以及其他学术著作对这些文章的引用情况。

单击首页左上方 More 标签,再单击 Scholar,输入要查询的关键字即可搜索所需要的专业学术文章。

2. 百度(http://www.baidu.com/)

百度(图 3 - 2)是全球最大的中文搜索引擎、最大的中文网站,2000 年 1 月创立于北京中关村。每天响应来自 138 个国家超过数亿次的搜索请求。用户可以通过百度主页,瞬间找到相关的搜索结果。除网页搜索外,百度还提供新闻、MP3、图片、视频、地图等多样化的搜索服务,创造了以贴吧、知道为代表的搜索社区,将无数网民头脑中的智慧融入到了搜索中。

图 3 - 2　百度搜索引擎

(1) 简单检索

百度搜索简单方便,用户只需在搜索框内输入需要查询的内容,按回车键,或者用鼠标点击搜索框右侧的百度搜索按钮,就可以得到符合查询需求的网页内容。输入多个词语搜索(不同字词之间用一个空格隔开),可以获得更精确的搜索结果。

(2) 高级搜索

如果对百度各种查询语法不熟悉,使用百度集成的高级搜索界面,可以方便地进行各种搜索查询。百度还支持对某个地区的网页进行搜索,进入高级搜索,进入地区搜索,选中希望查询的地区,就可以在该地区搜索了。

用户还可以根据自己的习惯,改变百度默认的搜索设定,如每页搜索结果数量,搜索结果的页面打开方式等。先进入高级搜索,然后点击下方的"点击此处进入个性设置",就可以进行设定了。

(3) 百度搜索技巧

① 选择适当的查询词。要提高搜索的命中率,快速找到所需的查询结果,最基本同时也是最有效的方法就是选择合适的查询词。选择查询词是一种经验积累,在一定程度上也有章可循,比如表述的准确、查询词的主题关联与简练、选择特征网页查询词等。

② 搜索产品使用教程。教程的搜索有两个要点:第一个要点是这个教程是针对什么产品做的;第二个要点是这类教程通常会有一些什么样的特征关键词,也就是说,如果某个网页是某类产品的教程,这个页面上会有一些什么样的词汇来表明这个网页是个教程。

③ 找专业报告。很多情况下,用户需要具有权威性的、信息量大的专业报告或者论文。百度以"filetype:"这个语法来对搜索对象做限制,冒号后是文档格式,如 PDF,DOC,XLS等。例如:霍金黑洞 filetype:pdf。

④ 找论文。

Ⅰ. 找论文网站:网上有很多收集论文的网站。先通过搜索引擎找到这些网站,然后再在这些网站上查找自己需要的资料。找这类网站用"论文"做关键词进行搜索即可。

Ⅱ. 直接找特定论文:除了找论文网站,也可以直接搜索某个专题的论文。一般的论文都有一定的格式,除了标题、正文、附录,还需要有论文关键词,论文摘要等。其中,"关键词"和"摘要"是论文的特征词汇,而论文主题通常会出现在网页标题中。

⑤ 找范文。写应用文的时候,找几篇范文对照着写可以提高效率。例如,找市场调查报告范文,第一是网页标题中通常会有"xx 调查报告"的字样,第二是在正文中通常会有几个特征词,如"市场"、"需求"、"消费"等。于是,利用 intitle:语法,就可以快速找到类似范文:市场消费需求 intitle:调查报告。

⑥ 找企业或者机构的官方网站。通过企业或者机构的中文名称查找网站,这是最直接的方式。可以直接利用企业在网络用户中最为广泛称呼的名称作为关键词进行搜索。

3. 必应(http://cn.bing.com/)

必应(图 3-3)是微软公司正式宣布推出的全新中文搜索品牌,2009 年 6 月 1 日,微软新搜索引擎 Bing 中文版上线。测试版 Bing 提供了 6 个功能:页面搜索、图片搜索、资讯搜索、视频搜索、地图搜索以及排行榜。

图 3-3　必应搜索引擎

必应搜索打破常规,在搜索结果页面左侧设置了统一的浏览栏,对不同类型的搜索结果进行动态分类,帮助用户更加方便地找到相关搜索结果。同时,微软还在积极的部署一系列能够帮助用户提升搜索效率的核心技术和深度创新,使必应搜索能够更进一步了解用户搜索的意图,提供简单、直觉的决策依据。其独特的创意和众多的创新,帮助用户更加容易地完成以下关键的搜索任务:

(1) 图片滚动

搜索结果图片无需繁琐地点击下一页,而是在一个页面内,轻松地拖动鼠标,便可以浏览相关图片搜索结果。并且,用户还可以对图片搜索结果的大小、布局、颜色、样式进行选择,快速找到中意的图片。

(2) 地图搜索

微软在深入了解中国用户需求的基础上,专门针对中国用户推出了一系列细致的地图查询功能,将正式更名为"必应地图"。用户在必应地图平台上可以详细了解目的地的公交换乘信息、驾车方案和地图周边查询。

(3) 快乐的搜索体验

必应搜索在首页设置了每日更新的背景图片,通过来源于世界各地的高质量的图片,加上即将上线的与图片内容紧密相关的热点搜索提示,使用户在访问必应搜索的同时获得愉悦体验和丰富资讯。更加人性化的搜索界面和多种提升效率的技术,使得必应搜索的用户体验增加了更多的快乐元素。

4. 搜狗(http://www.sogou.com/)

搜狗(图 3-4)是搜狐公司于 2004 年 8 月 3 日推出的全球首个第三代互动式中文搜索引擎。搜狗以搜索技术为核心,致力于中文互联网信息的深度挖掘,帮助中国上亿网民加快信息获取速度,为用户创造价值。

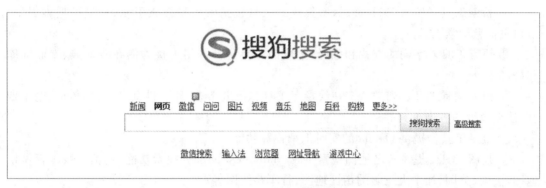

图 3-4　搜狗搜索引擎

搜狗的产品包括了网页应用和桌面应用两大部分。网页应用以网页搜索为核心,在音乐、图片、新闻、地图领域提供垂直搜索服务,通过"说吧"建立用户间的搜索型社区。桌面应用则旨在提升用户的使用体验:搜狗工具条帮助用户快速启动搜索,拼音输入法帮助用户更快速的输入,PXP 加速引擎帮助用户更流畅的享受在线音视频直播、点播服务。

搜狗查询非常简洁方便,只需输入查询内容并敲击一下回车键(Enter),或单击"搜狗搜索"按钮,即可得到最相关的资料。如果用户想缩小搜索范围,只需输入更多的关键词,并在关键词中间留空格即可。

5. 其他常用全文搜索引擎

(1) 搜搜(http://www.soso.com/)

QQ 推出的独立搜索网站,提供综合、网页、图片、论坛、音乐、搜吧等搜索服务。

(2) 有道(http://www.youdao.com/)

网易自主研发的搜索引擎。目前有道搜索已推出的产品有网页搜索、博客搜索、图片搜索、新闻搜索、海量词典、桌面词典、工具栏和有道阅读。

(3) 爱问(http://iask.sina.com.cn/)

爱问搜索引擎由全球最大的中文网络门户新浪汇集技术精英自主研发完成,采用了目前最为领先的智慧型互动搜索技术,充分体现了人性化应用理念。

3.3.2　元搜索引擎

1. iTools(http://itools.com/)

1995 年提供服务,集中了 Google,Metecrawler、All the Web、Altavista、Ask 等 15 个通用搜索引擎,以及提供字典、百科全书、地图、黄白页信息、财经等参考资料的网站或搜索工具。

iTools 提供以下 6 种网络资源工具:

① 检索工具。搜索 Web 资源,所集成的工具包括索引型搜索引擎、目录型搜索引擎、黄白页信息检索工具。

② 语言工具。字词的查找和翻译,集成的工具包括网络上优秀的在线词典、专业词库和翻译工具。

③ 研究调查工具。列举众多在线参考工具和报纸杂志,如百科全书、人物传记、电子期刊、法律政策的查询工具等。

④ 金融工具。提供 Oanda 的实时汇率换算功能。

⑤ 地图工具。提供著名地图检索工具 MapQuest 的部分检索功能,包括查找国家城市地图,美国、英国、加拿大三国的街区地图、行车路线图等。

⑥ 网络工具。一些很实用的网络测试工具。

iTools 曾多次荣获业界大奖,它集中了网络上最优秀的资源工具,可为检索者使用这些资源提供捷径。

2. 其他常用元搜索引擎

① ProFusion(http://www.profusion.com/)。

② Search(http://www.search.com/)。

③ Mamma(https://mamma.com/)。

3.3.3　专用搜索引擎

1. E-mail 搜索引擎

E-mail 搜索引擎的代表是 BigFoot(http://www.bigfoot.com/),主要功能是可以检索个人电子邮件地址、住址和电话号码等信息。由于传统电话号码簿的个人信息内容是白页,故搜索引擎中有关检索住址和电话号码的部分也称白页搜索引擎(White Pages Search Engine)。又因 BigFoot 的数据库不是集成的,所以查电子邮件地址与查住址和电话号码使用的功能项不同,查电子邮件地址使用 Find People 功能项,查住址和电话号码则使用 White Pages 功能项。

2. FTP 搜索引擎

常见的 FTP 搜索引擎有 http://www.filesearching.com/。

3. 电子地图信息搜索引擎

具有电子地图信息的搜索引擎有中国地图搜索引擎（http://www.go2map.com/）图行天下，它是我国第一个电子地图搜索引擎，是检索全国地图信息的重要工具，可搜索中国大陆及港、澳、台各大城市的信息，包括地图、出行、住房、旅游等信息。

此外，Google 也具有地图搜索功能。

4. 其他查询

① 商用搜索引擎主要有 http://www.hoffmanprocess.com/。

② 具有 IP 地址、手机号码、身份证查询功能的专用搜索引擎主要有 http://ipseeker.cn/和 http://www.ip138.com/。

3.4　开放获取网络资源

3.4.1　开放获取资源概述

1. 开放获取的起源

开放获取（Open Access，简称 OA）是国际科技界、学术界、出版界、信息传播界为推动科研成果利用互联网自由传播而发起的运动，以此促进科学信息的广泛传播、促进学术信息的交流与出版、提升科学研究的公共利用程度、保障科学信息的长期保存。开放获取起源于 1963 年，自从 20 世纪 90 年代以来，商业出版者日益垄断期刊市场，大幅度地提高期刊价格，从而导致了所谓的"学术交流危机"。2002 年 2 月发布的《布达佩斯开放获取计划》（Budapest Open Access Initiative，简称 BOAI）提出推动科技文献的开放获取，BOAI 对开放存取给出了定义："通过公共网络可以免费获取所需要的文献，允许任何的用户阅读、下载、复制、发布、打印和查找，或者提供对这些论文文本的链接、对它们进行索引、将它们作为素材纳入软件，以及其他任何法律许可的应用。以上这些使用没有任何财务、法律或者技术方面的障碍，除非是互联网自身造成数据获取的障碍。有关复制和分发方面的唯一约束以及版权所起的唯一作用，就是应该确保作者本人拥有保护其作品完整性的权利，如果他人引用此作品应该表达适当的致谢并注明出处"。2003 年 12 月 29 日，中国科学院院长路甬祥院士代表中国科学家签署了《柏林宣言》。2004 年 5 月，中国科学院院长路甬祥、中国国家自然科学基金委员会主任陈宜瑜院士又代表中国科学院和中国国家自然科学基金会签署了《柏林宣言》，表明中国科学界和科研资助机构支持开放获取的原则立场。

2. 开放获取期刊（Open Access Journals）

包括新创办的开放存取期刊和由原有期刊改造转变而来的开放存取期刊。与传统期刊一样，开放存取期刊对提交的论文实行严格的同行评审，从而确保期刊论文的质量。

OA 期刊和传统期刊的不同之处在于：开放存取期刊上发表的文章对读者是免费的，而对作者来说，需要为发表文章的所有成本付费，版权归作者所有；传统期刊论文的发表成本由出版商承担，只有订阅了才能阅读全文，论文版权归出版社所有。为解决资源的运行费用问题，OA 倡导者提出了多种成本弥补途径，包括争取相关机构的赞助、广告收入和为用户提供增值服务收入等，但最主要的是作者付费模式，即作者从项目或课题中抽取部分经费用于出版研究成果，因为作者付费模式具有合理性，并可以保证开放存取出版的可持续发展。

OA 期刊允许用户无限制的使用发表的研究成果，并不意味着不存在版权问题。版权是属于出版、发行一个作品的专有权，是精神权和使用权的结合。实际上 OA 期刊对学术论文的使用目做出了明确限定，即主要用于教学和商业目的的重复使用。目前，OA 期刊的版权模式归纳起来大致有三种：版权保留、版权分摊和部分版权转让。

3. 开放获取仓库(Open Access Repository)

OA 仓库不仅存放学术论文，还存放其他各种学术研究资料，包括实验数据和技术报告等。OA 仓库一般不实施内容方面的实质评审工作，只是要求作者提交的论文基于某一特定标准格式(如 Word 或 PDF)，并符合一定的学术规范。

从目前的发展情况来看，OA 仓库主要有两种类型：学科 OA 仓库(又称为学科库)和机构 OA 仓库(又称为机构库)。早期的 OA 库多为学科库，其中最具代表性的要数 arXiv 电子印本文档库。由于各个学科研究人员接触网络的时间迟早和使用网络的熟练程度的不同，早期学科库只限于自然科学领域(如天文学、物理学、计算机科学、化学以及数学等)，最近几年以来，社会科学和人文科学领域的 OA 仓库已经开始出现，如图书情报学领域的 E-Lis 等。机构库相对于学科 OA 仓库而言，起步比较晚，但发展速度很快，一般由大学、大学图书馆、研究机构、政府部门等创建和维护。例如，佛罗里达州立大学图书馆的 D-scholarship 仓库、美国能源部的 Information Bridge 以及麻省理工学院的 D-space 系统等。

3.4.2 开放资源获取网站

1. 开放获取期刊

(1) 瑞典隆德大学开放存取期刊目录(http://doaj.org/)

DOAJ(Directory of Open Access Journal)(图 3-5)是由瑞典隆德大学图书馆 Lund University Libraries 设立于 2003 年 5 月。该目录收录的均为学术性、研究性期刊，具有免费、全文、高质量的特点。其质量源于所收录的期刊实行同行评审，或者有编辑作质量控制，故而对学术研究有很高的参考价值。

(2) 斯坦福大学 Highwire 出版社免费全文网站(http://home.highwire.org/)

HighWire Press(图 3-6)是全球最大的三个提供免费全文的学术文献出版商之一，于 1995 年由美国斯坦福大学图书馆创立。最初仅出版周刊"Journal of Biological Chemistry"，目前已收录电子期刊 710 多种，文章总数已达 230 多万篇，其中超过 77 万篇文

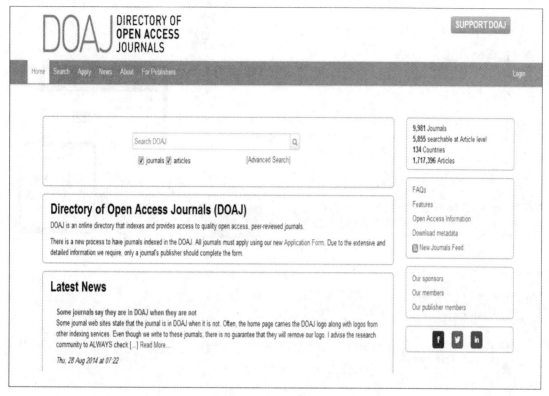

图 3 - 5　DOAJ 页面

章可免费获得全文,这些数据仍在不断增加。通过图 3 - 6 所示界面用户可以检索期刊中文章及文摘题录。

(3) 美国科学公共图书馆开放获取期刊(http://www.plos.org/)

科学公共图书馆(Public Library of Science,简称 PLOS)是由前美国国家卫生研究院院长、诺贝尔奖获得者哈罗德吉·瓦穆斯(Harold Varmus)博士等人创办的,它是由科学家和医生组成的一个非营利性组织,致力于使全球范围内的科学和医学文献成为可以免费获取的公共资源。PLOS(图 3 - 7)上的所有文章均可免费获取,用户可以按时间浏览,也可以限定日期、作者、学科主题、期刊、文章类型等条件进行全文检索。

2. 开放获取学术论文

中国科技论文在线(http://www.paper.edu.cn/)(图 3 - 8)是经教育部批准,由教育部科技发展中心主办创建的科技论文网站,网站免去传统的评审、修改、编辑、印刷等程序,可为在本网站发表论文的作者提供该论文发表时间的证明,并允许作者同时向其他专业学术刊物投稿,以使科研人员新颖的学术观点、创新思想和技术成果能够尽快对外发布,并保护原创作者的知识产权。

Technology Solutions for the Scholarly Community

With 1700 scholarly journals and thousands of scholarly books, HighWire provides powerful technology solutions to influential societies, university presses and independent publishers who produce high-impact journals, books, and other scholarly publications. HighWire offers:

- Digital content development and hosting services
- Highly customizable peer-review manuscript submission system
- Flexible publisher tools and co-development partnerships
- Evidence-based strategic advice and project management

Learn more

Mission Statement

HighWire's mission is to extend the reach, impact, and exchange of scholarly ideas through innovative technology, exceptional service, and community engagement.

HighWire by the Numbers

Publications	Articles	Free full-text articles
3546	7,100,000	2,344,449

图 3 - 6　Highwire 页面

图 3 - 7　PLOS 页面

图 3 - 8　中国科技论文在线页面

3. 开放获取图书

在线图书网页（http://onlinebooks. library. upenn. edu/）（图 3 - 9）是由 John Mark
Ockerbloom 创建于美国宾州大学的数字图书馆，是目前全球最大的免费在线图书资源，覆
盖上百个学科。

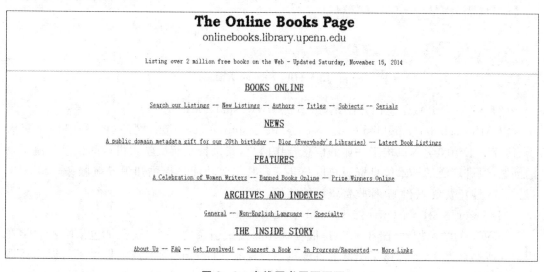

图 3 - 9　在线图书网页页面

4. 开放获取门户网站

（1）Socolar OA 平台（http://www. socolar. com）

Socolar（图 3 - 10）是中国教育图书进出口公司开发的一个 OA 资源一站式服务平台，
旨在通过对世界上重要的 OA 期刊和 OA 仓库资源进行全面的收集和整理，为用户提供

OA 资源的统一检索和全文链接服务。Socolar 学科范围涵盖农业和食品科学、艺术和建筑、生物学和生命科学、商学与经济学、化学、地球与环境科学、综合类目、健康科学、历史与考古、语言和文学、法律和政治学、数学与统计、哲学和宗教、物理学和天文学、一般科学、社会科学、工程与技术、图书情报学等 18 个主题。Socolar 可以通过学科主题和刊名字顺两种方式浏览期刊，支持简单检索、高级检索方式。

图 3 - 10　Socolar 页面

（2）SPARC 开放信息门户网站（http：//www. sparc. arl. org/）

SPARC（scholarly publishing & academic resource coalition）网站（图 3 - 11）是集大学、研究图书馆和学术机构于一体的信息合作门户，其宗旨是解决学术机构间信息交流不畅的问题，促进广泛的学术信息资源获取与共享。其主要功能是提供知识导航服务。SPARC 提供了 8 种免费资源和 17 种收费资源的链接。

（3）Google Scholar（http：//scholar. google. com/）

Google 的学术搜索（图 3 - 12）是最受欢迎的搜索引擎之一，它联合了包括哈佛大学在内的 5 所知名大学，并提供了丰富的资源供用户检索。Google 学术搜索提供了可以广泛搜索学术资源的简便方法。可以从一个位置搜索众多学科和资源来源：来自学术著作出版商、专业性社团、预印本、各大学及其他学术组织的经同行评论的文章、论文和图书。

图 3 - 11　SPARC 开放信息门户网站页面

图 3 - 12　Google Scholar 页面

3.4.3　开放获取教学资源

随着网络的日益普及,网络教育也在世界各地蓬勃地开展起来。一种秉承知识共享精神和网络资源开放观念的开放课程也在世界范围内得到了长足的发展。开放教学资源最初起源于美国的麻省理工学院(MIT),其具体介绍如下:

1. 美国麻省理工学院开放式课程(http://ocw.mit.edu/about/)

1999 年,美国的麻省理工学院提出了"开放式课程网页"(Open Course Ware,OCW)(图 3 - 13)的概念,向全世界的学习者无偿提供世界级的优秀课程资源。MIT OCW 的目标是到 2007 年让校内所有的 2 000 门左右的课程的相关课件都能上网,免费地提供给世界各地的使用者。这个计划耗资超过数亿美金,延续了麻省理工学院和美国高等教育的传统,开放、分享教育资源、教育理念和思考模式,并希望能够以此启发其他的大学开始将网络当作教育资源的一部分。截至 2006 年，MIT 上线的课程达 1 400 门，已经到达了 2007 年所有课程上线的目标的一大半，这些课程包括了麻省理工学院 5 个领域的 33 个不同学科的课程。

图 3-13　美国麻省理工学院开放式课程页面

2. 超星学术视频(http://video.chaoxing.com/)

超星学术视频(图 3-14)是由北京世纪超星公司主办的，由超星公司独立拍摄制作学术视频网站，讲授形式包括课堂教学系列、专题讲座系列及大师系列。目前囊括了哲学、宗教、社会学、政治、文化科学、文学、艺术、历史等系列，共 80 000 余部学术专辑。

图 3-14　超星学术视频页面

3. 网易公开课(http://open.163.com/)

2010 年,中国领先的门户网站网易推出"全球名校视频公开课项目"(图 3－15),首批 1200 集课程上线,其中有 200 多集配有中文字幕。用户可以在线免费观看来自于哈佛大学等世界级以及国内名校的公开课课程。

图 3－15　网易公开课页面

3.4.4　电子印本资源

1. 电子印本资源的概念

电子印本文库是一种促进研究成果及时发布的网络学术交流平台,它通过作者自存档方式收集各种形式的学术论文的电子版本,经由互联网提供全球用户开放存取,并利用《开放存取计划》实现系统互操作,向信息增值服务提供商提供所收录电子印本的元数据记录,使其能够基于元数据开发各类信息增值服务项目。

2. 电子印本资源的功能

① 促进预印本交流。电子印本文库的建立使得预印本交流第一次可以如此便捷并且如此大规模地进行。它为全球的科研工作者提供了一个开放的学术交流平台,任何人任何组织机构都可以平等地参与这个过程。电子印本文库的建立使得预印本交流从相对隐蔽逐渐转向相对透明。

② 提升学术影响力。电子印本文库的开放交流机制使得科学家的成果能够在第一时间内为业内学者所知晓,并且能够提供有力的证据来佐证科学发现的优先权。网络环境下,科学家除了已在传统期刊上发表论文的方式传播自己的研究成果外,也乐于将文章放到网

上供他人开放获取,以尽可能地扩大自身的学术影响力。

③ 保存科研智力产出。电子印本文库除了收集最新的学术文章外,对"历史性资料"进行保存也是其最为有用的一面。对于研究者而言,"历史性资料"是日常研究工作赖以进行的基础。学科电子印本文库保存了过往的研究资料,较好地勾勒出研究变化发展的轨迹,为研究的深入提供了保证。

④ 改革传统学术交流模式。电子印本文库创建伊始,便具有开放性的特点:不仅仅在于参与的开放性,更表现在资源的开放获取。电子印本文库内所有资源均可以通过因特网免费地被浏览、检索、获取。科学家能够自由地获取科学共同体所创造的知识,而不会因为商业利益等因素有所限制。凭借电子印本文库,科学家可以从传统学术交流模式的被动状态中解放出来,再次掌握科学交流的主动权。其次,就目前情况来说,电子印本文库所包含的资源往往学术性很强,质量大多较高。

⑤ 实现全球范围内科研资源共享。电子印本文库为全球科研资源的共享提供了一个很好的机遇。它面向全球各个国家和地区的科研工作者,用户可以免费地共享、浏览、检索、下载最新的论文预印本资源。更为重要的是,由于发达国家的智力产出较为丰富,在电子印本文库无论是建设还是建成之后的资源提交上,都是非常积极的。

3. 常见电子印本资源介绍

① 美国电子预印本(http://arxiv.org/)。arXiv(图 3-16)是全球最大的预印本系统,原先是由物理学家保罗·金斯巴格在 1991 年建立的网站,原本只注重收集物理学的论文预印

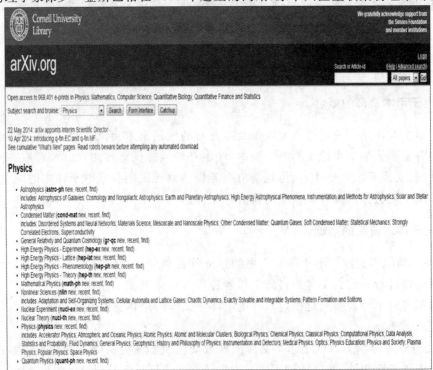

图 3-16　arXiv 页面

本,随后扩展至天文、数学等其他领域。arXiv 收录了物理学、数学、计算机科学和定量生物学、计量金融学和统计学等方面的学术论文,在物理学的某些领域,它们早已替代传统的研究期刊。

②　中国预印本服务系统(http://prep.istic.ac.cn)。中国预印本服务系统(图 3 – 17)是由国家科技图书文献中心与国家科技数字图书馆联合建设,于 2004 年 3 月开通使用,是一个以提供预印本文献资源服务为主要目的实时学术交流系统。收录范围按学科分为自然科学、农业科学、医药科学、工程与技术科学、人文与社会科学五大学科门类,每一个大类再细分为二级子类,如图 3 – 17 所示。

图 3 – 17　中国预印本服务系统页面

3.4.5　其他开放获取资源

1. 开放阅读期刊联盟(http://www.oajs.org)

开放阅读期刊联盟是由中国高校自然科学学报研究会发起的,加入该联盟的中国高校自然科学学报会员承诺,期刊出版后,在网站上提供全文免费供读者阅读,或者应读者要求,在 3 个工作日之内免费提供各自期刊发表过的论文全文(一般为 PDF 格式)。读者可以登录各会员期刊的网站,免费阅读或索取论文全文。

2. 香港科技大学 OA 仓储(http://repository.ust.hk/ir/)

由香港科技大学图书馆开发的一个数字化学术成果存储与交流知识库,收录该校教学科研人员的期刊论文(包括已发表和待发表)、会议论文、预印本、博士学位论文、研究与技术报告等。

3. 厦门大学学术典藏库(http://dspace.xmu.edu.cn/dspace/)

厦门大学学术典藏库(机构仓储)主要是用来存储厦门大学教学和科研人员的具有较高学术价值的学术著作、期刊论文、工作文稿、会议论文、科研数据资料,及重要学术活动的演示文稿。可按照院系、题名、作者、出版时间、提交时间方式浏览。

4. 汉斯开源国际学术期刊(http://www. hanspub. org/)

汉斯出版社是一家国际综合性开源学术期刊出版机构,目前已有国际开放获取中文期刊 80 余本,可免费下载所有期刊全文(无并发户限制),所有期刊均回溯至创刊。

5. The Max Planck Society(http://www. mpg. de/en)

The Max Planck Society(德国马普学会)即马克斯·普朗克科学促进学会是德国政府资助的全国性学术机构。其前身是成立于 1911 年的威廉皇家学会。网站有免费研究杂志、研究报告、年度报告、科学图画、视频文件、专利等,可通过搜索引擎搜索材料科学研究的相关文献。

6. cnpLINKer(http://cnplinker. cnpeak. com)

cnpLINKer(中图链接服务)是由中国图书进出口(集团)总公司开发并提供的国外期刊网络检索系统。除为用户提供快捷灵活的查询检索功能外,电子全文链接及期刊国内馆藏查询功能也为用户迅速获取国外期刊的全文内容提供了便利。

思考题

1. 什么是网络信息资源?
2. 按照服务方式,网络信息资源主要可分为哪些类型?
3. 按照信息交流的方式,网络信息资源主要可分为哪些类型?
4. 网络信息资源的特点是什么?
5. 检索网络信息资源有哪些技巧?
6. 如何获取网上免费的学术信息资源?
7. 什么是搜索引擎?
8. 列举常用的中文和英文搜索引擎,并叙述其特点。
9. 搜索引擎有哪些类型?
10. 列举和自己学科相关的免费学术搜索引擎。
11. 搜索引擎中什么特殊符号表示标题搜索?
12. 百度高级检索功能包括哪些?
13. 搜索关于"就业面试指导"方面的视频,并简述搜索过程。
14. 什么是开放获取资源?
15. 简述开放获取资源的学术意义。
16. 开放获取资源有哪些发布方式?

第 4 章　图书信息检索

4.1　图书概况

4.1.1　图书的结构

反映图书个体特性的信息,如题名、责任者、目次、序、跋、出版信息、注释、内容等,附着于封面、书名页、版权页、序(跋)、目录、内容简介、正文、参考资料等图书组成部分之中,就是图书的结构。

1. 封面

图书的最外层,主要有保护图书和提供书目信息两项功能。封面通常印有书名、责任者姓名和出版社名称。封底除印有 ISBN 号和定价以外,有时还会有名家推介、著者简介等文字。连接封面和封底的叫书脊,上面一般印有书名、责任者姓名和出版社名称。依封面的装订精美程度,一般将书籍分为平装书和精装书两种。

2. 书名页

图书正文之前载有完整书名信息的书页,包括主书名页和附书名页。主书名页载有本册图书书名、作者、出版者、版权说明、图书在版编目数据、版本记录等内容,包括扉页和版本记录页;附书名页一般列载多卷书的总书名、主编或主要著作责任者等信息。书名页是获得书名和著者确切信息的重要部分,包括:书名、著作责任者、出版说明、版本说明等内容。

3. 版权页

图书中载有版权说明内容的书页。在国家标准中,它实际上是图书主书名页背面。版权页通常提供版权注册日期、版权所有人的姓名、版次以及 ISBN 号等。现在也把图书在版编目(CIP)数据印在版权页上。

4. 序(跋)

序也作“叙”,或称“引”。“序”一般置于书籍或文章前面;置于书后的称为“跋”,或“后序”。“序”有“自序”和“他序”之分。自序有时也称前言,偏于说明著作宗旨、撰写经过、编写体例等,还可就书中的重点和难点作简要的阐述;他序则常常要对作者、作品作介绍和评论,或对书中的观点作引申和发挥。

5. 目录

目录是指书籍正文前所载的目次,全书各章节内容按页码顺序排列的目录,是全书的内容大纲,与"目录学"所涉及的"目录"有区别(目录学所述目录是揭示和报道图书的工具,是记录图书的书名、著者、出版与收藏等情况,按照一定的次序编排而成,为反映馆藏、指导阅读、检索图书的工具)。

6. 内容简介

内容简介是说明全书的主题概况和适用范围。读者通过阅读这些内容,基本上可以了解一本书是否含有自己所需要的东西,以及它的著者水平和编写方法能否达到它的编写目的。

7. 正文

正文是图书的主体,由各章、节具体内容构成。

8. 辅助材料和参考资料

它位于正文之后,包括附录、注解、参考书目、索引等。其中附录包含有某些重要的原始数据、数学推导、计算程序、计量单位换算表、注释、框图、统计表、打印机输出样片、结构图等;注解用来解释正文的某些内容,有时也放在每页下角或每章后;参考书目是著者写此书时所参考的图书、论文或其他资料的目录,有些放在每章后面,有些放在书后;索引则多为带有参考页码的主题索引。

4.1.2　图书的分类与标引

图书文献资源能够便捷地被人们利用,得益于必要的分类管理,一般来说,图书的分类管理分为三个步骤[①]:① 主题分析。分析图书的内容特征,搞清楚图书论述的主题、所属学科等。② 标引。根据图书的主题内容和学科性质,从分类表中寻找能确切表达这些特征的类目,摘出相应的类号,用类号揭示文献的内容特征,并从标引用的主题词表中选出相应的主题词进行主题标引。③ 编制分类目录。将图书按分类目录给定的架位号排架。

1. 图书分类号

图书分类就是按照图书内容的学科属性及其他特征,将图书分门别类、系统地进行组织的一种手段,从而最大限度地满足人们对学科或主题"族性检索"的需求。分类体系是从大类到小类,从总体到局部,层层展开形成分类体系,以集中反映学科之间的系统性及学科与学科之间的相关、从属、派生关系。通过图书分类,给每一类图书赋予一个图书分类号,从而把性质不同的图书区分开来,把性质相同的图书集中在一起,性质相近的放在邻近位置,按

---

① 花芳. 文献检索与利用[M].北京:清华大学出版社,2009.

照远近亲疏的关系把图书组织成一个有条理的体系,提供从学科分类查找图书的途径。

国内常用分类法有:《中国图书馆图书分类法》(简称《中图法》)、《中国科学院图书馆图书分类法》(简称《科图法》)、《中国人民大学图书馆图书分类法》(简称《人大法》)等;国外常用的图书分类法有:《杜威十进分类法》《国际十进分类法》《美国国会图书馆分类法》《冒号分类法》等。

2. 图书索书号

图书通过分类给定相应的分类号后,为了便于排架和查找,还需给定书次号,所谓书次号是图书馆按每本书的到馆先后顺序或著者名称给予一个号码,书次号和分类号共同组成了一本书的索书号,索书号能确定图书在书架的具体排放位置,也称排架号。分类号与书次号用“/”或空格分隔。同一种图书在同一种分类法下,其分类号是一样的,对其排架位置的确定就靠书次号。书次号的编制有种次号、著者号两种,前者按图书到馆的先后顺序给予号码,后者按著者名称(代码)来区分。

3. 图书的主题标引与主题词表

图书的标引除分类标引外,还有主题标引。也就是通过分析图书的内容,根据图书所涉问题,形成主题概念,然后把概念用可以检索的主题词表示出来,即用词组来说明图书的内容特征,之后再将这些主题词按一定顺序排列,使同一主题内容的图书集中在一起。

通过对图书的主题标引,能把属于不同学科、不同知识体系中关于同一主题的各种信息集中。主题标引表达主题概念,直接性强,对书中内容的揭示比较深入。即,一本书的主题词不止一个,读者从给出的任一个主题词入手,都可以检索到这本书。

标引的主题词并不一定选自图书本身,而是选自主题词表,中文书做主题标引时,标引词常选自《汉语主题词表》,西文书做主题标引时,标引词选自诸如美国《国会图书馆主题词表》等。

以下为主题标引实例:

① 单主题图书标引,只研究某一特定主题对象,直接按图书论述对象进行标引。如,

《环境生物学》　　　　　　　　标引为:环境生物学

《家用电器的原理构造和维修》　标引为:日用电气器具

② 多主题图书标引,同时研究两个或两个以上事物或对象的标引。如,

《网络安全与黑客》　　　　　　标引为:计算机网络——安全
　　　　　　　　　　　　　　　　　　　　黑客

《分子生物学与基因工程》　　　标引为:分子生物学
　　　　　　　　　　　　　　　　　　　基因工程

③ 论及地区、时代图书的标引,需从主题内容与地区因素不同角度进行揭示。如,

《意大利政党》　　　　　　　　标引为:政党——意大利——现代

《秦汉史》　　　　　　　　　　标引为:中国——古代史——秦汉时代

④ 传记图书的标引,涉及人物对象及其活动领域两方面,需同时从不同的角度提供检索点。如,

《爱因斯坦与相对论》　　标引为:A.爱因斯坦,(1879～1955)——生平事迹
　　　　　　　　　　　　　物理学——生平事迹——美国——现代
　　　　　　　　　　　　　相对论

4.1.3　国际标准书号(ISBN)

1.国际标准书号

　　国际标准书号(International Standard Book Number,ISBN),是国际通用的图书或独立的出版物(除定期出版的期刊)代码。出版社可以通过国际标准书号清晰地辨认所有非期刊书籍。一个国际标准书号只有一个或一份相应的出版物与之对应。国际标准化组织(ISO)规定,于2007年1月1日起,执行第四版标准,ISBN号由原来的10位数字升至13位,分成5段,依次为:前缀、组号(代表地区或语种)、出版者号、书名号及校验位。如,ISBN号:978①-7②-302③-34166④-6⑤,其中:

　　第一段为前缀,由国际物品编码(EAN)组织提供,978,表示图书产品代码;

　　第二段为国家、地区或语种代码,7指中文,0和1指英语、2指法语、3指德语、4指日语、5指俄语;

　　第三段为出版者号,由国家或地区ISBN中心分配;

　　第四段为书序号,出版者按出版顺序给所出版的每种图书的编号;

　　第五段为校验码(一位)从0至9,用以校验前面12位数字在转录中有无错误。

2.中国标准书号

　　中国标准书号共分两部分:第一部分为ISBN,是主体部分;第二部分为《中国图书馆图书分类法》基本大类类号和种次号。类号除工业技术诸类图书用两个字母外,其他各学科门类图书均用一个字母。种次号是同一出版社出版同一学科门类图书的顺序号,由出版社自行编定。类号与种次号之间用中圆点(·)隔开。第一部分和第二部分分两行排列,也可用斜线隔开,排成一行。例如,ISBN 978-7-144-00316-X/TP·340。

4.1.4　图书目录

　　每一种图书在经过分类或主题标引后,需将揭示其内容特征、外部特征的信息进行著录,才能形成易于人们检索与利用的检索工具——书目记录。书目记录按照一定的规则著录,把这些书目记录组织起来,就形成了书本式检索工具——图书目录。

　　图书目录(不同于书籍正文前的目次)是记录图书的书名、著者、出版与收藏等情况,按照一定的次序编排而成,反映馆藏、指导阅读、检索图书的工具,因此它具有检索功能、报道功能和导读功能。目前,图书馆中查找图书的主要工具是卡片目录和机读目录。

　　① 卡片目录。根据其提供的检索途径可分为分类目录、主题目录、书名目录和著者目录等:

　　Ⅰ.分类目录是供读者从学科角度,通过分类途径来查找图书。它完全按照索书号的顺序排列,适用于查找某一学科的图书。

Ⅱ. 主题目录是按主题词的字顺排列的目录,对于涉及多种主题的图书,主题词标记不止一个,这样读者可以从不同的主题词查找图书。

Ⅲ. 书名目录是按书名字顺排列的目录。中文书名目录一般按简化汉字的笔画笔形排检,外文书名目录多按外文字母顺序排检。

Ⅳ. 著者目录是按著者名称字顺组织的目录,排检方法与书名目录相同。

② 机读目录。即机器可读目录(Machine-Readable Cataloging,MARC),利用计算机识读和处理的目录。它是文献编目数据经过计算机处理,以代码形式记载在一定载体上而形成的一种目录。机读目录是描述文献著录项目的国际标准格式,是图书馆书目数据处理自动化及信息共享的基础。

目前,图书馆的机读目录大都是联机目录(Online Public Access Catalogue,OPAC)。OPAC 是指图书馆将自己馆藏的书目记录装载到计算机网络中,使用户能通过计算机网络联机检索到整个图书馆系统的书目数据。它包括联机馆藏目录和联机联合目录两种,前者通常只包括某一图书馆的书目信息,后者则把多个馆的馆藏目录信息集中在一起,利用统一的检索界面,显示多个图书馆的馆藏信息,如 CALIS"e 读"馆藏资源检索系统(http://www. yidu. edu. cn/)。这样用户可以查检到本馆以外的其他图书馆的馆藏信息。

【检索实例 4-1】　一本图书的 ISBN 号为:978-7-302-17155-3,请利用馆藏目录查出南京大学图书馆是否收藏该书? 索书号是多少?

解答　进入南京大学图书馆主页(http://lib. nju. edu. cn/)→在一站式检索框中选择"纸本目录",检索途径选择 ISBN/ISSN→输入需要查找图书的 ISBN(9787302171553)→点击检索(图 4-1)→进入南大图书馆 OPAC 检索系统,检索结果显示该书为"信息组织・第3版 G254.11/H10(2),马张华编,清华大学出版社",馆藏复本为 4,可借复本为1,"馆藏"中列出该书的详细馆藏地点→依索书号 G254.11/H10(2)到相应阅览室找到该书(图 4-2)。

图 4-1　南大图书馆 OPAC 检索系统

图 4 - 2　南大图书馆 OPAC 检索结果

【检索实例 4 - 2】　利用"e 读"检索系统查看 ISBN 号为 978 - 7 - 81138 - 440 - 6 的图书在江苏省高校的馆藏情况

解答　输入网址：www. yidu. edu. cn，进入 CALIS"e 读"检索系统，在检索词输入框中输入"9787811384406"（图 4 - 3）→点击"检索"→在检索结果中查看江苏省或全国其他高校图书馆的收藏情况（图 4 - 4）。

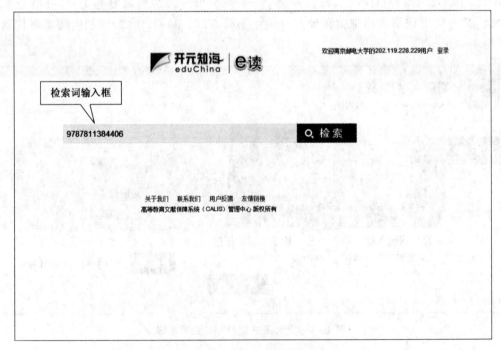

图 4 - 3　CALIS"e 读"检索系统

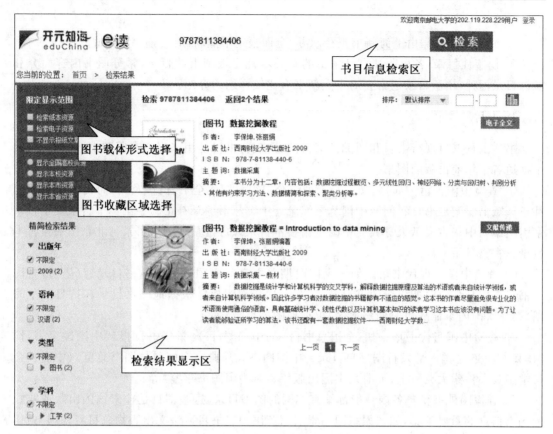

图 4 - 4　CALIS"e 读"检索结果

4.2　图书检索与获取

4.2.1　图书出版信息获取

1. 图书征订书目

征订书目早于图书出版,读者利用征订书目可以预先了解图书的出版信息。

①《全国新书目》半月刊。由国家新闻出版广电总局主管,中国版本图书馆主办,上半月出版《新书导读》,下半月出版《数据大全》,全面介绍当月的新书出版信息。

②《新华书目》报。由新华书店总店主办,周报,中央级专业图书出版行业信息工具报,具有书目征订的作用。《新华书目报》旗下包括三大子报《科技新书目》、《社科新书目》、《图书馆报》。其中《科技新书目》自 2010 年 1 月起改为周报,每周四出版,主要以自然科学、基础科学、工程技术、医药、生活科学等图书为报道对象;《社科新书目》自 2010 年开始升级为周报,每周一出版,主要以社会科学、文学、财经、少儿、文教、综合类图书等为报道对象;《图书馆报》,又名《新华书目报图书馆版》,由《新华书目报·读者新书目》更名而来,每周五

出版。

③《上海新书目》由上海新书报社承办，全面报道书业新闻，传递书目讯息。

④ 出版社目录，各出版社自己编辑的有关本社出版图书的目录，常分图书内容简介和征订目录两种，出版目录通常会对重点新书有比较详细的介绍。

2. 书目工具书

书目工具书有现行书目和回溯性书目两种，现行书目是用来报道在版图书，回溯性书目是报道若干年前出版的图书。

① 查检中国古籍。如《艺文志二十种综合引得》《四库全书总目》及其《简目》《书目答问补正》《贩书偶记》《书目答问》《中国丛书综录》《中国丛书综录补正》《中国丛书目录及子目录索引汇编》《中华古文献大辞典》《中国古籍善本目录》《古籍整理图书目录》《北京图书馆善本目录》《古籍目录》等。

② 查检中国近现代书籍。如，《民国时期总书目》《中国近现代丛书目录》《（生活）全国总书目》《抗日战争时期出版图书目录：1937～1945》《解放区根据地图书目录》《抗日战争时期、第三次国内革命战争时期解放区、根据地图书目录》等。

③ 查检中国当代书籍。如《全国总书目》《全国新书目》《新华书目报》《中国国家书目》《1949～1986 全国内部发行图书总目录》《中国图书大辞典》《全国科技图书总览》《中国社会科学工具书检索大典》（上、下册）《中国出版年鉴》《中国图书年鉴》等。

④ 查检国外书籍。各国一般都编有本国的图书目录，这些书目是检索该国出版或收藏的图书信息的重要工具，如，《累积图书索引》《英国国家书目》《法文出版物总目》《德国书目》《美国出版商目录年报》《美国在版书目：作者、书名、丛书索引》、俄罗斯《图书报道》、日本《全日本出版物总目录》等。

3. 互联网图书信息

（1）传媒报业与网站的读书频道

知名传媒报业或门户网站，一般都辟有"读书"频道，提供图书出版、内容与著者简介、媒体推荐等图书信息，在提供各类图书推荐与排行榜的同时，也提供一些图书的在线阅读与交互式读者评价。如：

➢中华读书报（http://epaper. gmw. cn/zhdsb/）；

➢人民网读书频道（http://book. people. com. cn/）；

➢中国文明网读书频道（http://www. wenming. cn/book/）；

➢新华网读书频道（http://www. xinhuanet. com/book/）；

➢凤凰网读书频道（www. book. ifeng. com/）；

➢新浪网读书频道（http://book. sina. com. cn/）；

➢搜狐读书频道（http://book. sohu. com/）；

➢京东读书（http://read. jd. com/index. html）；

其他还有腾讯读书、网易读书、金融界读书等等。

（2）书评网站

与知名传媒、门户网站的读书频道有所不同的是，书评网站主要提供专业的书评（单向推介式）服务或为爱好读书的人构建一个发现、评价和分享的平台。如：

➢书评网（http://www.jsfxw.com/shuping/）；

➢豆瓣读书（http://book.douban.com/）。

（3）搜索引擎

搜索引擎提供图书信息服务有两种模式：一种是用户直接在引擎的搜索框中输入需查找图书的信息，得到所需图书线索；另一种就是利用搜索引擎的图书搜索频道查找图书线索。搜索引擎一般都提供图书搜索功能，如：

➢Google 图书搜索（http://books.google.com/）；

➢百度阅读（http://yuedu.baidu.com/）。

（4）图书出版网站与网上书店

网上专业图书出版网站一般都会集成几百上千家出版社与书店，以分类浏览、快速导航和检索等功能向读者提供大量国内外图书的出版发行信息，为读者快速准确地获取这些信息提供便利。网上书店，在网上从事图书营销活动，一般会事先对图书进行分类，用户可以方便地检索到自己所需要的图书并进行网购。

➢BookWire（http://www.bookwire.com/），收录了 7 000 家与图书相关的网址，提供图书的最新消息、事件报告和人物信息。提供了比印刷版早三天的《出版商周刊》、畅销书排行榜。按作者名、书名、出版商、书店、城市等途径检索书店、电视、电台、印刷品等信息，是网上图书业务最有影响的信息资源之一。

➢当当网上书店（http://book.dangdang.com/）；

➢亚马逊网上书店（http://www.amazon.cn/）；

➢99 书城（http://www.99read.com/）。

其他的网上书店还有京东网上书店、淘宝网上书店、天猫书城、一城网等等。

综上所述，图书文献有实体出版与数字化出版两种形式，前者由出版社实体出版，并通过多种途径发行，后者由出版社或个体/组织在网络上通过数字化形式出版。网络环境下，获取图书出版信息，除传统途径外要充分考虑信息获取的数字化途径。

【检索实例 4-3】　网购哲学启蒙书——《苏菲的世界》

解答　进入亚马逊网上书城 http://www.amazon.cn/→商品类别选择"图书"→输入书名：苏菲的世界→点击检索→在列出的图书中选择自己满意的版本→查看该书信息及网购评价→点击"试读"预览部分章节内容→完成购买商务活动。

4.2.2　图书收藏信息检索

1. 图书馆系统

图书馆是文献信息资源的集散地、是传播文献信息资源的枢纽、是大众进行终身教育的场所。当单个图书馆的馆藏文献不能满足个体的信息需求时，就可利用联机检索系统查检整个行业、区域、全国乃至世界各地的馆藏资源。我国的图书馆按所属机构性质大致可分为:公共图书馆、高校(学校)图书馆、专业图书馆三大系统。

（1）公共图书馆系统

公共图书馆是由国家或地方政府管理、资助和支持的、免费为社会公众服务的图书馆,公共图书馆系统是由国家、省、市、县、乡等各级公共图书馆组成。其中国家图书馆是国家的藏书中心、书目中心、馆际互借中心和国际书刊交换中心,负责收藏本国的主要出版物,以及种种珍、善本特藏文献,起着国家总书库的作用。国家公共图书馆系统是由各地方图书馆共同组成的,而地方图书馆对各地理区域内的文献整理与收藏有所侧重,这是公共馆的优势与特色所在。

较大型的公共图书馆非常注重与当地地方特色有关的文献资料的收集,并具有历史的延续性和系统性,另外一般公共馆收藏的门类齐全、覆盖面广,以满足社会各个行业、各个层面的查阅需要。

（2）高校图书馆系统

高校图书馆是学校的文献情报中心,是为教学和科学研究服务的学术性机构,它的工作是学校教学和科学研究工作的重要组成部分。服务对象多为本校教职工、科研人员、学生,开通通用借阅功能的读者可以跨校使用其他学校图书馆资源。

高校图书馆系统是由各高校图书馆组成,随着信息化、网络化的发展,高校图书馆系统也逐步实现网络服务系统化。全国性的有"中国高等教育文献保障体系(CALIS)""中国高校人文社会科学文献中心(CASHL)",在 CALIS 的指导下,每个省市都建有自己的地方性保障体系,如"江苏省高校文献保障体系(JALIS)"。图书馆系统以文献保障体系为依托,实现:公共检索、馆际互借、文献传递、协调采购、联机合作编目等,达到信息资源共建、共知、共享的目标。当前全国性、各省市级高校文献保障体系已成为重要的文献资源共享平台,发挥着巨大的社会效益和经济效益。

（3）专业图书馆系统

我国图书馆系统除上述两者外,还有专业图书系统,也称专门图书馆系统、科研图书馆系统或学术图书馆系统。如国家科技信息系统(科技情报与文献系统),它是专门收集、整理、保存、提供某一专业或学科的文献信息的服务性学术机构,是由国家科技部、中国科学院以及其他国家部委下属的各级(国家、省、市、县级)科技信息和文献机构共同组成,是我国科技文献的主要收藏和服务单位。这一系统主要服务于国家科学技术工作,服务面向专业科技工作者。国家科技图书文献中心(NSTL)目前是国家科技信息系统最主要的服务平台,在其检索平台上可以检索各会员图书馆的馆藏文献,并快速索取原文(收费)。

2. 馆藏书目检索

（1）OPAC 的栏目设置

为便于揭示馆藏资源,同时也方便读者获取藏书及其典藏信息,图书馆通过 OPAC(联机公共目录查询系统,图 4-5)向读者提供本馆馆藏的书目检索服务。OPAC 系统设有书目检索、分类浏览、期刊导航等检索方式,提供馆藏文献的书目信息,包括题名、责任者、学科主题、出版单位、价格、载体形态等图书信息,特别是馆藏分类号、馆藏位置及书刊是否可借等信息。

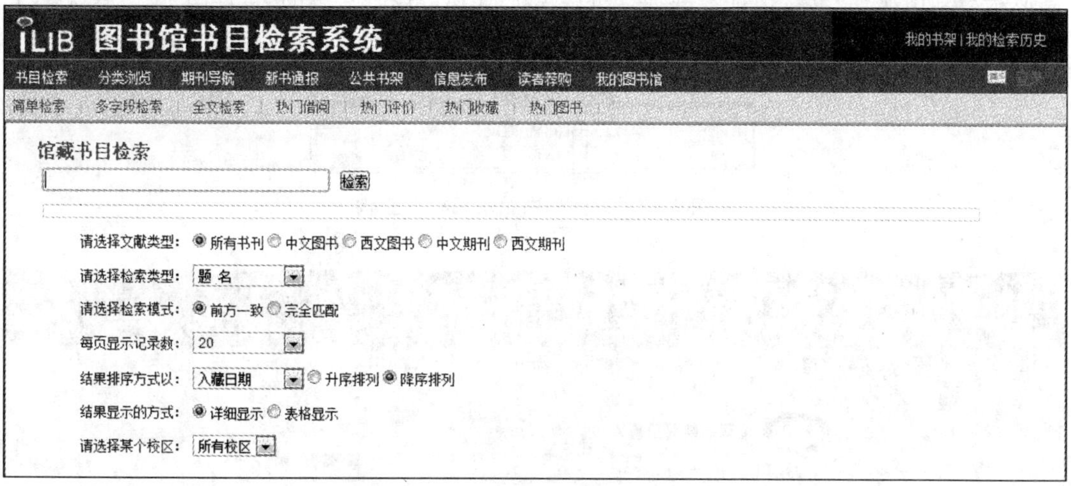

图 4 - 5　图书馆 OPAC 检索系统

　　如,在"馆藏书目检索"框中输入书名:"我想知道的西方哲学",检索类型选择"题名",点击"检索"按键,就可找出该书的典藏阅览室地点,索书号 B5/3 - 145,馆藏复本 2,可借复本 1,主题是"西方哲学""哲学史"等信息(图 4 - 6),点击书名,就可打开该书详细信息。读者在上述检索结果中,还可以进行二次检索等操作。同时,OPAC 书目检索系统还提供"热门借阅""热门评价""热门图书"等馆藏图书推送等服务,支持读者与图书馆的互动。

图 4 - 6　OPAC 图书馆藏信息检索

　　(2) OPAC 的检索方式与途径

　　OPAC 设有简单检索、多字段检索、全文检索等检索方式,系统默认"简单检索",在检索框内输入检索词,在"文献类型"栏("所有书刊""中文图书""西文图书""中文期刊""西文期刊")选择要查找的文献类型,再选择适当的查检途径(系统设有:题名、责任者、分类号、主题词等检索途径),就可以进行书目检索;简单检索与多字段检索都是针对 MARC 数据向读者提供书目的基本信息检索服务,而全文检索方式支持读者对图书内容进行检索。

　　图书馆除在专门的公共检索机上提供 OPAC 检索系统的登录入口,一般也会在主页的显要位置利用诸如"书目信息查询"等栏目,提供 OPAC 检索系统的入口(图 4 - 7、图 4 - 8)。

图 4 - 7　通达图书馆书目信息查询

图 4 - 8　通达学院图书馆书目信息查询

(3) 读者获取所需图书的流程

对已掌握的有关所需图书的部分信息进行分析→判断图书可能的收藏单位→相关图书馆主页→登录 OPAC 检索系统→选择合适的检索途径→查看检索结果→到相应典藏地点获取图书→完成借阅手续。

读者所需掌握的检索知识:了解 OPAC 系统的检索界面、熟悉机读目录的检索类型与检索途径、能根据掌握的图书信息判定采用哪种检索方式、掌握主题词的规范用法、掌握 OPAC 的布尔逻辑运算符、善于利用系统提供的帮助提示。

【检索实例 4 - 4】　在南京邮电大学通达学院图书馆检索移动通信,特别是 4G 方面的图书并找到收藏地点。

解答　检索某一类图书,最好用分类途径,首先确定分类号,可以借助图书馆主页提供的中图法简表,也可以直接到网上下载,经过查阅,确定该类书的分类号为 TN929.5,进入南京邮电大学通达学院图书馆主页(http://www.tdxy.com.cn/html/library/)→点击"书目信息查询"下的"书目检索"→在书目检索系统平台上,检索途径选"分类号",匹配方式选"完全匹配",资源类型勾选"中文图书"→点击"检索"按钮→检索到 256 条中文图书记录→选中"现代通信技术与应用"条目,在页面左侧栏点击"馆藏地"→显示该书的馆藏数据(图 4 - 9)→根据索书号到相应馆藏地查找并借阅。

3. 联合书目检索

联合书目检索系统在共享图书收藏信息,快速锁定所需图书收藏地点,减少查找盲目性方面发挥着巨大的作用。该系统大约有三类:一类是地区及国家级的,如 JALIS、CALIS 联合目录数据库;另一类是世界范围内图书资料的联合目录数据库,如 OCLC;第三类是学校

索书号	条码号	年卷期	校区	馆藏地	书刊状态
TN929.5/194	0318188	-	通达学院	样本阅览室	阅览
TN929.5/194	0318189	-	通达学院	自然科学图书借阅室	可借
TN929.5/194	0318190	-	通达学院	自然科学图书借阅室	可借
TN929.5/194	0318191	-	通达学院	自然科学图书借阅室	可借

图 4 - 9　通达学院图书馆一条馆藏图书信息

级别的,以前述 OPAC 馆藏目录检索为代表。

(1) CALIS 联合目录公共检索系统(http://opac.calis.edu.cn)

采用 Web 方式提供查询与浏览,是目前查找国内中文、西文、日文、俄文图书馆藏的最好工具。文献类型包括图书、连续出版物、古籍,系统提供"简单检索""高级检索"和"古籍四部类目浏览"等检索方式(图 4 - 10)。支持"详细文本""MARC"两种显示格式,前者对所有用户免费开放,后一种只对 CALIS 联合目录成员馆开放,供查看或下载 MARC 记录。

图 4 - 10　CALIS 联合书目检索系统

读者获取所需图书的流程:读者登录检索系统→查询记录→找到需要借阅的记录→点击馆藏(在记录列表中点击"馆藏"列中的"Y")→点击"馆藏信息"(图 4 - 11)→查看本地馆是否有馆藏→(如有,直接借阅;如没有,已注册为 CALIS 馆际互际成员馆的,选择"发送馆际互借",非注册成员馆的,选择"发送 Email"请求馆际互借)→查找所需图书。

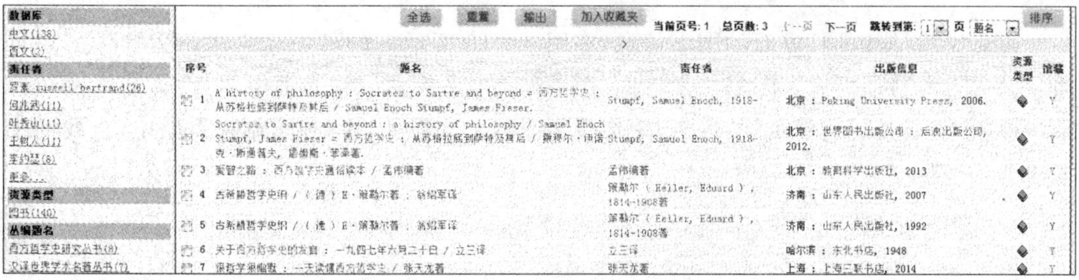

图 4 - 11　CALIS 检索结果(局部)

（2）OCLC 的 WorldCat 数据库（http://www.oclc.org/worldcat.en.html）

提供世界范围内图书馆的图书及其他资料的联合目录，包括 4 500 万条图书及其他资料记录。每一条图书信息都包含书名、作者、出版商、页码、世界各个图书馆的馆藏情况等详细信息。收录来自 370 多种语种的文献，基本上反映了世界范围内的图书馆所拥有的图书及其他资料。WorldCat 提供分布于全球 25 000 多个图书馆和信息中心的读者查询，除了对各种文献资料的收藏进行联机联合编目外，还开展馆际互借。读者在 WorldCat 查询到所需资料时，同时也获得该资料的收藏情况及是否已提供外借等方面的信息，并联机办理借书申请和手续。

4."读秀"中文学术搜索

"读秀"中文学术搜索是由 330 万种图书及 3 亿页图书信息组成的超大型图书数据库，为用户提供深入到图书章节和内容的全文检索，部分图书的原文试读，以及高效查找、获取各种类型学术文献资料（特别是图书资料）的一站式检索服务。

"读秀"搜索，凭借其庞大的数字资源优势，为用户提供"知识点阅读"模式、开放的数字图书馆平台、即时周到的参考咨询服务及便捷的一站式资源搜索服务。其功能主要体现在图书借阅、电子书阅读、查找学术文献等方面。

（1）查找图书

"读秀"中文学术搜索平台提供知识、图书、期刊、报纸、学位论文、会议论文等搜索频道，帮助用户通过"中文搜索"或"外文搜索"查找纸质文献（特别是图书）或电子书（图 4-12）。

图 4-12　读秀中文学术搜索检索入口

如查找"智能电网"方面的图书信息，在图 4-12 所示"读秀"中文学术搜索检索入口界面，选择"图书"频道，进入图书检索界面（图 4-13），在检索词输入框中输入"智能电网"，检索途径选择"书名"，精确匹配，点击"中文搜索"按钮，在图 4-14 检索结果页面中，查找到中文图书 51 种。

图 4－13 读秀图书检索界面

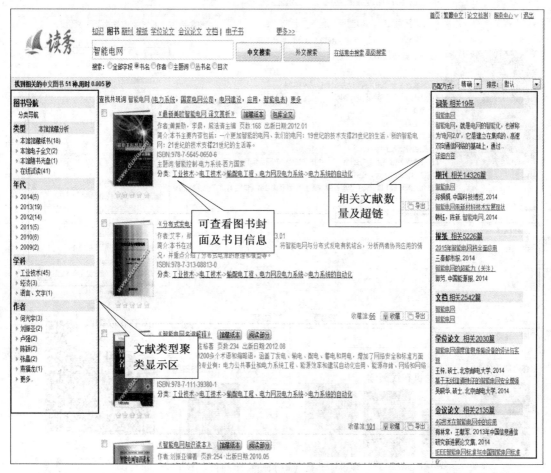

图 4－14 读秀图书检索结果页面

"读秀"图书检索结果分三栏显示：左侧为文献类型聚类，包括年代、学科、作者等，帮助读者快速缩小检索范围、了解相关主题图书的分布情况；右侧提供与检索词相关的各种文献资源数量及链接，点击可查看详细信息；中间为检索到的图书封面与书目信息，提供包含有检索词的目录信息、书名、封面的超链接，书目信息包含作者、出版日期、页数、简介、ISBN、主题词等。点击图书封面或书名,进入图书的详细信息页面,通过该页面,读者可试读图书的版权页、前言页、目录页、正文 50 页的内容,使读者在借前就可了解图书内容(图 4 - 15)。

　　(2) 获取图书

　　① 获取纸质图书。获取图书有两种途径:一是直接在图 4 - 14 所示检索结果显示页面,点击图书书名右侧的"馆藏纸书"超链按钮,打开用户所在图书馆馆藏目录信息页面,通过图书馆借到该图书;另一种获取纸书的途径是点击图书的封面或书名超链,进入如图 4 - 15 所示图书详细信息页面,点击右侧"获取此书"中的"本馆馆藏图书"链接,打开用户所在图书馆馆藏目录信息,通过图书馆借到该图书。

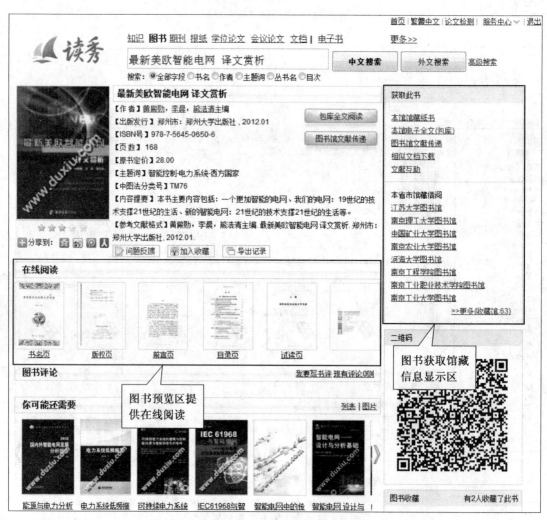

图 4 - 15　图书详细信息页面

　　"读秀"在"获取此书"栏目的下方,设置"其他图书馆借阅"栏目,了解其他图书馆这本图书的馆藏情况,点击选中图书馆可查看详细信息,如有需要,通过"馆际互借"获取此书。

　　② 获取电子书。在图 4 - 14 中点击"包库全文"或在图 4 - 15 中点击"包库全文阅读"(或"获取此书"栏目下的"本馆电子全文")链接,直接在线阅读电子图书全文。"读秀"电子

书阅读提供"文字摘录""下载"等功能,便于读者获取部分或全部章节内容。

③ 图书原文传递。所检索图书在没有本地馆藏及电子书(包库)的情况下,如果想获取此书,可通过"读秀"的原文传递服务满足需求。点击图 4 - 15 所示的页面"图书馆文献传递"按钮,进入"读秀"图书馆参考咨询服务页面,按要求填写咨询表单,确认提交后,一般在两个工作日内,用户可通过登记邮箱收到传递的图书章节内容。

(3) 图书全文检索

"读秀"将"集天下书为一书"作为自己的服务宗旨,在提供传统的图书章节检索与获取外,通过"知识"频道实现全文检索服务。点击"读秀"任一级检索页面中检索区的"知识"频道,在检索词输入框中输入检索词(本书以"智能电网"为例),点击"中文搜索"按钮,得到26 331 条相关记录,如图 4 - 16 所示。点击标题链接,就可在线阅读原文,在原文阅读页面,点击右上方工具栏中的"查看来源"按钮,可到达该原文所属图书的详细页面,选择借阅全书或进行"文献传递"可获取图书原文。

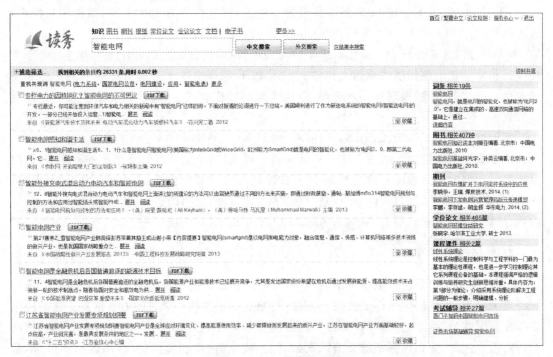

图 4 - 16　知识检索结果页面

"读秀"支持句子检索,选择"知识"频道,在检索词输入框中输入需要查找的句子,在检索结果中列出句子的出处、前后语及解释。"读秀"还提供强大的字典功能,在检索结果显示页面的头部给出检索词的外文关键词、同义词;在网页尾部,通过"相关搜索"提供相关关键词,方便选择、调整关键词进行查找;网页右侧,提供词条解释,相关图书、期刊、文档、学位论文、课程课件等文献的链接信息。

4.2.3　电子图书检索与获取

1. 电子图书概述

电子书,又称为 e-book,是指以数字形式存在的图书,以文件的格式,通过网络下载至个人 PC 机、笔记本电脑或是手机、PAD 等智能移动终端上,通过特殊的阅读软件(reader)进行阅读的书籍,是一种传统纸质图书的替代品。与传统纸质图书相比,电子书具有发行速度快、更新及时、易于传播与共享、多媒体、存储密度高、易携带、价格低廉等特点。随着智能移动终端(以智能手机为代表)的普及,电子书阅读成为人们最常见的阅读方式与习惯。常用的电子书文件格式有:

➤TXT 格式,比较流行也是被许多人青睐的一种电子书文件格式,特点是阅读方便,制作简单,无需安装专门的阅读器就可以阅读,对运行环境并无很高的要求。

➤EXE 格式,支持 Flash、多媒体甚至脚本语言,展现的内容更加丰富,制作相当精美,方正阿帕比、XPLUS、ZCOM 等厂商提供的数字报、刊、书都采用了这种格式。

➤PDF 格式,文件格式与操作系统平台无关的特点,使它成为在 Internet 上进行电子文档发行和数字化信息传播的理想文档格式。用 PDF 制作的电子书具有纸版书的质感和阅读效果,可以"逼真地"展现该书的原貌,而显示大小可任意调节,给读者提供了个性化的阅读方式。

其他格式还有 EPUB、CEB、STK、FDG、SEP、XPS、WDL、NLC、JAR 等。

由于电子书须借助于阅读软件——阅读器才可阅读(从阅读器种类繁多的程度上,可以反映出电子书的普及程度),除传统的电子书数据商提供的阅读器(如超星、方正、书生等)外,针对智能手机开发的"阅读器"数量众多,多达几百种,常用的有百阅、掌阅 iReader、淘宝阅读、熊猫看书、谷歌电子书、亚马逊 Kindle、米米小说、天翼阅读……。

2. 网络电子书资源

目前,网络上出现许多电子书下载网站,有些以提供原创小说为主,有些以整理、弘扬传统经典为宗旨,有些以学术性交流见长,有些则偏重于整理某一学科的书目信息。这类网站多以免费形式出现,不过所谓的"免费",仅指读者不需要花费现实货币而言,许多"免费"网站需要用户注册,并在该网站的交流区发帖、打工或充值,换取虚拟货币,用虚拟货币来"购买"在线阅读或下载权限。纯公益性网络电子书下载网站多为学术或教育机构所创建,图书与服务品质也较有保障。网络电子书网站的图书及服务质量良莠不齐,网站的稳定性及存在寿命也各有短长,生存现状充满不稳定性。

(1) 部分中文电子图书网站

➤E 书吧(http://www.eshuba.com/):纯公益性网络电子书下载网站,至 2014 年 7 月拥有 3.5 万余册电子图书。图书资源集中于计算机科学(系统相关、程序设计、网络编程、图形图像、数据库、网络安全)、生活休闲等领域。

➤e 书时空(http://220.182.20.143:8021/CD8/):个人免费网站,因图书采用 EXE 格式的打包方式,所以命名为"e 书"。提供当代文学,古典名著,世界文学,武侠小说的免费下载,支持用户互动参与,每日更新。

➤白鹿书院(http://www.oklink.net):图书内容包括各类文学作品、历史资料、哲学宗教、法律法规、计算机等,其网络文学栏目有大量网络原创作品。图书格式为 html,可以在线阅读,也可拷贝下载。

➤国学经典书库(http://lib.ecit.edu.cn/guoxue/):非常齐全的国学经典文献免费阅读与下载网站。

➤国学宝典(http://www.gxbd.com/):一套主要面向中文图书馆、中国文化研究机构、专业研究人员和文史爱好者的中华古籍全文资料检索系统。收录范围为上起先秦、下至清末两千多年的所有用汉字作为载体的历代典籍。迄今为止,该系统已收入古籍文献 3 800多部,总字数逾 8 亿字,3 800 余种,目前仍以每年 1 亿～2 亿字的速度扩充数据库内容,其目标是建成一个包含所有重要中文古籍的全文电子数据库。

➤起点中文网(http://www.qidian.com/):创立于 2002 年 5 月,号称国内最大的原创网络文学网站,在线收费服务模式。作品内容多以玄幻、武侠、都市、历史、军事、游戏、竞技、灵异、科幻等题材为主。

➤小说阅读网(http://www.readnovel.com/):收费网站,提供都市生活、婚恋职场、古言穿越、历史军事、青春励志、悬疑幻想等体裁文学作品的线上阅读、手机无线阅读。

➤潇湘书院(http://www.xxsy.net/):收费网站,创建于 2001 年,是最早发展女生网络原创文学的网站之一,也是最早实行女生原创文学付费的网站。起步于武侠文学的潇湘书院,已发展成为一个集合多种文学类型的优质原创文学站点。提供线上阅读、手机无线阅读。

……

(2) 部分西文电子图书网站

➤Project Gutenberg(古腾堡项目,http://www.gutenberg.org/):由美国伊利诺斯大学的 Michael Hart 于 1971 年创办,后来得到来自世界各地包括中国的志愿者的积极支持和参与,是世界上最早的免费网上图书项目,其目标是将共有领域的图书电子化、上网,供公众自由地阅读、使用、引用和检索。到 2007 年 8 月为止,古腾堡工程已经收录了 22 000 部书籍,平均每周将新增 50 部。用户可以在主页上按著者和图书名称检索,也可下载图书列表的压缩文件。古腾堡计划的电子图书以纯文本格式读取,无需下载特殊软件,而且传输速度快。

➤ManyBooks(http://manybooks.net/):一个专门提供免费电子书下载的网站,提供的免费电子书超过 2 万本。读者可以通过分类、作者、书名和语言进行搜索查询,每本书都包含一个简介——包括书名、作者、国家和内容简介。所有电子书都可以下载保存为几十种电子书格式,比如 Doc、PDF、RTF、JAR、TXT 等。

➤GetFreeEBooks(http://www.getfreeebooks.com/):一个提供免费电子书下载的网站,站内的所有电子书都可以免费下载,更重要的一点是,该网站提供的电子书都是符合法律要求或是版权协议的。

➤Free-eBooks(http://www.free-ebooks.net/):一个提供免费电子书下载网站,除下载外,用户也可以上传自己的电子书与他人分享。需要注册(免费)成为该网站的用户才可以下载。

……

3. 电子图书数据库

(1) 电子图书数据库与数字图书馆

电子图书数据库一般依托各类数字图书馆平台向读者提供信息检索与图书获取,所谓数字图书馆①就是以数字形式去存储大量的信息,并能对存储的信息资源进行高效的操作,如收集、选择、组织、检索、提供访问接口、信息保护等。数字图书馆的建设目标就是从根本上改变互联网上信息分散、无序、不便使用的现状,为读者提供经过选择的数字化信息资源。数字图书馆提供的资源发布前都经过统一的标准和规范的整理程序,有序化的数字资源,这是其与现有网络信息资源的本质区别。

数字图书馆的资源一方面来自于根据用户的需要,选择、收集信息资源(网络资源、各种数据库),将之有序化后建立数字信息资源库,另一方面还包括原有图书馆传统文献资源经数字化技术转化后成为电子图书数据库。

(2) 常见的国内外电子图书数据库

➤中国国家数字图书馆(http://www.nlc.gov.cn/):国家图书馆的数字化工程,内容覆盖整个社会科学、自然科学等领域,向读者提供中文电子书:馆藏中文图书 17 多万种、民国图书 1.5 万册、国学宝典 4 000 多种、方正电子图书 40 余万种 80 余万册、中国基本古籍库 1 万种 17 万卷等;外文电子书:7 000 种阿拉伯语电子书、EAI 美国早期印刷品系列 7.4 万种、Emerald 人文社科图书 2 000 多册、WILEY 学术在线图书近万种、NetLibrary 电子图书 2 114 种等。

➤超星数字图书馆(http://book.chaoxing.com/):收录的图书涵盖中图法 22 个大类,提供网络服务(用户注册→购买读书卡或充值→下载或在线阅读)、镜像服务(单位购买→建立镜像→用户在使用 IP 地址范围内登录→下载或在线阅读)。阅读和下载全文需安装超星图书阅读器。

➤书生之家数字图书馆(http://lib.dlmu.edu.cn/):拥有电子图书 100 多万种,主要包括文学艺术、经济金融与工商管理、计算机技术、社会科学、历史地理、科普知识、知识信息传媒、自然科学和电子、电信与自动化等 31 大类。提供网络服务与镜像服务,读者需下载与安装书生数字信息阅读器才能下载与阅读。

➤方正 Apabi 电子图书(http://apabi.hfslib.com/):通过“方正数字资源平台”提供服务,主要收录文学艺术、中小学教辅、计算机、经济管理、医药卫生、生活休闲、英语、法律等类图书。提供网络服务与镜像服务,需安装电子书阅读器后才能阅读。

➤美国国会图书馆(http://www.loc.gov/):汇总了该图书馆的所有网上资源,绝大部分信息资源都是对公众开放的。

➤省级及高校图书馆的数字图书馆:除国家图书馆推出数字图书馆在网上提供电子图书的下载与阅读外,各省级公共馆、高校图书馆、专业图书馆等也推出自己的数字图书馆,除

---

① 储节旺,郭春侠,吴昌合.信息组织学[M].北京:清华大学出版社,2007,273-275.

数字化本馆的纸质图书外,也在电子图书栏目下,聚合自建或馆购中外电子图书资源。

➤其他:常见的电子书数据库还有 Springer 电子书、Wiley Online Library、圣典 E-BOOK、Ebrary 电子书数据库、EBSCO 电子书、eScholarship Editions、IEEE-Wiley eBooks Library、iG Publishing 电子书、NAP 免费电子书、Knovel 电子书、Oxford Scholarship Online、Safari Tech Books Online 等。

【检索实例 4-5】 在国家数字图书馆中查阅冯友兰的《中国哲学简史》

解答 进入中国国家数字图书馆网址 http://www.nlc.gov.cn/→完成免费注册(如已注册,请直接登录)并登录→点击"图书"或"馆藏中文图书"→在检索页面中题名框输入"中国哲学简史",在作者框中输入"冯友兰"→点击"检索"→命中 3 条图书记录→点击选中图书记录,进入该书详细信息页面,点击其中的"在线阅读"→开始在线阅读。

4.3 参考工具书

4.3.1 参考工具书概述

1. 功用特征

① 查考性。从编辑目的而言,参考工具书无需像供人通读的普通图书那样提供系统的知识,而是将原本无序的众多一次文献,整合成有序的、易于检索的知识汇编,以便于人们查考,使读者在检索时省时省力。

② 概述性。从内容上看,一部工具书汇集各领域或某一领域的完整信息资料和最新研究成果,广证博引,所涉相关学科知识,内容翔实而又简明精确,有的附图、表、照片,使人一目了然,具有高度的概括性。

③ 易检性。从体例上看,参考工具书具有科学实用的编排方式与严谨的体系结构,检索方便,可以按字序、音序、形序、分类、主题、关键词、年代、地区等多种途径查检有关信息。

④ 资料性。参考工具书提供对原始信息经过整序、浓缩、重组和综合后的数据型、事实型和文献型的信息,所收资料论述精炼、出处详明。

⑤ 准确性。从作用上看,参考工具书一般要求摒弃不成熟的、有争议的、含糊不清的概念和知识,收录较为成熟的、可靠的、公认的、权威的观点和概念。

综上所述,参考工具书可以为人们指示读书门径,提供文献线索,了解文献内容,检索参考资料,查找词语释义,掌握学术信息,获取各科知识等权威信息。

2. 排检方法

参考工具书的排检方法指内容的编排结构和检索方法。由于工具书针对的对象不同,其内容、目的、排检方式也各异,主要排检方法有字顺排检法、分类排检法、主题排检法、自然顺序排检法等。

(1) 字顺排检法

中文工具书字顺排检法包括:形序排检法和音序排检法。

① 形序排检法。它是以汉字字形的特点为基础设计的排检法,包括部首法、笔画法、四角号码法。

▷部首法:是我国工具书的传统排检法,根据汉字的形体特征,将部属、偏旁的相同部分归类,称为部首,以部首归并汉字。部首按笔画数多少排序。笔画数相同的部首,依起笔笔形排序;同属一个部首的字,先按笔画数(一般不包括部首的笔画数)排序,笔画数相同者,再依起笔笔形排序。

▷笔画法:是按照笔画数目和起笔笔形来归并排列汉字的一种方法。它有两种应用形式,一种是先按笔画多少来归并汉字,笔画数相同者,再依起笔笔形排序,笔画和笔形均相同者,依其字形结构排序;另一种是先按笔画多少来归并汉字,笔画数相同的,再依部首归类排列先后顺序。

▷四角号码法:是用数字标示呈方块形的汉字四角的笔形,以编排其先后顺序的查字法。汉字是方块字,一个字基本上有四个角,每个角都有一定的笔画形,把汉字的笔形分解成十大类,用 0~9 这十个数字代替,每字四角以"左上角、右上角、左下角、右下角"的顺序来排列。

② 音序排检法。这种排检法是按照汉字的读音来归并汉字的方法。现在主要使用汉语拼音字母排检法,逐字按《汉语拼音方案·字母表》的汉语拼音字母排列。第一个字母相同的,再依第二个字母的顺序排列……;全部字母完全相同的字,按阴平、阳平、上声、去声四个声调排序。音序排检法分注音字母排检法,声部排检法、韵部排检法。

外文工具书使用最多的排检方法就是字母顺序排检法。一种是逐词排列法,以参与排检的各个独立的词为排检单位,逐词以字母顺序相比,即"word by word";另一种是逐字母排列法,所有参与排列的项目,无论单词、词组或句子,不管字母数的多少,均视为一个排列单位,按字母逐个相比,即"letter by letter"。

(2) 分类排检法

将词目或文献按其知识内容、学科属性分门别类地加以归并集中的一种排检法。这种排检法以科学的分类观点按学科体系层层分类,每一类目下集中同类词目或文献。体现了知识的学科属性和逻辑次序,较好地反映事物概念之间严格的派生、隶属和平行关系,便于读者按学科进行查检。分类排检法又可细分为:学科体系排检法和事物性质排检法。百科类参考工具书常用学科体系法排检,如《四库全书总目》《中国古籍善本书目》《中图法》等;事物性质排检法则是将知识内容按事物属性类分,《尔雅》,古代的类书、政书,现代的手册、指南、年鉴等常用此法。

(3) 主题排检法

以规范化的主题词为标识符号,来标识文献的中心内容,再通过将这些主题词按一定顺序排列,使论述同一主题的内容集中在一起的一种排检方法。主题排检法要结合形序法和音序法来组织主题词,一般按首字的汉语拼音字母或笔画顺序排列。

(4) 自然顺序排检法

是按照某种自然规律或顺序编排的方法,分时序法、地序法两种。

① 时序法。此法按照内容或词目的时间先后顺序进行编排。此法多用于年表、历表、大事记及历史纲要之类的工具书。

② 地序法。此法按照地区顺序(地理位置或行政区划)排检地理性资料的方法,主要用于地图集和年鉴类工具书,如《中华人民共和国地图集》《中国名胜词典》等。

4.3.2　常用参考工具书

1. 目录、索引、文摘

参见本章 4.2 节"图书检索"。

2. 字典、词(辞)典

(1) 概述

① 字典。专门解释文字的读音、意义、形体结构及其用法的工具书叫作字典;专门解释词汇的概念、意义及其用法的工具书叫作词(辞)典。二者在我国古代统称为字书。英语无字典与词典的区别,统称为"dictionary"。

② 字典的产生与发展。字书的编撰,在我国历史悠久,中国现有文献记载的最早的字书是周代的《史籀篇》,秦代所编《仓颉篇》《爱历篇》《博学篇》,汉代的《凡将篇》《急就篇》等,都是中国字书的雏形,中国第一部成熟的字书是东汉许慎的《说文解字》,宋代有司马光等的《类篇》,明代有梅膺祚的《字汇》、张自烈的《正字通》,清代有官修的《康熙字典》等,字书在中国得到了很好的发展。中国古代的字书,因其对汉字的形、音、义三方面的侧重不同,大致可分为三类:以讲字形为主的字书,如《说文解字》;以讲字义(训诂)为主的字书,如《尔雅》;以讲字音为主的字书,如《广韵》。

③ 现代字典的种类。现代所编撰的字典、词(辞)典,由于目的和对象不同,因而有各种不同的类型,一般来说可分为综合性、知识性、专门性字、词(辞)典。综合性,如《中华大字典》《现代汉语词典》《康熙字典》《汉语大字典》等;知识性,如,《辞源》《辞海》《新知识词典》等;专门性,如《汉语外来词词典》《辞通》《中国近现代人名辞典》等。

(2) 常用中外文字、词(辞)典

①《康熙字典》。清朝康熙年间由张玉书、陈廷敬等奉敕编修。全书共分为 12 卷,以十二地支标识,每集又分为上、中、下三卷,共收录汉字四万七千零三十五个,是中国古代字典中收字最多的一部。书中对古音、古意解释比较详细,一般的冷僻字在书中都能查到,是学习古汉语的主要工具。

②《汉语大字典》。新版收楷书单字 60 370 个,总字数超过 1 500 万,为《康熙字典》的 4 倍,凡古今文献、图书资料中出现的汉字,几乎都可以从中查出,是当今世界上规模最大、收集汉字单字最多、释义最全的一部汉语字典。

③《现代汉语词典》。它是中国首部权威的现代汉语规范型词典,它由中国社会科学院语言研究所编纂。2012 年 7 月 15 日,第 6 版正式发行,新版词典共收单字 1 万 3 千多个,收录条目增加至 6 万 9 千多条,增收新词语近 3 000 条,收录时髦网络词汇。

④《韦氏国际英语词典》。1890 年改为现书名,1909 年又改称《韦氏新国际英语词典》,并于 1934 年出版第二版,1961 年出版《韦氏国际英语词典(第三版)》。该词典篇幅极大,收词 45 万条,是最大型的单卷本英语词典。与《韦氏大学词典》《韦氏同义词词典》《韦氏中学

词典》,以及一些专门词典共同构成了韦氏词典系列。其中《韦氏大学(学院)词典》是一本知名度较高的中型词典,具有较高的实用价值,目前,已推出了 iPhone、iPad 及 Android 版本的客户端产品。

⑤《牛津英语大词典》,即《牛津英语词典》(The Oxford English Dictionary,OED)。1989 年出版第二版,收录了 301 100 个主词汇,字母数目达 3.5 亿个,二十卷,收录 12 世纪中期以来见于文献记载的几乎全部英语词语,被认为是目前最全面和最权威的英语词典。由于各义项按历史顺序排列,对词的每一变化都有例证加以说明,并注明年代和出版,是查考古典引语及词语历史资料的重要工具。

(3) 网络字、词(辞)典

① 在线新华字典(http://xh.5156edu.com/)。收录 21 998 个汉字、52 万个词语。在搜索框内输入条件,点击检索,就可以找到相应汉字的拼音、部首、笔划、注解、出处、五笔输入码等信息。也可以通过笔划、部首检索相应汉字。

② 汉典(http://www.zdic.net/)。是一个免费网站,提供条目、字典、词典、成语等搜索途径,可在"汉语字典""汉语词典""汉典古籍""汉典诗词"等栏目中进行检索。

③ 中华在线词典(http://www.ourdict.cn/)。2005 年 5 月发布的一个免费网站,目前共收录汉字 15 702 个,词语 36 万个(常用词语 28 770),成语 31 922 个,近义词 4 322 个,反义词 7 691 个,歇后语 14 000 个,谜语 28 071 个,名言警句 19 424 句。

④ Merriam-Webster Online(http://www.merriam-webster.com/)。以 1993 年出版的第 10 版韦伯斯特英语词典为蓝本的网上免费词典,支持通配符、右截断等高级检索功能。通过该网站不仅可查找英语词义及同义词、反义词,还可连接《不列颠百科全书》查找百科知识。

⑤ Your Dictionary.com(http://www.yourdictionary.com/)。收录 300 多种语言的 2 500 种词典、词汇表、术语和语法教程等。包括词典检索和双语翻译。在词典检索栏中可查读音、词义、词源、短语等。双语翻译可进行英语与法语、西班牙语、德语、意大利语和葡萄牙语之间的词汇翻译。

⑥ OneLook 词典(http://www.onelook.com/)。收集了世界各地 1 061 种在线词典中的 1 900 多万个词语(截至 2014 年 7 月),供用户通过"word""phrase""pattern"模式进行搜索,实现多种词典资源的并行搜索,集成输出检索结果集合。

其他,如爱词霸(http://www.iciba.com/)、CNKI 翻译助手、有道词典(http://dict.youdao.com/)、百度词典(http://dict.baidu.com/)、海词(http://dict.cn/)、灵格斯词霸(http://www.lingoes.cn/)、美国 Lexico 集团的 Dictionary.com (http://dictionary.reference.com/)等等。

3. 年鉴、百科全书

(1) 年鉴

年鉴是系统汇集一年内事物新情况和统计资料,按年度连续出版的资料性工具书,又称年刊、年报。一般以年为限,通常包括专题论述、事实概况、统计资料、附录及目录索引等基本结构。年鉴按其内容所涉学科范围可分为综合性、专业性年鉴;按地域范围可分为国际年鉴、国家年鉴和地方年鉴；按其表述手段又可分为综述性、专科性和统计性年鉴。随着信息技术的发展与互联网的普及，出现了电子版与网络数据库的形式。年鉴资料的查检有两种途径：一是按"目次"查找，一是按书后"索引"查找。

年鉴有以下作用：一是提供国际国内时事、大事及有关重要文件，如综合性年鉴中均有专栏介绍本年度国内外大事，记载政府重要文献，地方性年鉴则反映本地区一年度的大事；二是提供具体事实资料和详细数据等信息。在年鉴中可查阅新闻人物、各学科各行业概况以及社会经济各方面的统计数据；三是提供有关实用性指南资料；四是提供学科研究信息，在专业年鉴中对学科动态、研究成果、发展趋势、重要学术论著与学术活动等内容都辟有专栏介绍。

常用年鉴有以下几种：

① 《中华人民共和国年鉴》。经国务院办公厅确认、新闻出版总署批准的中国唯一综合性国家年鉴。1981 年创刊，每年以中、英文两种版本发行。内容详实、资料完整、数据权威，是海内外各界人士了解、研究、投资中国的决策参考刊物和权威工具书，同时也是国内各级机构与个人查阅资料、掌握信息、了解全局、指导工作的重要参考刊物和具有收藏价值的大型工具书。

② 《中国百科年鉴》。中国大百科全书出版社自 1980 年起逐年出版，由概况、百科、附录三大部分组成。概况分中国概况，各省（自治区、直辖市）概况、各国概况、国际会议、国际组织等项目；百科分为政治、经济、文化等十多个类目，以报道上一年度各方面的进展和成就为主；附录主要提供有关国内国际形势发展的资料。

③ 《中国学术年鉴》。人文社会科学综合学术年鉴工具书，内容覆盖了人文社会科学各个学科领域，系统全面地总结记录年度中国人文社会科学的发展状况，并评选推出年度中国人文社会科学的优秀成果与优秀学人。

④ 《中国统计年鉴》。国家统计局编印的全面反映我国经济和社会发展情况的资料性年刊，收录全国和各省（自治区、直辖市）上一年度经济和社会各方面大量的统计数据，分纸质和光盘版两种形式标价出售。

⑤ 《中国经济年鉴》。新中国第一部经济年鉴，全面系统地反映各年度中国国民经济发展的成就，信息权威、数据精确，被誉为"记载中国经济建设进程的史册"。

国外有代表性的年鉴有：美国的《咨询年鉴》《世界年鉴》，英国的《不列颠百科全年年鉴》《惠特克年鉴》《欧罗巴年鉴》《法国统计年鉴》《联合国统计年鉴》等。

网络年鉴有以下几种：

① 中国年鉴全文数据库。依托同方知网的网络出版平台，全面系统集成整合我国年鉴资源的一个全文数据库。内容覆盖基本国情、地理历史、政治军事外交、法律、经济、科学技术、教育、文化体育、医疗卫生、社会生活、人物、统计资料、文件标准与法律法规等各个领域。

② 中国年鉴网（http://www.yearbook.cn/）。中国年鉴研究会主办的年鉴行业专业网站，包含年鉴动态、年鉴理论、年鉴人物、年鉴数字化等栏目。

……

（2）百科全书

百科全书是概要记述人类一切知识门类或某一知识门类的工具书，它的主要作用是供人们查检必要的知识和事实资料。百科全书以其高度的内容概述性、知识的科学性、编辑出版的权威性、数据事实的精确性、编制体例的完备性等特点,被誉为"工具书之王""没有围墙的大学"。

常用百科全书有:

①《中国大百科全书》。全书共80卷,由2万余名专家学者历时15年精编而成。内容涵盖哲学、社会科学、文学艺术、文化教育、自然科学、工程技术等学科领域,是我国第一部大型综合性百科全书,1999年图文数据光盘(共24张)面世,使读者查阅更便捷。网络版以《中国大百科全书》和中国百科术语数据库为基础,共收条目约8万条,图片5万余幅。

②《不列颠百科全书》。我国也称其为《大英百科全书》,是世界上声誉最高,最有权威的综合类百科全书之一。目前通用的是第15版修订本《新不列颠百科全书》。全书由《百科类目》《百科简编》《百科详编》《索引》四部分组成。正文部分按条目字顺编排,索引部分按主题词字顺排列。

③《美国百科全书》。它以德国著名的《布洛克豪斯社交辞典》第7版为范本编成,是美国出版的第一部大型综合性百科全书。主要内容反映美国和加拿大的社会、政治、经济、科技等各方面的资料信息。采取小条目编写,全书共有60多万个条目,由正文和索引等七大部分组成。

④《科利尔百科全书》。大型综合性百科全书,该书1996版由 Macrmillan Educational Co 出版,共24卷,其内容配合美国大学和中学全部课程,并着眼于普通人日常感兴趣的主题以及实用的现代题材。其适应对象广,材料更新及时。

网络上存在大量百科网站,既有著名百科全书的网络在线服务版,也有整合其他资源的百科网站,更有大量互动百科站点,如,维基百科、百度百科、互动百科等。

主要百科全书网站有:

① 中国百科网(http://www.chinabaike.com/)。一个普及科学技术知识的公益性分类百科网站,栏目设置有:全国百科、百科词条、百科目录、成语词典、汉英词典、汉语词典以及诗词大全、百科问答等,免费发布行业百科信息。

② 不列颠百科全书网络版(http://www.britannica.com/)。最近的纸质版2010版标价1 395美元,目前已停印。在保留原百科全书的质量和特点的基础上,改为数字版,放在网上供人订阅,每年的订阅费仅为69.95美元(读者可以申请14天的免费试用)。网站提供浏览、检索两种检索途径。

③ encyclopedia.com(http://www.encyclopedia.com/)。互联网上使用最广泛的免费工具书网站,提供主题搜索"search"功能,支持用户从100多部百科全书与词典中搜索百科知识。

④ 维基百科(http://zh.wikipedia.org/)。是一个自由、免费、内容开放的网络百科全书,参与者来自世界各地。是一个动态的、可自由访问和编辑的全球知识体。也被称作"人民的百科全书"。目前中文版已拥有779 283条条目。

其他互动式百科网站还有百度百科、360百科、互动百科等。

4. 手册、表谱

（1）手册

手册，是汇集某一学科或若干相关学科、某一专业领域或若干相关专业领域的基本知识、参考资料或数据，供随时查检的便捷性工具书。属于手册性质的工具书名称很多，如，指南、便览、要览、顾问、大全、必备、小百科、全书等。手册的英文名称主要是 handbook，指集中某一中心主题或某一专科的基本资料和数据的工具书。

手册汇集的是准确的资料、数据、公式，是公认的、确定的科学知识，它的内容具有较大的参考价值。手册的编辑体例一般为分类排列，具有类别分明、资料具体、叙述简练、易检索和概况性、实用性强等特点，是人们日常生活、工作、学习的常备工具书。按用途，手册可分为综合性、专业性手册。综合性手册是供一般读者查找各种基本知识和资料用的；专业性手册主要是供专业人员查找专门知识和资料。

常见手册有：

①《中华人民共和国资料手册》（1949～1999 年）。根据《中华人民共和国宪法》和《中国共产党中央委员会关于建国以来党的若干历史问题的决议》及国家有关政策的精神，以邓小平理论为指针，在尊重历史、尊重事实的基础上，从材料本身的资料价值和读者的客观需要出发，进行必要的选材和加工，系统地介绍了新中国成立以来的基本情况。

②《中华人民共和国行政区划代码资料手册》。该手册是由中国标准出版社出版，按地区曾用码顺序和地名汉语拼音顺序两种排序方法编制，收录了中华人民共和国行政区划数字和字母代码表、曾用数字代码表。

③《乌利希国际期刊指南》（Ulrich's Periodicals Directory）。该指南是著名的报刊目录，这是一部权威的、反映世界各国期刊和报纸出版信息的综合性指南。目前收录 200 多个国家的 15 万种期刊、7 000 种美国报纸及 4 000 多种其他国家的报纸，涉及 600 多个学科。该指南虽为国际性，但以西方的刊物为主。

④《国外人文社会科学机构手册》。该手册由社会科学文献出版社出版，是一部全面系统介绍国外人文社会科学研究机构的工具书，反映国外人文社会科学研究机构的最新发展变化，提供了截止到 2005 年 10 月底的最新信息。全书共收录了 148 个国家（除中国外）的4 518 个人文社会研究机构，其中包括政府部门、高等院校和民办的研究机构以及少数对人文社会科学发展有重要影响的基金会、理事会和学会。

⑤《社会科学期刊编辑实用手册》：本书从实用性出发，几乎涉及到社科期刊工作的方方面面。从编辑部的人员构成，稿件的运行机制，到出版发行的各个环节，都作了深入浅出的介绍和阐释，并且在附录里收录了有关社科期刊工作的法规文件等。

⑥《文秘、宣传、编辑、教学常用资料手册》：湖南出版社 1990 年出版，正文编有中国概况、行政区划、行政机构、世界知识等 10 篇，每篇分门别类排列常用知识信息，共有 1 000 多种资料。

⑦《吉尼斯世界纪录大全》：收录了世界范围内各种发明、发现、事件等的"世界之最"。

国内外手册数量众多，现代人的生活和工作中，也常借助手册提供的科学、实用的方法去解决现实问题，人们可以借助搜索引擎获取所需手册的信息。

（2）表谱

表谱是用文字、数字，并以编年、表格等形式记载事物发展的工具书。又称谱表，其特点是信息密集、条理清楚、易于检索，通常用于查检时间、历史事件、人物资料等。表谱的编纂在我国由来已久，其中，年表产生最早，可上溯至周代史官记帝王年代和事迹的"牒记"。汉代司马迁在《史记》中编的《十二诸侯年表》、《六国年表》等，其体例已较为完备。晋代杜预编的《春秋长历》是中国最早的一部历表。唐、宋时，出现了纪元年表、大事纪年表一类的工具书。元、明、清时，年表之类的工具书有了进一步的发展，由此演变出现在的年表、历表和专门性的表谱等。

① 年表。年表分为纪年表和大事年表，纪年表用来查考历史年代和历史纪元（常用的纪年表是把公元纪年、帝王年号纪年和干支纪年进行对照）；大事年表按年月纪录大事，主要供查检历史大事用，如《中国历史纪年表》《中国历史大事年表》。

② 历表。历表是查考和换算不同历法年、月、日的工具书。一般采用表格形式来对照不同历法的年、月、日，如《中西回史日历》《两千年中西历对照表》。

③ 专门性表谱。专门性表谱为某学科或某专题编撰的表谱，如人物表谱、职官表谱、地理表谱等，又如《历代职官表》《马克思恩格斯生平事业年表》。

常见表谱有：

①《中国历史纪年》：荣孟源编，三联书店 1956 年出版。全表分三编：历代建元谱、历代纪年表、年号通检。可供查检年代顺序、各朝帝王年号。

②《中国历史年表》：翦伯赞主编，中华书局 1961 年、1963 年出版，全书共两卷，编辑公元前 4500 年至 1957 年间的史实大事，此表将同一时期中外发生的大事列出，以便于横向比较，编排方式以公元纪年为纲，每一年代下分述中、外大事。

③《中华人民共和国大事记》（1949～1980 年）：新华出版社 1982 年出版，记录了新中国成立以来各方面、各领域的重大事件。

其他还有《中国史历日和中西历日对照表》《中国大事年表》《历代职官表》《宇宙、地球、人类三大史年表》《世界七千年大事总览》《大科学年表》《外国史大事纪年》《两千年中西历对照表》等。

5. 名录、图录

（1）名录

名录是汇集机构名、人名、地名等，并介绍其基本情况和资料的一种工具书。名录大致分为机构名录、人名录、地名录、物品名录等。机构名录有时又称为"一览"、"概览"、"指南"，与"手册"之类出版物相差不多；人名录、地名录又和人名词典、地名词典性质、作用相近，只不过此类工具书要更简要。

名录常被用来检索人名、地名、机构名、物品名等。人们在经济、政治、教学、科研等社会活动的交往过程中，有时需要进一步了解对方的状况，如机构名称、规模、级别、隶属系统、企业业绩、产品认证、教学科研成效、获奖情况等，名录就可以解决这一类问题。

常见名录有：

①《中国政府机构名录》是由中央文献出版社 2011 年出版，是关于中国政府机构有关

资料的权威性大型工具书,中国政府机构名录分为中央卷和地方(五卷)共六卷。它是目前我国最全面、最权威的政府机构通讯录。应用此书资料,要特别注意政府、机构负责人的更新问题。

②《中国高等学校大全》是由中华人民共和国教育部发展规划司编写,至 1988 年止,收录 1 075 所全国普通高等学校和 1 373 所成人高等学校的基本资料。现已有光盘版问世,信息更新更及时。使用此书,要注意登录相关高校网址,获取最新信息。

其他还有《中国地名录》《中国科学院机构名录》《中国咨询机构名录》《中国出版者名录》《世界著名企业名录》《世界各国高校名录》等。由于企事业、高教等单位发展、人员更选情况频繁,此类工具书在信息更新上是一大问题,光盘版、网络版一般说来可以解决此一问题,无论从纸质工具书还是网络途径获取名录信息后,都要登录相关机构的网站进行信息核对。

(2) 图录

图录是以图形、图像描绘事物、人物空间概念和形象概念,并附有文字说明的工具书,又称图谱。

图录包括地图、历史图谱和文物图录等。地图是反映描绘地球表面事物、现象的图集;历史图谱和文物图录是一种以图形揭示历史人、物、事的工具书。图录的特点是以图形记录或重现原始材料的概貌,供人们学习和研究之用。

常见图录有:

①《中华人民共和国地图集》是一部综合性地理图集,由序图、分省图和省会图及主要城市三部分组成。地貌采用分层设色,地形显示形象直观,图面清晰易读。在资料使用上,尤其政区地名和交通要素,采用了具有权威性、现实性资料,充分显示了我国政区标准地名和交通新貌。文字说明汇集了各权威部门最新资料,详尽地阐述了各省、自治区、直辖市以及特别行政区的地形、气候、经济、文化、物产资源等。

②《中华古文化大图典》是由曾胡、王鲁豫主编,北京广播学院出版社 1992 年出版。该书介绍了中国古代文化中"园林、建筑、天文、地理、科技、相术、宗教、礼仪、农业、工商、医学、军事、用具、服饰、货币、艺术、人物"等的图谱。

其他还有《中国古代文化常识图典》《中国古玉器图典》《中华武术图典》《中国古代居住图典》《中国古代服饰图典》《中华元素图典》《中国古钱币鉴赏图典》等。

思考题

1. 图书的内部、外部特征有哪些?
2. 说出 5 种中外图书分类法。
3. 中图法 F23 是几级类目?
4. ISBN 号由几段组成,各代表什么含义?
5. 网络中图书出版信息有几类? 各举例说明
6. 在本校 OPAC 系统上找出一条书目信息,指出其书名、著者及典藏与借阅信息。
7. 本校图书馆的 OPAC 检索系统提供哪些检索途径?
8. 在 CALIS 联合书目系统中查看某书的本校馆藏,如何在异地馆进行互借?
9. 查十三经资料有哪些电子图书网站(三个以上)?

10. 如何查找 2013 年度我国的教育投入情况？

11. 用三种以上的网上百科工具查"信息检索"概念，看看有何异同？

12. 参考工具书有哪些排检方法？

13. 找出 2014 年度全国总书目与全国新书目信息。

14. 举实例说明在线工具书有何优势？

15. 在网上搜索《晚秋》纸质图书的价格，京东、当当等网店的下载价格对比。

16. 查人物、机构的参考工具书、数据库、网站有哪些？（各举出 3 例）

17. 请从网上下载电子书《智囊》（明·冯梦龙）。

18. 你的智能手机上可以提供的电子书网站有哪些？

19. 电子书的常用格式有哪些？你的智能手机上安装了哪些电子书阅读器？

20. 查找新中国历史上发生的重大历史事件宜选用什么工具书？

21. 查找中国共产党历史上经历的重大事件宜选用什么工具书？

第 5 章　期刊文献及其检索

5.1　期刊概述

5.1.1　期刊及其组成

1. 期刊的定义

据《中国大百科全书·新闻出版》"期刊"条所述,1964 年 11 月 19 日联合国教科文组织在巴黎会议上曾通过决议指出:"凡是同一标题连续不断(无限期)定期与不定期出版,每年至少出一期(次)以上,每期均有期次编号或注明日期的称为期刊。"

我国的国家标准"GB/T 3792.3—1985 连续出版物著录规则"中将期刊定义为:"印刷或非印刷形式的出版物,具有统一的题名,定期或不定期以连续分册形式出版,有卷期或年月标志,并且计划无限期地连续出版。"

国家新闻出版总署 1988 年颁布的《期刊管理暂行规定》对期刊的界定是:有固定名称、用卷、期或年、月顺序编号,成册的连续出版物。

综上所述,期刊的构成要素主要包含以下四个方面:① 连续出版;② 有一个稳定的名称;③ 每年至少出版一期,有卷、期或年、月等表示连续出版下去的序号;④ 由众多作者的作品汇编而成。

与图书相比,期刊多为月刊、季刊,也有半月刊和周刊。期刊的出版周期比图书短,因而能及时反映现实,追踪学术界、文艺界、企业界、管理界等的动态。图书通常是一个或几个作者围绕某一问题展开讨论或者论述,具有系统性的特点(论文集除外);而一册期刊通常是众多作者精神产品的结合,具有内容丰富、风格多样的特点。

2. 期刊的组成

期刊主要由如下几个部分组成:封面、编辑和出版信息、目次和正文。

① 封面。主要有刊名、卷期号、ISSN 号和责任者等。

② 编辑和出版信息。编辑信息包括主编、责任编辑和编委会名单;出版信息主要集中在版权页上,通常记载该期刊的出版单位即版权拥有者的名称、地址等。中文印刷型期刊的版权页著录内容包括刊名、出版周期、卷期次及出版时间、编者和主办者及地址、出版者和发行者及地址、印刷者及地址、中国标准连续出版物号等。

③ 目次。目次是揭示期刊内容与定位论文的重要工具。包括论文篇名、作者和页码。

④ 正文。正文由多名作者的不同文章组成。每篇文章一般包括：篇名、作者及单位、文章的摘要、关键词、全文（包括图表和公式），最后列出参考文献。

5.1.2　ISSN、CN、CSSN

1. ISSN 国际标准连续出版物号

ISSN（国际标准连续出版物号，International Standard Serial Numbering）是根据国际标准 ISO3297 制定的连续出版物国际标准编号，其目的是为不同国家、不同语言、不同机构（组织）间各种媒体的连续性资源（包括期刊、报纸、年鉴、年报等）信息控制、交换、检索而建立的一种标准的、简明的、唯一的识别代码。一个国际标准刊号由以"ISSN"为前缀的 8 位数字组成，格式为 ISSN ××××-××××。例如，ISSN 1001-3695《计算机应用研究》，其中前 7 位为顺序号，最后一位为校验位。ISSN 通常都印在期刊的封面或版权页上。

每一个 ISSN 与它所对应的连续出版物的标准题名连接，这个标准题名就是"识别题名"（Key Title），当出版物题名有重复现象时，追加题名的限制信息以区分其他类似的题名。原则上 ISSN 具有唯一性，当连续出版物题名（例如刊名）发生改变，应视为另行发行一种新的连续出版物，必须另行分配一个 ISSN 号。

2. CN 标准刊号和 CSSN

CN 标准刊号即国内统一刊号，是以 GB 2659 所规定的中国国别代码"CN"为识别标志，由报刊登记号和分类号两部分组成，前者为国内统一刊号的主体，后者为补充成分，其间以斜线"/"隔开，结构形式为：CN 报刊登记号/分类号，是由国家出版管理部门负责分配给各省连续出版物的代号。其标准格式为：CN XX-YYYY/Z，其中 XX 为地区代码；YYYY 为该地区连续出版物的序号；Z 为中图分类号。例如：CN 51-1196/TP《计算机应用研究》，51 是四川地区代码，1196 是《计算机应用研究》出版序号，TP 是中图法分类法中自动化技术、计算机技术。

CSSN（中国标准连续出版物号，China Standard Serial Number）是分配给在中国登记的每一种期刊的每一个版本的一个唯一的标准编码。CSSN 的国家标准《中国标准刊号》（GB/T 9999—88）从 1987 年 7 月开始在全国实施，后为《中国标准连续出版物号》（GB/T 9999—2001）替代。CSSN 由国际标准连续出版物号和国内统一连续出版物号组成。例如：《读者》的 CSSN 如下：

ISSN 1005-1805
CN 62-1118/Z3

5.1.3　期刊的类型

1. 按内容特征分类

按内容特征把期刊分为综合性、学术技术性、通俗性、科普性和检索性等期刊。

① 综合性期刊是以国家的方针、政策和法律、法规,社会经济文化发展动态和管理方法为主要内容的期刊。如《科技导报》《中国基础科学》等。

② 学术技术性期刊是以学术论文、研究报告、综合评述及新技术、新工艺、新设备、新材料为主要内容的期刊。如《中国科学》《软件学报》《物理学报》等。

③ 通俗性期刊是以浅显易懂,思想性、科学性、趣味性兼备的故事、小说、传记为主要内容的期刊。如《读者》《传记文学》。

④ 科普性期刊是以科普知识为主要内容的期刊。如《中国国家地理》《电脑爱好者》《Newton 科学世界》等。

⑤ 检索性期刊是以目录、文摘、索引为主要内容的期刊,如《全国报刊索引》《全国新书目》《中国学术期刊文摘》等。

2. 按学术地位分类

按期刊的学术地位分类期刊可分为核心期刊和非核心期刊两大类。

① 核心期刊是指在某一学科领域(或若干领域)中最能反映该学科的学术水平、信息量大、利用率高、受到普遍重视的权威性期刊。如文学研究方面的《文学评论》、语言文字方面的《中国语文》等。

② 非核心期刊是指核心期刊以外的期刊。

3. 按出版周期分类

按期刊的出版周期分类期刊可分为:旬刊(出版周期为 10 天)、半月刊(出版周期为 15 天)、月刊(出版周期为 30 天)、双月刊(出版周期为 2 个月)、季刊(出版周期为一个季度)、半年刊(出版周期为 6 个月)、年刊(出版周期为 1 年)。

4. 按期刊学术水平和主管部门分类

按期刊的学术水平和主管部门分为国家级期刊、省级期刊等。

① 国家级期刊,即由党中央、国务院及所属各部门或中国科学院、中国社会科学院、各民主党派和全国性人民团体主办的期刊及国家一级专业学会主办的会刊。

② 省级期刊,即由各省、自治区、直辖市及其所属部、委、办、厅、局主办的期刊以及由各本、专科院校主办的学报(刊)。

5.1.4　核心期刊及期刊评价

1. 核心期刊

确定核心期刊理论基础的是英国著名文献学家布拉德福的文献离散率,又称"布拉德福定律"。该定律指出:如果将科技期刊按其刊载某学科专业论文的数量多少,以递减顺序排列,那么可以把期刊分为专门面对这个学科的核心区、相关区和非相关区。各个区的文章数量相等,此时核心区、相关区、非相关区期刊数量成 $1:n:n^2$ 的关系。在核心区域的期刊被视为该专业领域的核心期刊。

　　通过这个定律某专业或某专题的核心期刊是指该学科所涉及的期刊中,刊载相关论文较多(信息量)较大的,论文学术水平较高的,并能反映本学科最新研究成果及本学科前沿研究状况和发展趋势的,受该学科读者重视的那些期刊。核心期刊一般具有如下特点:

　　① 核心期刊是指自然科学和社会科学的期刊,并有明确的学科范围。

　　② 核心期刊能比较集中地反映该学科或专业的文献。

　　③ 核心期刊刊载的论文学术水平高,能反映学科或专业的最新成果或最高水平。

　　国内有 7 大核心期刊(或来源期刊)遴选体系:① 北京大学图书馆"中文核心期刊";② 南京大学"中文社会科学引文索引(CSSCI)来源期刊";③ 中国科学技术信息研究所"中国科技论文统计源期刊"(又称"中国科技核心期刊");④ 中国社会科学院文献信息中心"中国人文社会科学核心期刊";⑤ 中国科学院文献情报中心"中国科学引文数据库(CSCD)来源期刊";⑥ 中国人文社会科学学报学会"中国人文社科学报核心期刊";⑦ 万方数据股份有限公司正在建设中的"中国核心期刊遴选数据库"。

2. 期刊评价

　　期刊评价是文献计量学研究的重要组成部分,它通过对学术期刊的发展规律和增长趋势进行量化分析,揭示学科文献数量在期刊中的分布规律,为优化学术期刊的使用提供重要参考。根据《期刊出版管理规定》(新闻出版总署令第 31 号),期刊评价应是"合格评价"。具体而言:期刊评价就是对期刊质量、编辑出版过程和发行服务质量等进行系统检查,通过对期刊进行科学合理的综合评价可以使各类期刊互相学习、取长补短、不断提高期刊质量。

　　常用期刊评价指标有:

　　① 影响因子(impact factor)。它是指某刊前两年发表的论文在统计当年被引次数与该刊前两年发表论文总篇数之比。

　　② 期刊被引频次(cited number of journal)。自期刊创刊以来全部论文在某一年被引用的总次数(绝对数量指标)。

　　③ 平均引文率(mean citing rate)。在给定的时间内,期刊篇均参考文献量(相对数量指标)。公式:平均引文率=期刊参考文献总数/期刊论文总数。

　　④ 期刊他引率(non-self-cited rate)。期刊被他刊引用的次数占该刊总被引次数的比例(相对数量指标)。公式:期刊他引率=被他刊引用的次数/被引用的总次数。

　　⑤ 期刊被引半衰期(cited half-life)。某期刊现尚在被引用全部论文中较新一半的年代跨度。

　　⑥ 论文相关研究成果获奖数。这是指论文发表后,相关的研究成果获省、部级以上国家设立的四大奖数量和等级。国家设立的四大奖为:自然科学奖、科技进步奖、发明奖、星火奖。

　　⑦ 基金项目论文比例。给定时间内,省、部级以上重大项目和基金项目的论文与期刊论文总数之比。可测度期刊在学术交流中的地位。

　　⑧ 发表论文的机构数。此指标可测度期刊论文的机构分布情况,机构分布越广,说明期刊具有开放性和作者队伍具有广泛性。

　　其中影响因子是最重要的一种。根据《中国科技期刊引证报告》,影响因子是一个国际上通行的期刊评价指标,本节重点介绍影响因子。

影响因子(Impact Factor,IF)是 1972 年由 E.加菲尔德提出的,现已成为国际上通用的期刊评价指标,它不仅是一种测度期刊有用性和显示度的指标,而且也是测度期刊的学术水平,乃至论文质量的重要指标。影响因子的计算公式是:

影响因子＝某刊前两年发表论文在当年被引次数/该刊在前两年发表的论文总数。

例如,计算 2014 年的某一期刊影响因子,计算公式 IF(2014 年)＝A/B,其中,A＝该期刊 2012 年至 2013 年所有文章在 2014 年中被引用的次数(假设被引用 150 次);B＝该期刊 2012 年至 2013 年所有文章数(假设为 300 篇),则 2014 年这一期刊的影响因子为 150/300＝0.5。

从计算公式看,影响因子虽然只和被引次数和论文数直接相关,实际上它与其他因素也有联系,学科、检索系统、名人效应的影响等因素都会影响因子大小。

5.1.5　期刊的著录信息特征

1. 期刊的著录信息

① 篇名:中文篇名、英文篇名;

② 关键词:中文关键词、英文关键词;

③ 摘要:中文摘要、英文摘要;

④ 名称第一责任人:文献发表时,多个作者中排列于首位的作者;

⑤ 单位或机构:文章发表时,作者所任职的单位或者机构;

⑥ 刊名:中文刊名和英文刊名,英文刊名中包括中文期刊的中文拼音名称和英文期刊名称,例如,《通信学报》:通信学报,tongxin xuebao/Journal on Communications;

⑦ 参考文献:在文章后所列"参考文献";

⑧ 全文:文章的正文。

2. 常用数据库的检索字段

表 5-1 列出了中外文期刊数据库检索时常用检索字段。

表 5-1　数据库常用的检索字段列表

西文数据库常用字段		中文数据库常用字段
字段名称	字段代码	
Abstract	AB	文摘
Author	AU	作者
Corporate	CS	机构名称
Descriptor/Subject	DE	叙词/主题词
Document Type	DT	文献类型
Full-Text	FT	全文

（续表）

西文数据库常用字段		中文数据库常用字段
字段名称	字段代码	
ISSN	ISSN	国际标准连续出版物号
Journal Name/Publication Title	JN	期刊名称
Keyword/Topic	KW	关键词
Language	LA	语言
Publication Year	PY	出版年
Title	TI	题名

5.2 中文期刊数据库

5.2.1 中国科技期刊数据库

1. 概述

中文科技期刊数据库（全文版）（http://www/cqvp.com）是由中国科技部重庆维普资讯有限公司开发研制的大型中文电子期刊数据库，收录了 1989 年至今（截止至 2014 年 9 月）12 000 余种期刊所刊载的 3 000 余万篇文献，并以每年 180 万篇的速度递增。该数据库设有社会科学、经济管理、教育科学、图书情报、自然科学、农业科学、医药卫生、工程技术 8 个专辑。该数据库依托"维普期刊资源整合服务平台"提供文献保障服务，平台由期刊文献检索、文献引证追踪、科学指标分析、搜索引擎服务四大模块组成。

① 期刊文献检索模块即期刊全文数据库，不仅仅提供基本覆盖国内所有中文学术期刊的文献保障，更提供功能强大的文献全文检索、获取、追踪、分析等强大功能。

② 文献引证追踪模块是文摘和引文索引型数据库，整合了期刊、论文、图书、成果、专利等最有价值的引用信息。该数据库采用科学计量学中的引文分析方法，对文献之间的引证关系进行深度数据挖掘，除提供基本的引文检索功能外，还提供基于作者、机构、期刊的引用统计分析功能，可广泛用于课题调研、科技查新、项目评估、成果申报、人才选拔、科研管理、期刊投稿等用途。

③ 科学指标分析模块是动态连续分析型事实数据库，是一个提供三次文献情报加工的知识服务功能模块，通过引文数据分析揭示国内近 200 个细分学科的科学发展趋势、衡量国内科学研究绩效，有助于显著提高用户的学习研究效率。

④ 搜索引擎服务模块是一个基于谷歌和百度搜索引擎面向读者提供服务的有效拓展支持工具，为广大的终端使用者提供方便。既是灵活的资源使用模式，也是图书馆服务的有力交互推广渠道，具有网络访问速度快的特点，且全天候免维护。

2. 检索规则

逻辑运算符:维普期刊资源整合服务平台逻辑运算符如表 5-2 所示。

表 5-2　逻辑运算符对照表

逻辑运算符	逻辑运算符	逻辑运算符
*	+	-
并且、与、and	或者、or	不包含、非、not

检索字段:维普期刊资源整合服务平台主要的检索字段的代码如表 5-3 所示:

表 5-3　检索字段代码对照表

代码	字段	代码	字段
U	任意字段	S	机构
M	题名或关键词	J	刊名
K	关键词	F	第一作者
A	作者	T	题名
C	分类号	R	文摘

检索优先级:检索式的优先级按照无括号时从左到右执行,有括号时先括号内后括号外的顺序执行,括号"()"不能作为检索词进行检索。

3. 检索方法

维普期刊资源整合服务平台提供基本检索、传统检索、高级检索、期刊导航等多种检索方法,多种方法的基本检索流程如图 5-1 所示。

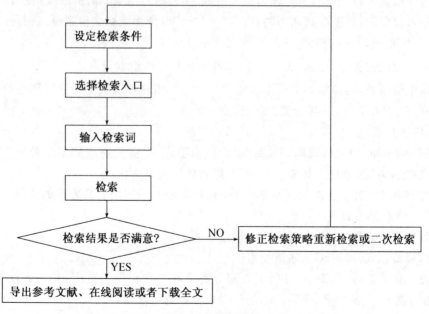

图 5-1　检索流程

（1）基本检索

用户登录维普期刊资源整合服务平台后，系统默认的功能模块为期刊文献检索模块，默认的检索方式为基本检索，检索方便快捷，适合一般用户，如图 5-2 所示。

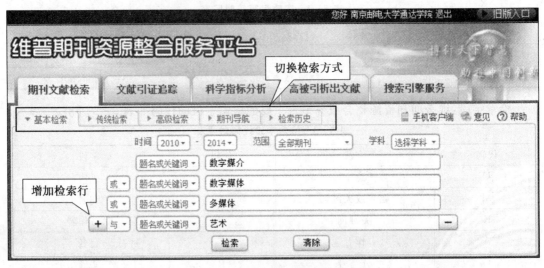

图 5-2　维普基本检索界面

【检索实例 5-1】　检索近五年来数字媒介环境下艺术的发展状态研究方面的文献

　　解答　根据图 5-1 的检索流程，检索过程如下：

① 分析检索课题，选择检索词：数字媒介；数字媒体；多媒体；艺术；

② 构建检索式：M＝（数字媒介＋数字媒体＋多媒体）＊艺术；

③ 设定检索条件：时间范围设定 2010～2014、期刊范围设定全部期刊；

④ 选择检索入口：本例选择"题名或关键词"字段进行检索，如图 5-2 所示；

⑤ 输入检索词：检索框默认为两行，点"＋""－"可增加或减少检索框，进行任意检索入口"与、或、非"的逻辑组配检索，然后直接在检索框中输入检索词；

⑥ 检索：单击"检索"按钮 检索 后，即可实现相应的检索查询；

⑦ 检索结果处理：检索结果页面如图 5-3 所示，用户可以根据检索需要进行按时间筛选、导出题录、查看细览、下载全文、二次检索等操作。

（2）传统检索

传统检索是原《中文科技期刊数据库》的检索模式，习惯使用该数据库老版本的用户可以点击"传统检索"按钮进入如图 5-4 所示界面进行检索操作。

【检索实例 5-2】　检索近五年来 4G 通信技术的发展应用研究方面的文献

　　解答　检索过程如下：

① 分析检索课题，选择检索词：4G，通信技术；

② 构建检索式：M＝4G＊通信技术；

③ 设定检索条件：如图 5-4 所示右侧分类导航中选择学科范围：T 工业技术；在页面最上方期刊范围：全部期刊、年限：2010～2014，其他选项默认；

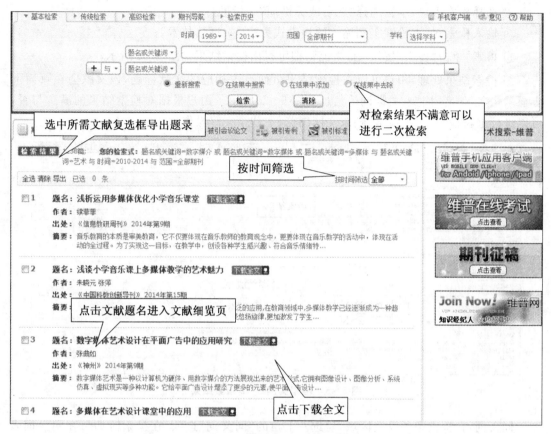

图 5-3　检索实例 5-1 检索结果

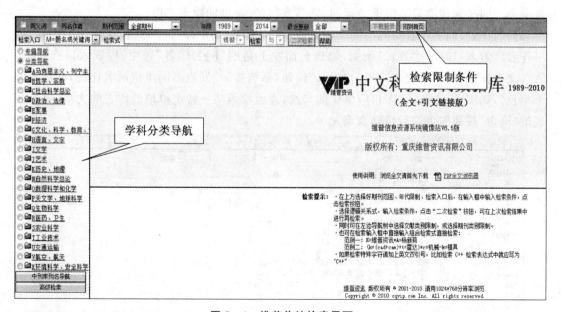

图 5-4　维普传统检索界面

④ 选择检索入口:本例选择"题名或关键词"字段进行检索;

⑤ 输入检索式:本检索实例输入的检索式为"4G * 通信技术";

⑥ 检索:单击"检索"按钮 检索 后,即可得出检索结果如图 5-5 所示;

⑦ 检索结果处理:用户可以在检索结果页面点击相应的文献标题,该文献会在页面下方显示题名、作者、摘要、关键词等信息如图 5-5 所示。用户根据对检索结果的满意与否,可以进行重新检索、二次检索、题录文摘浏览、下载全文等操作。

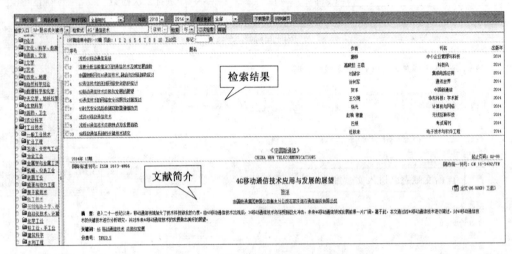

图 5-5　检索实例 5-2 检索结果

同义词:在检索条件设定区域,勾选左上角的"同义词"选项,在检索时如果在同义词表中有该关键词的同义词,系统就会显示出来,让用户决定是否选用这些同义词检索,以提高查全率。同义词功能只适用于关键词、题名或题名/关键词检索字段。

同名作者:同名作者功能与同义词类似,默认关闭,选中即打开(只有在选择了作者、第一作者检索入口时才生效)。例如,勾选页面左上角的"同名作者"选项,检索入口选择"作者",文本框中输入"柴晓娟",单击"检索"按钮,系统提示"发现不同单位同名作者,请选择以下单位",如图 5-6 所示,在相应单位前勾选,表示检索某一特定单位的作者的文章,单击页底的"确定"按钮即可进行精确查询。

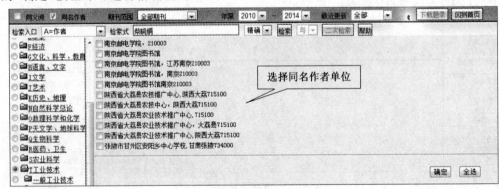

图 5-6　利用同名作者选项进行检索

（3）高级检索

点击图 5-2 界面中的"高级检索"按钮，即可进行维普数据库的高级检索，该检索模式可以运用逻辑组配运算，查找同时满足几个检索条件的文献资料。该检索方式提供向导式检索和直接输入检索两种方式供用户选择。

➤向导式检索为读者提供分栏式检索词输入方法，除了可选择逻辑运算、检索项、匹配度外，还可以进行相应字段扩展信息的限定，最大程度地提高了"检准率"。向导式检索的检索操作严格按照由上到下的顺序进行，用户在检索时可根据检索需求选择检索字段。

【检索实例 5-3】　检索近十年南京邮电大学师生发表在核心期刊中的关于移动通信方面的文献资料。

解答　检索过程如下：

① 分析检索课题，选择检索词：南京邮电大学；移动通信；

② 构建检索式：M＝移动通信 * S＝南京邮电大学；

③ 设定检索条件：如图 5-7 所示，更多检索条件下选择时间段、专业类别、期刊范围；

④ 选择检索入口：本例选择"M＝题名或关键词"与"S＝机构"字段进行检索；

⑤ 输入检索式：直接在相应检索字段后面的检索框中输入检索词；

⑥ 检索：单击"检索"按钮 检索 后，即可得出检索结果；

⑦ 检索结果处理：检索结果处理与检索实例 5-1 相同。

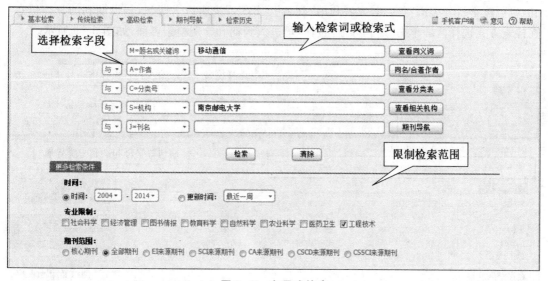

图 5-7　向导式检索

向导式检索输入框右侧有查看同义词、同名/合著作者、查看分类表等功能按钮，读者只需要在前面的输入框中输入需要查看的信息，再点击相对应的按钮，即可得到系统给出的提示信息。

➤直接输入检索。读者可在检索框中直接输入逻辑运算符、字段标识等组成的检索式，使用更多检索条件并对相关检索条件进行限制后点击"检索"按钮即可。

例如，在检索条件框中输入"K＝维普资讯 * A＝杨新莉"，此检索式表示查找：关键词中含有"维普资讯"并且作者为杨新莉的文献。同样,在该检索方式下,还可以通过设置更多的检索条件如"时间"、"专业限制"、"期刊范围"来进行更精确的检索,如图 5-8 所示。

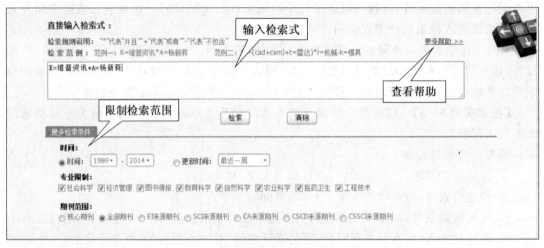

图 5-8   直接输入检索式检索

(4)期刊导航

期刊导航能够多渠道快速定位期刊,在该检索方式下,用户可按期刊名的字母顺序浏览期刊,也可按学科分类浏览期刊,或者利用"刊名"、"ISSN"快速检索期刊,获得期刊的具体信息。在检索方式选择区域单击"期刊导航"按钮,可进入到期刊导航检索界面,如图 5-9 所示。

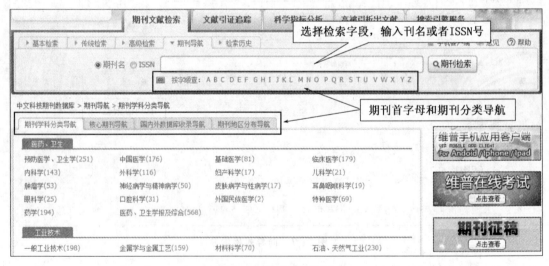

图 5-9   维普期刊导航

① 按期刊名检索。提供刊名和 ISSN 两种检索入口,ISSN 检索必须是精确检索,刊名字段的检索是模糊检索。

② 按期刊名的第一个字母查找。例如,用户单击字母 A,即可列出以字母 A 为拼音首字母的所有期刊列表。

导航方式检索：用户可以根据学科分类导航、核心期刊导航、国外数据库收录导航或者期刊地区分布导航来查找所需要的期刊；点击学科分类名称即可以看到该学科所涵盖的所有期刊，点击相应的期刊名称即可。

例如，点击"核心期刊导航"，选择"工业技术"下的"无线电电子学、电信技术"，选择《通信学报》，即进入该期刊的简介页面，如图 5 - 10 所示；用户可以按出版时间选择相应卷期浏览期刊，还可以针对该刊物输入检索词检索文献，例如，用户在检索框中输入"传感器"，点击检索即可得到该刊物所有与传感器相关的文献，如图 5 - 11 所示。

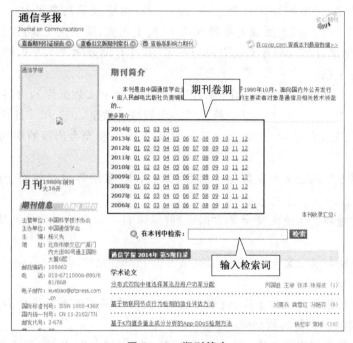

图 5 - 10　期刊简介

图 5 - 11　期刊检索结果

5.2.2　中国学术期刊数据库（CNKI 平台）

1. 概述

中国知识基础设施工程（China National Knowledge Infrastructure，CNKI），是由清华大学、清华同方发起以实现全社会知识资源传播共享与增值利用为目标的信息化建设项目，始于 1999 年 6 月，经过多年努力，已建成了世界上全文信息量颇具影响的"CNKI 数字图书馆"，并正式启动建设《中国知识资源总库》及 CNKI 网格资源共享平台——CNKI 中国知网。目前，CNKI 平台已经发展成为集期刊论文、博士论文、硕士论文、会议论文、报纸、工具书、年鉴、专利、标准、国学、海外文献资源为一体的，具有国际领先水平的网络出版平台，其数据库资源主要包括：

①《中国学术期刊网络出版总库》原名为《中国期刊全文数据库》，内容覆盖自然科学、工程技术、农业、哲学、医学、人文社会科学等各个领域。截至 2014 年 8 月，收录国内学术期刊 7 900 多种，全文文献总量 4 100 多万篇。收录自 1915 年至今出版的期刊，部分期刊回溯至创刊。

②《中国博士学位论文全文数据库》收录来自 416 家培养单位的博士学位论文 23 万余篇。

③《中国优秀硕士学位论文全文数据库》收录来自 650 家培养单位的优秀硕士学位论文 202 万余篇。

④《中国重要会议论文全文数据库》收录出版 14 000 余次国内重要会议投稿的论文，累积文献总量近 170 万篇。

⑤《中国重要报纸全文数据库》收录 2000 年以来中国国内重要报纸刊载的学术性、资料性文献的连续动态更新的数据库。

⑥《中国年鉴网络出版总库》收录 1949 年至今国内的中央、地方、行业和企业等各类年鉴的全文文献。

⑦《中国工具书网络出版总库》提供精准、权威、可信且持续更新的百科知识库。

⑧《国家标准全文数据库》收录了由中国标准出版社出版的，国家标准化管理委员会发布的所有国家标准，占国家标准总量的 90% 以上。

用户登录 CNKI 中国知网（http://www.cnki.net/），可进行数据库的免费检索、浏览（下载全文需另付费）。包库用户（各高校图书馆校内读者）访问 CNKI，可以先登录学校图书馆主页（如登录南京邮电大学通达学院图书馆 http://www.tdxy.com.cn/html/library/），在"中文数据库"中点击"CNKI 中国知识资源总库"即可进入平台主页如图 5-12 所示，可以"免费检索、浏览、下载"所需文献（文献下载权限取决于各高校图书馆所购资源多寡）。

2. 检索规则

① 字段算符。CNKI 字段算符由字段名（或代码）与关系运算符"＝"或"%"组成，而且检索项中不允许缺省字段算符，如果不想限制检索字段，可以使用字段名"全文"或代码

"FT",相当于"任意字段"。CNKI 常用字段名及代码如表 5-4 所示,字段代码必须用大写。

图 5-12　CNKI 检索主页面

表 5-4　检索字段代码及关系运算符

字段名	代码	常用算符	字段名	代码	常用算符
题名	TI	%、=	作者	AU	
关键词	KY	%、=	第一责任人	FI	=
摘要	AB	%、=	机构	AF	
主题 (标题＋关键字＋摘要)	SU	%、=	刊名	JN	=
			年	YE	=
中图分类号	CLC	=	全文	FT	%、=

② 关系运算符。"%"表示模糊匹配,检索结果含有检索词或其词素。例如,TI%校园网安全,可以检出题名中含有"校园网安全""校园网网络安全"等字样的文献;而对于作者字段检索结果仅含有检索词,例如,AU%张丽,可以检出作者为张丽、张丽华等人的文献;"="表示精确匹配,检索结果仅含检索词,例如:TI＝校园网安全,仅可以检出题名中含有"校园网安全"字样的文献;而对于作者字段则为检索结果等于检索词,例如:AU＝张丽,只能检出作者为张丽的文献。

③ 逻辑运算符。检索项内的逻辑运算符为" * ""＋""－"的前后均不留空格;检索项内的逻辑运算符为"and""or""not"的前后均留空格,且"and""or""not"三种逻辑运算符的优先级相同;如要改变组合的顺序,请使用英文半角圆括号"()"将条件括起。例如,检索单位是南京邮电大学或者南京邮电大学通达学院的徐欣老师发表的论文,检索式如下:

　　(机构＝南京邮电大学 or 机构＝南京邮电大学通达学院)and 作者＝徐欣

可以将相同检索项合并,检索式为:

机构＝南京邮电大学＋南京邮电大学通达学院 and 作者＝徐欣

④ 词位、词频算符。使用"同句""同段""词频"时,需用一组西文单引号将多个检索词及其运算符括起,例如,摘要＝'流体♯力学'。具体操作及实例读者可参见操作指南。

⑤ 截词算符。CNKI 的截词算符为半角"?",但其含义视场合而定。"?"用于词中为有限截词,可代表 0 至 1 个字符,适用于作者字段。例如,作者＝李?明,可检索出作者姓名头尾为"李"、"明"者所著的文献;"?"用于词尾时为无限截词,相当于模糊匹配,适用于分类号字段,例如:CLC＝TP39?,可以检出分类号为 TP39 及以下位类的记录。

⑥ 日期检索。CNKI 数据库中有字段"年"可用来限定文献的发表时间,例如:限制发表时间在 2010～2014 年,可以在检索式中增加检索项:

$$年＝2010＋2011＋2012＋2013＋2014$$

3. 检索方法

CNKI 的新版 KND(知识发现网络平台)为用户提供多个数据库的跨库检索和单库检索,若选择"跨库选择"按钮就可以根据自己的需要选择一至多个数据库;若选择"期刊""博硕士""会议"等特定数据库标签,可以直接进入该数据库进行检索。KND 为用户提供多角度、多维度的检索方式,帮助用户快速定位文献,跨库检索和单库检索的检索界面是一样的,检索方法也是相同的。本节以"中国学术期刊网络出版总库"为例介绍 CNKI 的几种检索方法。

(1) 快速检索

在中国知网首页,点击"文献全部分类"以限制检索学科范围,选择适合的检索字段,在检索框中输入检索词,即可以进行快速检索。

【检索实例 5－4】 检索基于嵌入式 Linux 系统 Web 服务器的研究应用方面的期刊文献。

解答 检索过程如下:

① 分析检索课题,选择检索词:嵌入式 Linux、Web 服务器;

② 构建检索式:嵌入式 Linux and Web 服务器;

③ 设定检索条件:点击"文献全部类型"限制学科范围,选择"信息科技"这一学科专辑;

④ 选择检索入口:CNKI 提供的检索字段有:全文、主题、篇名、作者、单位、关键词、摘要、参考文献、中图分类号、文献来源。一般"篇名"是最为切题的,可以快速帮助用户定位所需要的文献,本实例中的检索字段选择"篇名";

⑤ 输入检索式:检索框中输入"嵌入式 Linux Web 服务器";

⑥ 检索:单击"检索"按钮 检索 后,即可得出检索结果,如图 5－13 所示;

⑦ 检索结果处理:在图 5－13 的检索结果页面,用户可以按照主题、时间、被引、下载情况进行排序;选中相关文献导出/参考文献、分析/阅读;下载、预览文献;对结果不满意还可以进行二次检索。

(2) 期刊检索

在 CNKI 首页,选择"期刊"进入期刊数据库的检索界面如图 5－14 所示,不同的数据库页面检索方式标签各有不同,但基本上都具有检索、高级检索、专业检索这三种检索方式。

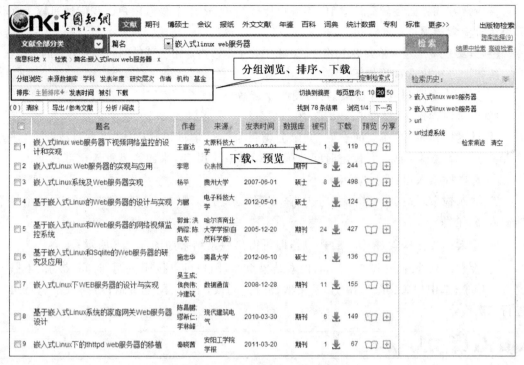

图 5－13　检索实例 5－4 检索结果

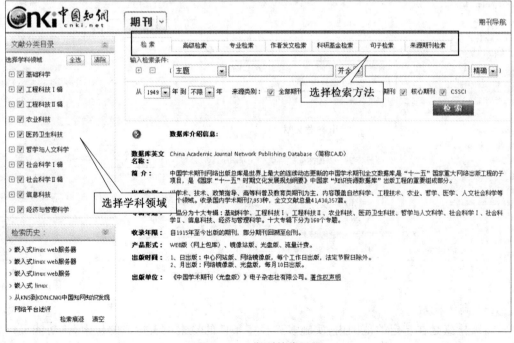

图 5－14　期刊检索页面

该检索方式界面比较简洁,操作起来也比较简单,适用于普通用户。我们通过以下实例简单讲解检索步骤。

【检索实例 5-5】　检索 2010 年到 2014 年关于动漫产业市场营销问题研究方面的文献。

解答　分析检索过程如下:

① 分析检索课题,选择检索词:动漫产业、营销;

② 构建检索式:动漫产业 and 营销;

③ 设定检索条件:在页面右侧"文献分类目录"下,学科领域选择"信息科技"、"经济与管理科学";检索输入框下方设定时间范围为 2010~2014 年,来源类型默认全部;

④ 选择检索入口:选择"篇名";

⑤ 输入检索式:在第一个检索框中输入"动漫产业",逻辑运算选择"并含",第二个检索框输入"营销";

⑥ 检索:单击"检索"按钮　检索　后,即可得出检索结果如图 5-15 所示;

⑦ 检索结果处理:在图 5-15 的检索结果页面,用户可以按照主题、时间、被引、下载情况进行排序;选中相关文献导出/参考文献、分析/阅读;下载、预览文献;对结果不满意可以进行二次检索。

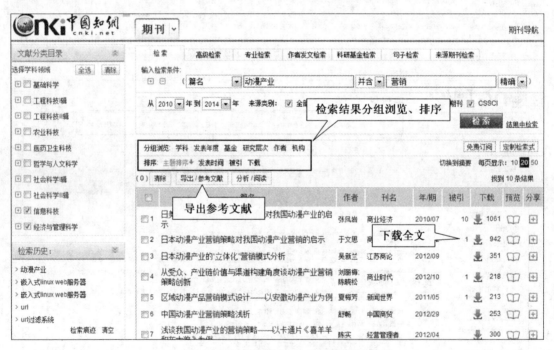

图 5-15　检索实例 5-5 检索结果

(3) 高级检索

高级检索是在特定的范围内,实施多途径多条件的检索项表达式的检索,该功能可以实现多表达式的逻辑组配检索。高级检索的优点是查询结果冗余少,命中率高。点击如图 5-14 所示"高级检索"标签,即可进入(图 5-16)高级检索界面。高级检索的操作步骤与一般检索基本一样,读者可以参阅实例 5-5 的步骤,这里不再赘述。

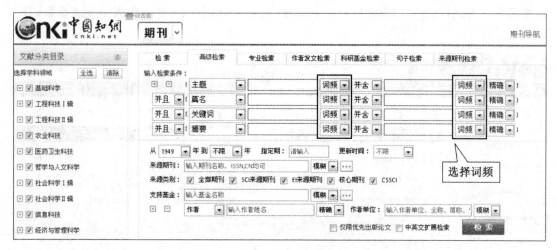

图 5 - 16　期刊高级检索

（4）专业检索

专业检索即用户按照自己的需求来组合逻辑表达式以便进行更精确地检索的功能入口。该检索方式需要用户使用逻辑运算符和关键词构造检索式进行检索，适用于图书情报专业人员查新、信息分析等工作。专业检索页面如图 5 - 17 所示。专业检索语法表达式对符号的使用有严格的要求，用户可以点击检索语法表达式框的右侧，"检索"按钮上方的"检索表达式语法"查看操作指南。

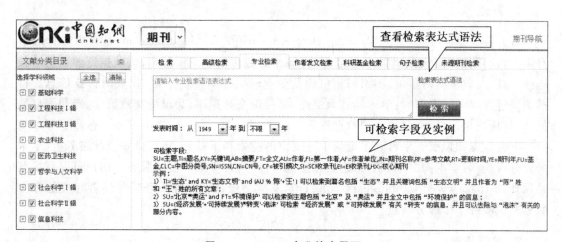

图 5 - 17　CNKI 专业检索界面

（5）期刊导航

期刊导航是根据期刊名称相关信息而实施的一种检索方式。在图 5 - 14 中点击右上角的"期刊导航"可以进入期刊导航界面如图 5 - 18 所示。在期刊导航页面的右侧提供了专辑导航、优先出版期刊导航、核心期刊导航、数据库刊源导航、中国高校科技精品期刊、刊期导航等十二个导航系统；系统还提供以期刊汉语名称的首字母导航，按照 26 个英文字母排序，方便用户查找；用户还可以直接选择检索字段（刊名、ISSN、CN），在检索框中输入检索词检索期刊。

图 5-18 CNKI 期刊导航

5.2.3 万方数据知识服务平台

1. 概述

万方数据知识服务平台（Wanfang Data Knowledge Service Platform）是万方数据股份有限公司研制的网上数据库联机检索平台，该平台包含的信息资源丰富、数据资源数量增长迅速，为广大教学科研单位、图书情报机构及企业研发部门提供丰富、权威的科技信息。目前主要包含以下数据库群：学术期刊数据库、学位论文数据库、会议论文数据库、专利信息数据库、科技成果数据库、政策法规数据库等。

万方数据知识服务平台除了提供上述资源的检索和下载外，还提供知识脉络分析、学术统计分析、万方学术圈、专利工具、论文相似性检测、科技文献分析等服务。用户可以直接登录网址：http://www.wanfangdata.com.cn/，系统会根据用户性质登录与读者相关的万方数据知识服务平台服务站点。

2. 检索规则

新版万方已全面使用 PQ(Pair Query)语言，其语法规则如下：

① 字段字符。由字段名与冒号组成，字段名可用别名代替如表 5-5 所示，别名大小写不分，冒号全角半角不限。如果没有字段算符，则表示在任意字段中进行检索。例如，"标题：移动通信"，也可以写成"title：移动通信"或"title：（移动通信）"。

表 5 - 5　PQ 语言中可用的字段名和别名

字段属性	可用的字段名和别名
论文的标题	标题、题名、篇名、title、titles、t
论文的作者	作者、著者、author、authors、a、creator、creators
作者的单位	机构、单位、organization
中图法分类号	CLCNumber
论文的关键词	关键词、关键字、keyword、keywords、k
论文的摘要	摘要、文摘、abstract、abstracts
论文的来源或出处	来源、出处、文献来源、source、sources
论文发表的时间	日期、时间、date

② 匹配算符。PQ 语言中采用双引号(半角、全角不限)作为精确匹配算符,例如,标题:校园网安全,为模糊匹配,可以检出标题中含有"校园网安全""校园网网络安全"等字样的文献;标题:"校园网安全",为精确匹配,只能检出标题中含有"校园网安全"的文献。其中"作者名"采用整字段索引,因此,作者:王伟与作者:"王伟"检索效果相同,都能检出作者名为"王伟"的文献。

③ 逻辑运算符。逻辑运算符为"and""or""not",在"and""or""not"的前后需留空格,若采用运算符"＊""＋""^",则不需要空格。如果各个字段相同可以合并书写,例如:"title:数字水印技术 or title:数字图像"可以合并书写成:"title:(数字水印技术 or 数字图像)"或"title:数字水印技术＋数字图像"。

运算符"and"可以用空格代替,例如,"title:数字水印技术 keywords:数字图像 图像认证"表示要检索题名字段中含有"数字水印技术",关键词字段含有"数字图像",而且任意字段中还含有"图像认证"字样的文献。

3. 检索方法

万方数据知识服务平台为用户提供快速检索、高级检索、专业检索等检索方式。

(1)快速检索

用户登录万方数据知识服务平台的首页如图 5 - 19 所示,即可进行文献的快速检索。快速检索只有一个检索行,检索行上方为可供选择的数据库标签,无其他控件,检索条件由检索式来完成,检索式使用 PQ 语言。下面以一检索实例介绍期刊论文的检索方式。

【检索实例 5 - 6】 检索电子商务环境下的网上支付方式研究方面的期刊文献。

解答　检索过程如下:

① 分析检索课题,选择检索词:电子商务、网上支付方式;

② 构建检索式:检索框内可以输入简单的检索词,也可以输入复杂的检索式。在检索框中输入"标题:电子商务 and 标题:网上支付"或者"标题:(电子商务 ＊ 网上支付)";

③ 设定检索条件:选择文献数据,在检索框上方选择"期刊";

④ 输入检索式:检索框中输入"标题:电子商务 标题:网上支付";

⑤ 检索:点击检索显示检索结果,如图 5 - 20 所示;

图 5 - 19　万方平台的首页

图 5 - 20　检索实例 5 - 6 检索结果

　　⑥ 检索结果处理：如果对于检索结果满意可以根据需要导出参考文献或者选择相关文献在线阅读或者下载全文；如果对于检索结果不满意，可以进一步调整检索策略重新检索，或者在结果中进行二次检索。

　　（2）高级检索

　　点击万方数据知识服务平台的首页(图 5-19)检索框右侧的"高级检索"即可进入高级检索界面,如图 5-21 所示。在该检索页面左侧"选择文献类型"下面,用户可以选择一种或者多种文献类型,右侧的检索字段根据用户选择的文献类型给出相应的检索字段;系统默认提供三个检索框,用户可根据需要点击左边的"+"图标增加一行检索框,最多可同时使用 6 个检索框,点击"-"图标将减少一行检索框;选择检索字段,检索字段主要包括主题(包含标题、关键词、摘要)、题名或关键词(表示标题或者关键词)、题名、创作者、作者单位、关键词等,输入检索词,选择逻辑词(与、或、非);选择时间范围,点击检索即可得到检索结果。

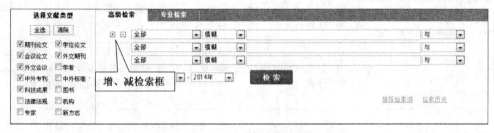

图 5-21　万方高级检索

(3) 专业检索

专业检索需要直接输入检索式,在检索界面的左侧文献类型中选择所需要的文献类型;检索框右侧"可检索字段"列出可使用的检索字段,用户根据检索字段在检索框中输入检索式即可。比如对于检索实例 5-6,用户可以在文献类型中选择"期刊",在检索框中输入检索式:题名:(电子商务 and 网上支付),时间范围选择 2010~2014 年,点击检索得出结果如图 5-22 所示。

图 5-22　万方专业检索

5.3 外文期刊数据库

目前我国高校运用比较普及的外文期刊数据库如表5-6所示。

表5-6 常用外文期刊数据库列表

数据库名称	学科范围偏重	内容简介
IEEE/IET Electronic Library (IEL) http://ieeexplore.ieee.org/	电气/电子/通信/控制/计算机	它提供了当今世界在电气工程、通信工程和计算机科学领域中近三分之一的文献。
Elsevier(SD) http://www.sciencedirect.com/	电气/电子/通信/控制/计算机	荷兰 Elsevier 公司是世界著名的学术期刊出版商,从 1997 年开始,该公司推出名为 Science Direct 的电子期刊计划,目前该平台上提供自 1995 年以来电子期刊的服务。
Springerlink http://link.springer.com/	电气/电子/通信/控制/计算机	德国施普林格(Springer-Verlag)是世界上著名的科技出版集团,通过 Springer LINK 系统提供学术期刊及电子图书的在线服务。
The ACM Digital Library(美国计算机协会) http://acm.lib.tsinghua.edu.cn/	电气/电子/通信/控制/计算机	ACM 创立于 1947 年,出版最具权威和前瞻性的出版物;并于 1999 年开始提供电子数据库服务——ACM Digital Library 全文数据库。
APS(美国物理学会) http://journals.aps.org/	物理/光学	The American Physical Society(APS)成立于 1899 年,其宗旨为"促进及扩展物理学知识",是世界上最具声望的物理学专业学会之一。
AIP(美国物理联合会) http://scitation.aip.org/	物理/光学	American Institute of Physics(AIP)创立于 1931 年,是一家出版研究性期刊、杂志、光盘、会议论文集及名录(包括印刷品和电子版)的专业出版社。
ACS(美国化学会) http://pubs.acs.org/	化学	美国化学会(American Chemical Society,ACS)成立于 1876 年,现已成为世界上最大的科技学会。ACS 的期刊被 ISI 的 JCR 评为"化学领域中被引用次数最多的期刊"。
IOP(英国物理学会) http://iopscience.iop.org/	物理/光学	英国物理学会(Institute of Physics,IOP)成立于 1874 年,现今会员遍布世界各地。
Emerald http://iop.calis.edu.cn/	经济/管理	Emerald 出版社于 1967 年由来自世界著名百强商学院之一的布拉德福商学院(Bradford University Management Center)的学者建立,是世界管理学期刊最大的出版社之一。
EBSCO 检索平台 http://search.epnet.com/	经济/管理	EBSCO 检索平台是美国 EBSCO 公司为数据库检索设计的,包括学术期刊数据库 ASP、商业资源数据库 BSP、ERIC 等十多个数据库,其中 BSP 是世界上最大的全文商业数据库

（续表）

数据库名称	学科范围偏重	内容简介
Nature http://www.nature.com/	综合	英国著名杂志《Nature》是世界上最早的国际性科技期刊,1869 年创刊。
Science Online http://www.sciencemag.org/	综合	《科学》周刊（Science）：创建于 1880 年,是在国际学术界享有盛誉的综合性科学周刊。科学周刊提供 1997 年到当前的全文,1997 年之前为部分全文。
Wiley-Blackwell http://onlinelibrary.wiley.com/	综合	John Wiley & Sons Inc. 约翰威立国际出版公司 1807 年创建于美国,Wiley InterScience 是其综合性的网络出版及服务平台,2007 年 2 月与 Blackwell 合并成 Wiley-Blackwell 平台。
Frontiers in China http://journal.hep.com.cn/	综合	Frontiers in China 系列期刊是由教育部主办、由高等教育出版社（HEP）与德国 Springer 公司合作出版的大型英文学术期刊。Frontiers in China 共含 26 种全英文学术期刊。

表 5-6 中列出的是目前我国高等院校常用的外文期刊数据,各个数据库的检索方式大同小异,本章节以 IEEE/IET Electronic Library(IEL)、Elsevier(SD)、Springerlink 为例简单介绍外文期刊数据库的基本检索方式。

5.3.1　IEL 数据库

1. 概述

IEEE/IET Electronic Library(IEL)数据库(http://ieeexplore.ieee.org)提供美国电气和电子工程师协会(IEEE)和英国电气工程师学会(IET)两大科技机构出版的 315 种期刊、11 230 种会议录、3 006 种标准的全文信息,并可看到出版物信息。是电子、计算机、自动化控制、信息通信工程等相关领域权威的国际学术机构。总共提供超过 200 万篇期刊与会议录文献全文,数据最早回溯到 1913 年,一般提供 1988 年以后的全文,部分期刊还可以看到预印本(Forthcoming Articles)全文。

2. 检索规则

① 检索字段。常用检索字段有 Document Title(文献题名)、Authors(作者)、Abstract(文摘)等。字段字符为加引号的字段名及冒号。例如,"Abstract":network。

② 逻辑词。逻辑与、或、非算符分别用大写的 AND、OR、NOT 来表示,逻辑顺序默认从左至右。

③ 词组/短语算符。使用半角双引号,在检索词上加上词组/短语算符后,可检索出与该词或短语完全匹配的记录,但是检索时会忽略短语中包含的标点符号或连词符。例如,检索"x-ray",将检出包含 x-ray 和 x ray 的记录。

④ 通配符。使用" * "表示任意个字符,"?"表示一个字符。

⑤ 词位算符。用大写的 NEAR、ONEAR 表示两个词相邻，NEAR 词序可变，ONEAR 词序不可变。

⑥ 书写规则。系统不区分大小写，单复数兼容。

3. 检索方法

IEEE 平台首页如图 5-23 所示，用户可以在检索框下面选择不同的检索方式有 Basic Search（基本检索）、Author Search（作者检索）、Publication Search（出版物检索）、Advanced Search（高级检索）、Other Search Options（其他检索方式）。本节主要介绍基本检索、高级检索、专业检索。

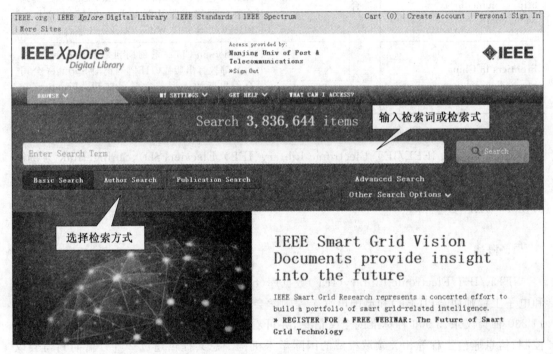

图 5-23　IEEE 平台首页面

（1）基本检索（Basic Search）

基本检索方式是 IEEE 平台首页（图 5-23）的默认检索方式，其检索界面只有一个输入框，可以直接输入检索词或者由逻辑运算符连接的检索式，系统将在所有可检字段、所有文献类型、所有检索时间段中检索。例如检索"流数据中频繁项挖掘算法"的相关文献，直接在检索框中输入检索式："Frequent item AND Data Stream"即可，检索结果如图 5-24所示。

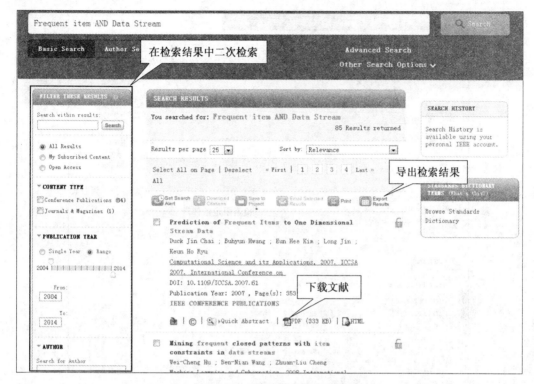

图 5 - 24　IEEE 基本检索结果

（2）高级检索（Advanced Search）

点击 IEEE 平台首页中的"Advanced Search"进入高级检索界面如图 5 - 25 所示。高级检索的检索字段主要有 Document Title（文献题名）、Authors（作者）、Publication Title（出版物名称）、Abstract（文摘）、Index Terms（索引词）、ISSN、ISBN 等。用户进行检索时可以在三个检索框中输入检索词，选择检索字段和布尔逻辑运算符（and、or、not）进行检索。用户可以根据自己的需要在检索框下方选择 Publisher（出版商）、Content Types（文献类型）、Publication Year（文献出版时间）等以缩减检索范围。

【检索实例 5 - 7】　检索云计算安全方面的期刊文献。

解答　检索过程如下：

① 分析检索课题，选择检索词：云计算（cloud computing）、安全（safety or security or secure）；

② 构建检索式：cloud comput ∗ and（safety or secur ∗）；

③ 设定检索条件：在检索条件限制区域找到"CONTENT TYPES"，选择"Journals & Magazines"；

④ 输入检索式：在第一行检索框中输入 safety，第二行选择逻辑词 OR，在第二行检索框输入 secur ∗，第三行选择逻辑词 AND，在第三行检索框中输入 cloud comput ∗，所有的检索字段都选择：Document Title；

⑤ 检索：点击"SEARCH"显示检索结果，如图 5 - 26 所示；

图 5 - 25 IEEE 高级检索

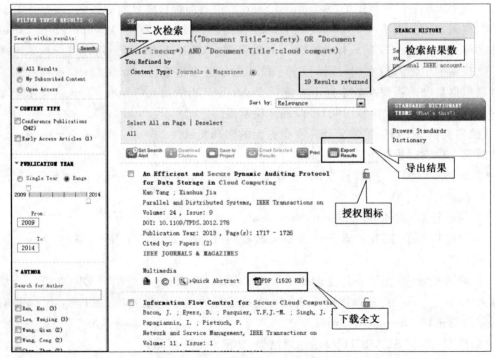

图 5 - 26   检索实例 5 - 7 检索结果

⑥ 检索结果处理：对于检索结果，用户可以导出参考文献、下载全文、二次检索等相关操作；

（3）专业检索（Command Search）

点击 IEEE 平台首页"Other Search Options"选择"Command Search"或者在图 5 - 25 中点击"Command Search"标签页，都可以进入命令式检索即专业检索界面如图 5 - 27 所示。

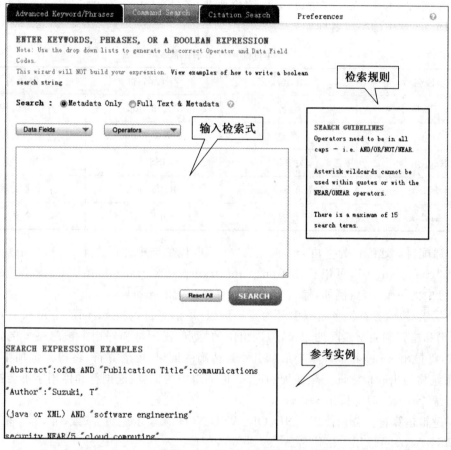

图 5 - 27　IEEE 专业检索

5.3.2　Elsevier ScienceDirect 数据库

1. 概述

Elsevier 出版集团 1958 年创立于荷兰，SD（ScienceDirect）是 Elsevier 公司的核心产品，是全学科的全文数据库检索系统。SD 收录同行评议的高品质学术期刊近 2 500 种，图书 26 000 本，包括常用参考书、系列丛书、手册；全文数据自 1995 年至今，已超过 1 200 万篇，文献有 HTML 和 PDF 两种格式；其数据回溯时间长，最早回溯至 1823 年创刊号，订购用户可以看到 1995 年以来的数据。

ScienceDirect 数据库为收费全文数据库,在我国原来设有镜像服务器,称为 Elsevier SDOS,自 2006 年起 SDOS 逐渐停止使用,有关的服务转入该系统的国外网站,用户可以直接访问数据库网址:http://www.sciencedirect.com。

2. 检索规则

① 字段字符。用字段名称及圆括号表示,即字段名称(检索词/检索式),括号前有无空格均可。例如:Title(neural net),表示检索题名字段中含有的 neural net 的文献。ScienceDirect 常用的字段名称如表 5-7 所示。

表 5-7　ScienceDirect 常用字段及中译名

字段名称	中译名	字段名称	中译名
Title	题名	Affilliation	作者机构
Abstract	摘要	Journal-Name	期刊名称
Keywords	关键词	ISSN	期刊号
Title-Abstr-Key	题名或摘要或关键词	Reference	参考文献
Authors	作者	Full Text	全文

② 通配符。通配符为半角"＊"或"?"。"＊"取代单词中的任意个(0,1,2,…)字母,例如:输入"transplant＊",可以检出 transplant、transplants、transplanted、transplanted。"?"取代字母中的一个字母,例如,输入"gro?t",可以检索出 groat、grout。

③ 词组/短语算符。半角双引号为宽松词组/短语算符,将检索词加半角双引号后,系统将检出和检索词完全匹配的记录,但词组中的标点、连词符和停用字被忽略。例如:检索"x-ray",将检出 x-ray 和 x ray;半角单引号为精确的词组/短语算符,将检索词加半角单引号后,系统将检出和检索词完全匹配的记录,但词组中的标点、连词符和停用字不会被忽略。例如:检索"x-ray",只能检出 x-ray。

④ 逻辑运算符。分别使用 AND、OR、AND NOT 来表示逻辑与、或、非,算符前后需空一格,算符 AND 可以用空格代替。

⑤ 位置算符。W/n,两个词用 W 和数字连接,表示两个词之间相隔不超过 n 个词,词序可变;PRE/n,两个词用 PRE 和数字连接,表示两个词之间相隔不超过 n 个词,词序不变。

⑥ 单复数。检索单词复数兼容,即使用名词单数形式可以同时检索出复数形式。

3. 检索方式

(1) 浏览方式

系统提供了按出版物首字母顺序和按学科浏览两种浏览途径,如图5-28所示。

① 按出版物首字母顺序浏览(Browse publications by title)。系统将所有出版物按首字母顺序排列起来,用户点击相应的字母,则打开了以该字母为首的期刊名称列表;点击列表中的期刊名称,显示该刊被数据库收录的卷期号、该刊的 ISBN 号等基本信息,期刊基本

信息下面是该期刊的文献题名列表；点击所选文章题名或者下方"PDF"链接，可获得全文信息或者下载全文。

② 按学科浏览（Browse publications by subject）。该浏览方式将出版物分为 Physical Sciences and Engineering（物理科学与工程）、Life Sciences（生命科学）、Health Sciences（健康科学）、Social Sciences and Humanities（社会科学与人类学）四大类，用户可以逐层点击相应学科分类名称，达到浏览和检索期刊文献的目的。例如，点击"Engineering"学科链接，即可显示入编该类的期刊名称列表，进一步点击，会显示卷期号、文献题名以及全文信息等各级文本信息。

图 5 - 28　ScienceDirect 主页

（2）快速检索

ScienceDirect 首页如提供了快速检索的入口如图 5 - 28 所示。检索框上面有"Journals"（期刊）、"Books"（图书）两个标签可以选择文献来源；系统为用户提供了 Search all fields（所有字段）、Author name（作者姓名）、Journal or book title（期刊或图书名称）、Volume（卷、期、页码检索）等几个检索字段的文本输入框，各个检索框的逻辑关系为逻辑"与"，检索词输入完成，点击快速检索图标即可得到检索结果。

（3）高级检索

在 ScienceDirec 主页快速检索图标右侧点击"Advanced search"（高级检索）进入高级检索页面，如图 5 - 29 所示。高级检索设置了上下两个检索框，两者之间可以通过逻辑运算符进行组配。用户可以选择合适的检索字段输入检索词，选定逻辑运算符进行检索；此外用户还可以限定检索范围（Refine your search）以使检索结果更为精确。

（4）专业检索

在图 5 - 29 中点击"Expert search"（专家检索）进入专家检索页面，如图 5 - 30 所示。用户根据检索需求可在检索框中直接输入检索式，并限定检索范围（与高级检索相同），点击"Search"开始检索。

图 5 - 29　ScienceDirect 高级检索

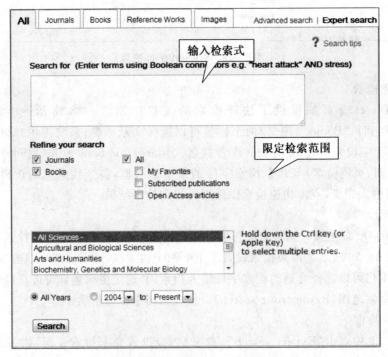

图 5 - 30　ScienceDirect 专业检索

5.3.3 Springerlink 数据库

1. 概述

SpringerLink 数据库系统(http://link. springer. com/)是由德国施普林格(Springer-Verlag)出版发行的科学技术和医学文献数据库。2005 年荷兰 Kluwer 学术出版公司的网络全文数据库 Kluwer Oline 并入 SpringerLink 数据库,现在该数据库包括了各类期刊、丛书、图书、参考工具书以及回溯文档的在线服务。

SpringerLink 数据库所提供的全文电子期刊按学科分为以下"在线图书馆":生物医学和生命科学(Biomedical and Life Sciences)、医学(Medicine)、数学(Mathematics)、行为科学(Behavioral Science)、化学和材料科学(Chemistry and Materials Science)、计算机科学(Computer Science)、商业和经济(Business and Economics)、社科和法律(Social Sciences and Law)、工程学(Engineering)、人文科学(Humanities)、地球和环境科学(Earth and Environmental Science)、物理学与天文学(Physics and Astronomy),是科研人员的重要信息源。

SpringerLink 平台提供超过 2 000 种电子期刊、40 000 多种电子图书、20 000 余种实验室指南和大量的丛书和参考工具书以及海量的回溯内容。

2. 检索规则

① 字符字段。用字段代码限制检索的字段范围,语法格式为:检索字段:检索词。常用的检索字段代码有:Title(ti)、Summary(su)、ISSN(issn)、DOI(doi)。

② 逻辑词。逻辑与、或、非,算符分别使用 AND、OR、NOT 来表示。

③ 通配符。系统使用"＊"代表零个或若干个字符。

④ 词组/短语算符。使用英文半角双引号作为词组/短语算符。

⑤ 位置算符。系统提供的位置算符:W/n、PRE/n。

3. 检索方式

(1) 直接浏览

SpringerLink 平台首页如图 5-31 所示,左侧的方框内"Browse by discipline"(按学科浏览),用户点击某个学科,将会进入该学科的新页面;用户也可以按文献的内容类型来浏览,在学科导航的下方可以看到内容的详细类型:Articies(期刊文章)、Chapters(图书章节)、References Work Entries(参考文献)、Protocois(实验室指南)。

(2) 简单检索

SpringerLink 检索平台首页最上方提供了简单检索的入口,如图 5-31 所示。用户可以直接在检索框中输入检索词或者检索式,点击检索图标即可。

(3) 高级检索

在 SpringerLink 检索平台首页选择"Advanced Search",即可以进入高级检索,界面如图 5-32 所示。在高级检索页面用户可以通过使用高级检索选项进一步缩小搜索范围,还可以限定在该机构的访问权限内搜索。

图 5 - 31   SpringerLink 平台首页

图 5 - 32   SpringerLink 高级检索

思考题

1. 按学术地位期刊可分为几类?

2. 期刊的构成要素有哪几个方面?

3. 按出版周期期刊可分为几类?

4. 请简述什么是 ISSN、CN 和 CSSN?

5. 期刊评价常用评价指标有哪些?

6. 什么是核心期刊? 核心期刊一般具有哪些特点?

7. 期刊影响因子的计算公式是什么?

8. 维普期刊资源整合服务平台有哪些服务模块?

9. 维普期刊资源整合服务平台"期刊文献检索"模块提供哪些检索方法?

10. 《中国期刊全文数据库》目前被整合在哪个服务平台中,提供的检索方法有哪些?

11. 万方数据知识服务平台除资源检索与下载功能外,还提供哪些增值服务?

12. 列举几个通信电子类学科常用外文期刊数据库。

13. IEL 数据库提供的检索方法有哪些?

14. 在中外数据库(各选一个)中检索 2008～2014 年间关于移动通信网络技术研究进展的文献。

15. 在中外数据库(各选一个)中检索近五年来物联网与云计算技术对高校教育发展的影响方面的文献。

16. 在中外数据库(各选一个)中检索近五年来关于 LTE 关键技术的研究发展方面的文献。

第 6 章　学位论文及其检索

6.1　学位论文概述

6.1.1　学位论文的定义与类型

1. 学位论文的定义

学位论文是高校学生根据《中华人民共和国学位条例》等有关规定,在毕业之前,结合本人的专业学习与科研方向,在老师的指导下独立完成的一篇总结性的学术论文。其目的在于总结学生在校期间的学习成果,培养学生综合运用所学知识解决问题的能力,并使他们受到科学研究的基本训练[①]。

2. 学位论文的类型

由于学位论文本身的内容及性质不同,研究领域、研究对象、研究方法、表现形式等也有所差异,因此,学位论文可以根据不同的分类法进行分类。

(1) 按申请学位不同划分

学位论文按照申请学位的不同可分为学士学位论文、硕士学位论文与博士学位论文。

① 学士学位论文是合格的本科毕业生撰写的论文,亦称毕业论文。毕业论文应反映出作者能够准确地掌握大学阶段所学的专业基础知识,基本学会综合运用所学知识进行科学研究的方法,对所研究的题目有一定的心得体会,论文题目的范围不宜过宽,一般选择本学科某一重要问题的一个面或一个点进行研究,题目的选择还应避免过小、过旧和过长[②]。

② 硕士学位论文是攻读硕士学位研究生所撰写的论文。它应反映出作者能够广泛而深入地掌握专业基础知识,具有独立进行科研的能力,对所研究的题目有新的独立见解,论文具有一定的深度和较好的科学价值,对本专业学术水平的提高有积极作用[③]。

③ 博士学位论文是攻读博士学位研究生所撰写的论文。它要求作者在博导的指导下,能够自己选择潜在的研究方向,开辟新的研究领域,掌握相当渊博的本学科有关领域的理论

---

① 李爱明,明均仁.信息检索教程[M].武汉:华中科技大学出版社,2012:235-240.

② 邓学军.科技信息检索[M].西安:西北工业大学出版社,2006:224-226.

③ 康桂英,赵飞,吕瑞华,等.网络信息资源检索与科技论文写作[M].北京:电子工业出版社,2012:117-119.

知识,具有相当熟练的科学研究能力,对本学科能够提供创造性的见解,论文具有较高的学术价值,对学科的发展具有重要的推动作用①。

（2）按论文内容性质和研究方法划分

学位论文又可以分为理论性论文、实验性论文、描述性论文和设计性论文。

① 实验性论文一般包括实验材料、实验方案（包括设备和方法等）、实验数据和结果分析。得到有价值的实验结果（实验数据）对实验性论文来说是十分重要的,但是,实验结果的分析更能体现出研究的水平和论文的质量。实验方案的设计和实验结果的取得是实验性论文写作的基础,从实验中发现一些有价值的现象和机理是实验性论文的重点。

② 描述性论文和设计性论文一般是理工科的大学生可以选择的论文形式。描述性论文主要是为了描述某个新的发现,如新的有机体、未知病毒或者新仪器而撰写的论文,也可以是针对特定问题的分析与思考。描述性论文至关重要的一部分是有关新发现的描述,之后需提供研究新颖性的概述②。设计性论文是指在设计新产品、新工艺的过程中的最佳设计方案,并对这一方案进行全面论述的书面文件。

③ 理论性论文具体又可分成两种:一种是以纯粹的抽象理论为研究对象,研究方法是严密的理论推导和数学运算,有的也涉及实验与观测,用以验证论点的正确性;另一种是以对客观事物和现象的调查、考察所得观测资料以及有关文献资料数据为研究对象,研究方法是对有关资料进行分析、综合、概括、抽象,通过归纳、演绎、类比,提出某种新的理论和新的见解。

3. 常见学位论文收藏机构

① 国家指定的学位论文收藏机构。如中国国家图书馆:收藏全国所有文理科硕博士学位论文及博士后科技报告;中国科学技术信息研究所:收藏全国的理工科的博硕士学位论文;中国社科院文献中心:收藏全国的社会科学的博硕士论文。

② 论文授予单位的主管部门（研究生院、研究所）或图书情报部门（主要是图书馆）。如清华大学学位论文服务系统:收录了清华大学 1980 年以来的所有公开的学位论文文摘索引,绝大多数可以看到全文;北京大学学位论文库收录 1981 年以后自北京大学毕业的所有博、硕士学位论文,以及部分优秀学士论文;Hong Kong University Theses Online 收录香港大学自 1941 年以后的博、硕士学位论文,涵盖艺术、人文、教育、社会科学、医学、自然科学等领域。

③ 商业学位论文数据库,如万方学位论文数据库、CNKI 学位论文数据库、北美硕博学位论文数据库等。

④ 其他的,如 CALIS 学位论文中心服务系统。

6.1.2　学位论文的特点

学位论文是高等学校、科研机构的毕业生为获得各级学位所撰写的论文。一般来说,学

---

① 吴寿林,汤怡蓉,王新春,等.科技论文与学位论文写作[M].南京:东南大学出版社,2009:165-169.
② 安吉利卡·H.霍夫曼.科技写作与交流期刊论文、基金申请书及会议讲演[M].任胜利,莫京,安瑞,译.北京:科学出版社,2012.

位论文具有以下几个特点：

（1）观点新颖，具有一定的独创性

由于学位论文是决定一个学生是否被授予学位的重要依据，因此，它所涉及的研究观点或研究角度必须要有一定的新意。而且还是经过了一定审查的原始研究成果，具有一定的创新性。

（2）参考文献多，较为全面，有助于对相关文献进行追踪检索

学生在撰写学位论文的过程中，为了解课题的研究现状与发展趋势会查阅并引用大量的国内外文献，来丰富论文的思想与观点。文后的参考文献也是不可忽视的信息源，有助于读者对相关课题的追踪检索。

（3）出版形式比较特殊，一般不公开出版

学位论文是向学位授予单位提供的，供学生毕业答辩之用，一般不会通过出版社正式出版，而是以打印本的形式收藏或存储于规定的收藏单位。只有少数部分学位论文日后能在期刊或会议上发表，或以专著的形式出版，但这种情况并不常见。所以，学位论文的原文也不易查看和获取，特别是国外的学位论文[①]。

此外，学位论文的数量多、难以系统的收藏与管理。近年来，学位教育越来越受到各国的高度重视，仅我国每年授予硕士学位学生的人数就达 40 多万人，博士学位的学生也有 5 万多人。因学位论文一般有指定的收藏地，所以，收集起来比较困难。

6.2　国内学位论文数据库

6.2.1　万方学位论文数据库

1. 数据库简介

中国学位论文全文数据库（China Dissertation Database，CDDB）是万方数据知识服务平台的重要组成部分（图 6 - 1），始建于 1995 年。该数据库重点收录了国家法定学位论文收藏机构——中国科技信息研究所提供的自 1980 年以来我国自然科学领域各高等院校、研究生院及研究所的硕士研究生、博士及博士后论文，内容涵盖理学、工业技术、人文科学、社会科学、医药卫生、农业科学、交通运输、航空航天和环境科学等各学科领域，是我国收录数量较多的学位论文全文数据库之一，总计 290 余万篇。

2. 数据库的使用

登录网址：http://c.g.wanfangdata.com.cn/Thesis.aspx

进入万方数据库首页后，单击导航条中的"学位论文"超链接，进入学位论文数据库的浏览页面，如图 6 - 1 所示。该数据库提供分类浏览、简单检索、高级检索、专业检索等几种检索途径。

---

① 刘绿茵.电子信息检索与利用［M］.北京：机械工业出版社，2007.

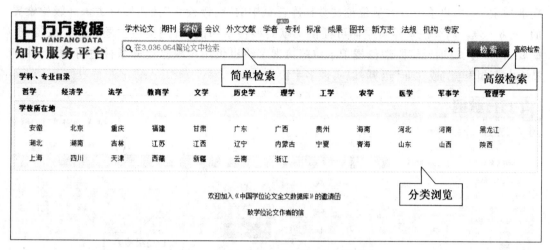

图 6-1 万方学位论文数据库首界面

（1）浏览

浏览服务通过"学科、专业目录"和"学校所在地"两种分类导航方式提供（图 6-1），可实现学位论文的快捷浏览与查找。学科专业目录是将学位论文按照学位和专业进行分类，选择某一分类后，系统会自动列出该分类下的所有学位论文。查找论文时，可通过逐级缩小范围浏览相关文献。同时也可在学科专业基础上，通过二次检索等方式继续缩小范围，查找相关论文。学校所在地导航是将学位论文按照学校所属省、市分类，选择某一地区后，系统会自动显示该地区的学校。单击某一学校后，可查看该校的学位论文。

（2）简单检索

该数据库提供给用户的是直观简便的检索框，用户只需在检索框中输入检索词就可以执行检索。用户在单击检索框输入检索词之前，系统还会提供作者、授予单位、论文题名、关键词、摘要、导师、专业等 7 个检索字段（图 6-2），该 7 个检索字段可选可不选。

万方数据 WANFANG DATA 知识服务平台	学术论文 期刊 学位 会议 外文文献 学者 专利 标准 成果 图书 新方志 法规 机构 专家								
	Q							检索 高级检索	
学科、专业目录									
哲学 经济学 法学	题名 关键词 摘要 作者 专业 导师 学位授予单位	文学 历史学 理学 工学 农学				简单检索	事学	管理学	
学校所在地									
安徽 北京 重庆		甘肃 广东 广西 贵州 海南 河北 河南 黑龙江							
湖北 湖南 吉林		江西 辽宁 内蒙古 宁夏 青海 山东 山西 陕西							
上海 四川 天津 西藏		新疆 云南 浙江							

图 6-2 万方学位论文数据库的简单检索界面

（3）高级检索

高级检索功能是指在指定的范围内，通过增加检索条件满足用户更加复杂的要求，实现精准检索①。用户单击万方学位论文数据库首页中的"高级检索"按钮即可进入高级检索界面(图6-3)。高级检索界面左侧可提供文献类型检索功能,右侧提供主题、题名、关键词、摘要、创作者、日期、导师、学位授予单位等检索字段以供用户根据已知条件进行检索,并支持布尔逻辑"与""或""非"运算,以实现多字段的组配。

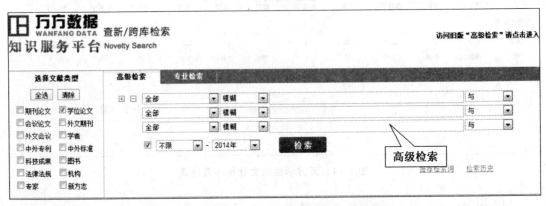

图6-3 万方学位论文数据库的高级检索界面

(4) 专业检索

专业检索是指采用系统所提供的检索语法,将各种检索条件构造成检索表达式,并将其直接输入到检索框中进行检索的方法②。专业检索比简单检索和高级检索的功能更强大,但需要用户根据检索语法编制检索式进行检索,如图6-4所示。该检索手段,一般适用于专业人士。

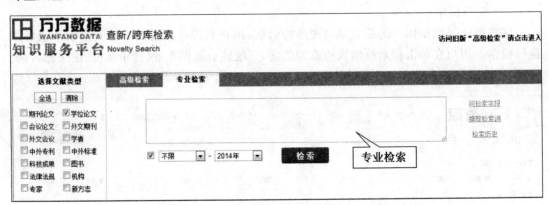

图6-4 万方学位论文数据库的专业检索界面

【检索实例6-1】 在万方数据库中检索2011～2014年度发表的"数字水印技术"方面的学位论文。

解答 选择简单检索,检索步骤如下:登录万方学位论文数据库的首页→选择题名字段

---

① 孙平,伊雪峰.科技写作与文献检索[M].北京:清华大学出版社,2013:117-122.

② 刘颖,宋乐平.大学信息检索实用教程[M].北京:清华大学出版社,2013:154-158.

并输入"数字水印技术"→出现检索结果(图 6-5,但年份不受限制)→在检索结果中进行二次检索(输入起止年份)→二次检索结果(图 6-6)

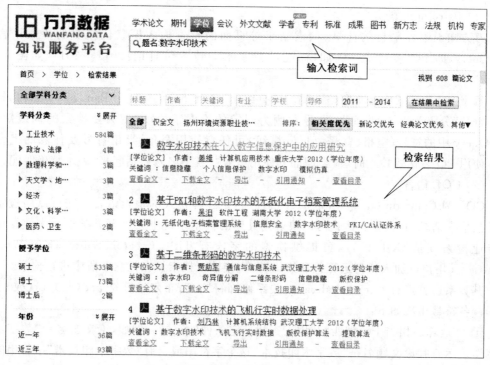

图 6-5　数字水印技术的简单检索界面

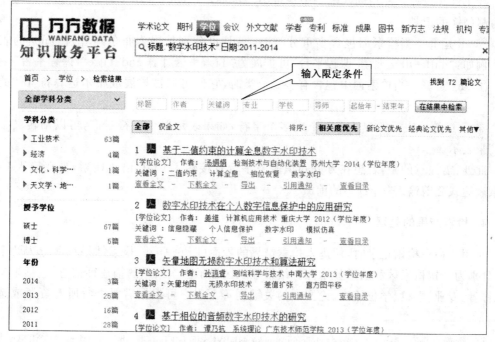

图 6-6　数字水印技术初次检索结果界面

3. 数据库的检索技术

（1）PairQuery 语言

万方知识服务平台的首页、检索结果等页面的检索输入框默认接受的检索语言为 PairQuery，即 PQ 表达式。例如，标题："数字水印技术"，日期：2011～2014，如图 6-6 所示。

每个 PQ 表达式由多个空格分隔的部分组成，每个部分成为一个 Pair，每个 Pair 由冒号分隔符"："分隔为左右两部分，冒号左侧为限定的检索字段，右侧为要检索的词或短语。PairQuery 中的符号（空格、冒号、引号、横线）可任意使用全角、半角符号及任意的组合形式。使用 PQ 表达式检索时，检索词部分使用引号""或书名号《》括起来，表示精确匹配。

（2）CQL 语言

CQL 为 Common Query Language 的简写，是一种正式的检索语言。它可以向检索系统发出检索请求，其检索表达式可以映射到具体的检索系统中去。万方学位论文数据库中的专业检索支持 CQL 语言，可提供检索的字段有 Title、Creator、Source、Key Words、Abstract。用户可加入任何运算符和修饰符，直接输入检索词在任意字段中进行检索。

其关系运算符有 ＝、exact、all、any；关系修饰符"＊"；布尔运算符 and（与）、or（或）、not（非）。各符号用法如下：

① ＝运算。相当于模糊匹配，用于查找一定条件的记录。例如，论文题名＝"数字水印技术"，表示查找论文题名是"数字水印技术"这个字符串或含有"数字水印技术"字符串的一串字符串。

② Exact 运算。能精确匹配一串字符串。例如，"Creator exact 赵剑锋"表示查找作者名为赵剑锋的记录。

③ all 运算。当检索词包含多重分类时，"all"可分别扩展为布尔运算符"and"的表达式。例如："Title all 云计算 课程平台"可扩展为"Title＝云计算 and Title＝课程平台"。

④ any 运算。当检索词中包含有多重分类时，它们可以被扩展成布尔运算符"or"的表达式。

⑤ ＊运算。表示匹配任意 0 个或多个字符，如果表示单个字符"＊"，可以用转义字符"＊"来表示。

此外，需注意的是，若想在万方知识服务平台直接输入 CQL 语言检索，需在输入 CQL 检索表达式之前输入"cql：//"的前缀[①]。

4. 检索结果的处理

当用户命中检索记录时，便进入检索结果的界面（图 6-6）。检索结果页面分为两个部分，分别为二次检索区和结果显示区。结果显示区显示本次结果的描述性信息，包括论文题目、作者、专业、学校、学位年度、论文中的关键词等。用户可根据需要查看所有资源或选择

---

① http://wenku.baidu.com/link? url ＝ rJpjlcJ6yA9fupkYsN1zBVCS8lE0GB6BRoGlkS5hCyb6l2I4PqwyAFZME5Uyy0ymu GXi3B1SbjErgtwnOs-C_xSkxiNrkMJ64wl2lAnP6se.

性地浏览可以下载全文的论文；可根据相关度、时间、被引次数等更换论文的显示顺序；可单击论文题目的超链接后查看、下载全文。

如果初级检索的结果达不到预期效果，可使用二次检索进一步精炼检索结果，同时也可以重新调整检索策略再一次检索。

6.2.2 中国知网博硕论文数据库

1. 数据库简介

中国知网博硕论文数据库是由中国博士学位论文全文数据库（China Doctoral Dissertations Full-text Database，CDFD）与中国优秀硕士学位论文全文数据库（China Master's Theses Full-text Database，CMFD）组合而成，是目前国内相关资源较完备、高质量、连续动态更新的中国优秀博硕士学位论文全文数据库。它主要收录全国 400 多家博士培养单位的博士论文以及近 650 家硕士培养单位的优秀硕士论文。1984～2014 年 8 月 1 号，累积博硕士学位论文全文文献近 250 万篇。该数据库所涵盖的内容主要分为十大专辑：基础科学、工程科技 I、工程科技 II、农业科技、医药卫生科技、哲学与人文科学、社会科学 I、社会科学 II、信息科技、经济与管理科学，十大专辑下又涵盖了 168 个专题。

2. 数据库的使用

目前，任何用户都可以通过中国知网主页（http://www.cnki.net）免费访问 CNKI 的一系列数据库中的题目和文摘信息，但如需下载则要付费或授权使用。在校大学生则可通过高校图书馆采购的 CNKI"包库"或"镜像站点"登录。如南京邮电大学通达学院的学生则可通过通达学院图书馆首页（http://www.tdxy.com.cn/html/library/）→中文数据库→CNKI 中国知识资源总库→中国知网的博硕士学位论文数据库（图 6-7）。

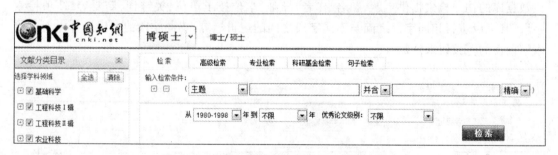

图 6-7 中国知网博硕士学位论文数据库界面

中国知网的博硕士学位论文数据库既可以将 CDFD 与 CMFD 合并检索，又可以根据读者需要对二者进行拆分，单独对某一个数据库进行检索操作。但无论合并还是拆分中国知网所提供的功能是相同的，主要提供文献分类浏览、初级检索、高级检索、专业检索、科研基金检索以及句子检索功能，此外分类导航功能与检索功能还可以配合使用。

（1）分类浏览

数据库首页左侧的文献分类目录由 CNKI 知识仓库分为十大专辑，它兼顾各学科之间的内在联系,交叉渗透,分层次对知识进行并行或树状排列,逐级展开至最小知识单元。在浏览时,用户可以通过分类导航逐级缩小浏览的范围,最后检索出某一知识单元的文章。例如,在文献分类目录栏中依次选择信息科技→电信技术→终端设备,则可浏览该知识单元下的710篇相关文章(图6-8)。

图6-8　CNKI博硕士学位论文数据库分类浏览

(2)初级检索

登录CNKI博硕士学位论文数据库后,系统默认的界面即为初级检索界面(图6-9)。该数据库的初级检索提供主题、题名、作者、导师、学位授予单位、关键词、摘要等12项检索字段,且可以进行相同字段之间与不同字段之间的逻辑运算,不同字段的逻辑运算需通过检索框前面的⊞按钮来添加。

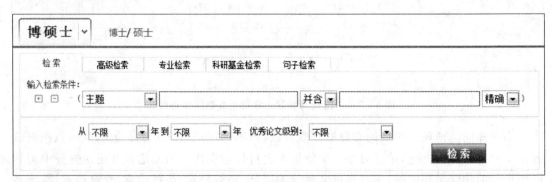

图6-9　初级检索界面

(3)高级检索

高级检索是一种比初级检索较为复杂的检索方式,为用户提供了更灵活、方便的构造检索式的方式,可以促使检索结果更加精确。通过单击检索导航条中的"高级检索"按钮则进入高级检索界面(图 6-10)。在高级检索界面中可同时从主题、题名、关键词、摘要、目录等多个检索字段对检索结果做出要求,相同或不同检索字段之间的逻辑关系可分为并且、或者、不包含等,与万方数据库类似[1]。此外,如学位年度、学位单位、支持基金等其他选项都可以与上面的检索字段配合使用。

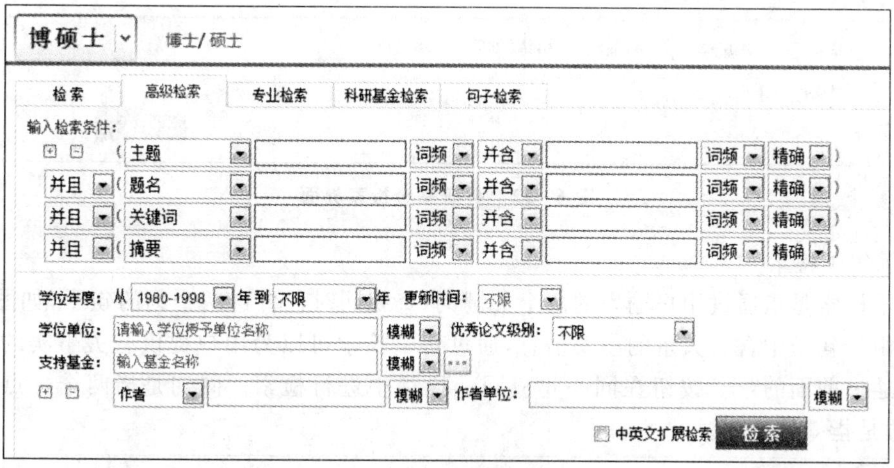

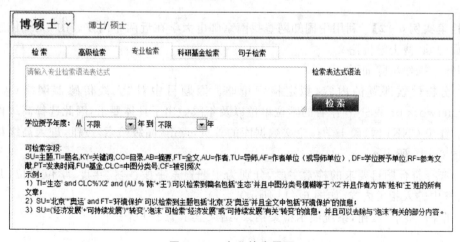

图 6-10 高级检索界面

(4) 专业检索

专业检索(图 6-11)支持布尔逻辑检索、截词检索、字段检索等检索技术,需要用户自行制定检索表达式[2]。可针对主题、题名、关键词、摘要、作者、导师、作者单位、学位授予单位、参考文献、基金、中图分类号、被引频次等进行检索。

图 6-11 专业检索界面

① 王玉.信息资源检索与利用[M].北京:中国人民大学出版社,2011:160.
② 李爱明,明均仁.信息检索教程[M].武汉:华中科技大学出版社,2012:123.

（5）科研基金检索

科研基金检索是指通过科研基金名称，查找科研基金资助的文献。通过对检索结果的分组筛选，还可以全面了解科研基金资助学科的范围、科研主题和领域等信息。如图 6 - 12 所示，可通过检索输入框后面的 ⋯ 按钮了解更具体、更详细的基金情况。

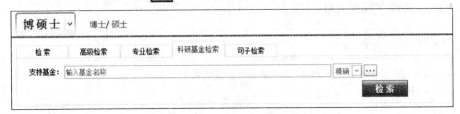

图 6 - 12　科研基金检索界面

（6）句子检索

句子检索是指通过用户输入的两个关键词，查找同时包含这两个词的句子，如图 6 - 13 所示。由于句子中含有大量的事实信息，通过句子检索可以为用户提供有关事实的问题答案。可通过前面的"＋"按钮在同一句或同一段话中进行检索。同句是指两个标点符号之间，同段是指 5 句之内。

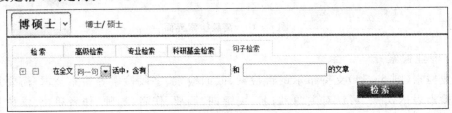

图 6 - 13　句子检索界面

【检索实例 6 - 2】　利用中国知网查找南京邮电大学在近两年内发表的"无线传感器网络"方面的硕、博士学位论文。

解答　操作步骤如下：

① 分析检索课题的内容，拟定检索策略。因题目中对"无线传感器网络（wireless sensor network or WSN）"作者的学位单位以及年限做出了具体要求，因此选择高级检索。

② 登录 CNKI 博、硕士学位论文数据库的首页，点击"高级检索"按钮，进入高级检索界面（如图 6 - 10 所示）。

③ 选择符合题目要求的检索字段，分别为主题检索字段、学位年度、学位单位，并在检索输入框中输入相关内容（如图 6 - 14 所示）。

④ 单击"检索"按钮，系统展示检索结果，结果显示为 191 条。

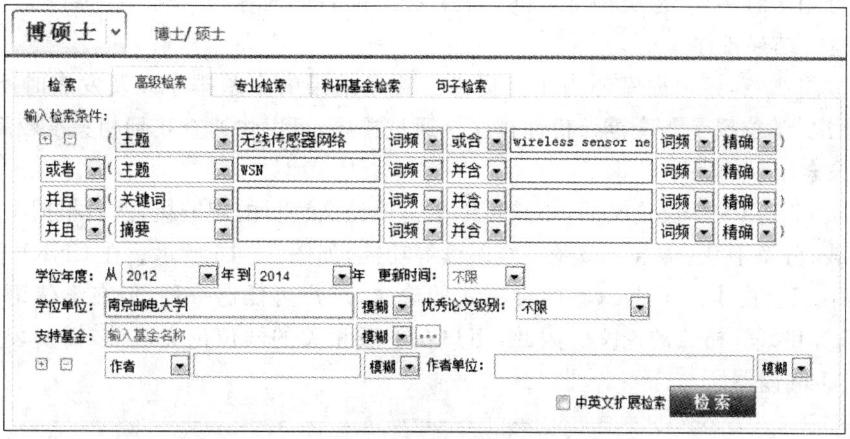

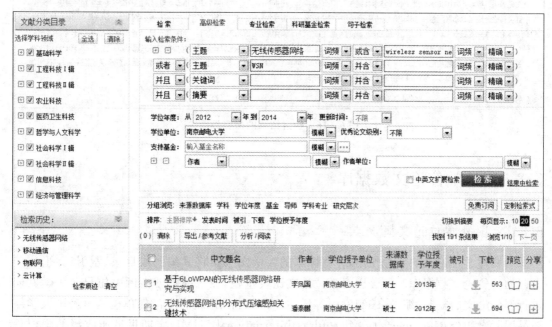

图 6-14　无线传感器网络的高级检索

3. 检索结果的处理

CNKI博、硕士学位论文数据库将检索结果以列表的形式在检索结果的页面上展示出来。用户可以对检索结果进行分组浏览和排序分析,进行反复地精确筛选进而得到最终的检索结果。同时,还可以进行中英文扩展检索及二次检索,还可以使用检索历史返回到前次检索的结果等(图 6-15)。

图 6-15　检索结果界面

(1) 检索结果分组

检索结果分组类型包括来源数据库、学科类别、基金、导师、研究层次。单击检索结果列表上方的分组名称后,分组类型下方则会展开分组的具体内容。

（2）检索结果排序

除了分组浏览,该数据库还为用户提供了检索结果的主题排序以及发表时间、被引频次、下载频次、学位授予年度等评价性排序。通过排序,可以快速查找到相关度较高的信息。

（3）检索结果的保存

在检索到有用的学位论文后,用户可以单击该论文题目的超链接,然后根据个人需求选择分页下载、分章下载、整本下载及在线阅读等功能,如图6-16所示。在CNKI中,一般的期刊论文系统会提供.pdf与.caj两种格式的论文,用户可任选一种,但在学位论文数据库中,系统只提供.caj格式的论文。因此,用户在下载相关的学位论文之前,需安装中国知网自带的CAJ阅读器。

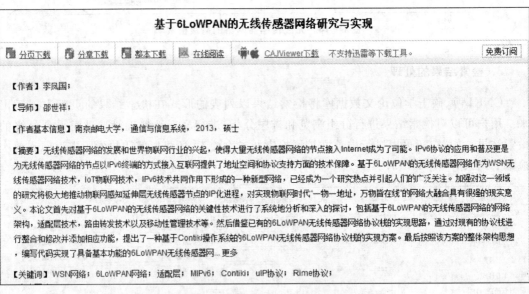

图6-16　检索结果的保存界面

6.3　国外学位论文数据库

6.3.1　国外学位论文概况

为发挥学位论文的参考作用,一些国家的大学图书馆将其编制成目录、索引,并形成了专门的学位论文数据库。如美国对学位论文比较重视,在二战前就由图书馆界及大学共同进行部分论文的复制、缩微、编制索引等活动。1938年后,就有专门的单位——美国大学缩微品国际出版公司（University Microfilms International,UMI）定期报道所收藏的学位论文的题目和内容提要。目前美国已有300多所设有博士课程的大学与该公司保持协作关系,凡属协作高等学校的论文均可从该公司获取。UMI公司出版的《国际学位论文文摘》是检索国外学位论文的重要检索工具,该文摘分3辑发行。

此外,还有少数国家对学位论文进行集中管理。如加拿大的学位论文由国家图书馆统一管理;英国学位论文统一存储在大英图书馆(英国国家图书馆),不外借,只是对外提供原文的缩微胶片;欧洲其他国家通常是将学位论文复制成数百份,供图书馆收存和国际交换;日本的学位论文分两种情况,国立大学的学位论文由国家图书馆收藏并管理,私立大学的学位论文则由本校图书馆收藏管理[①]。

6.3.2　ProQuest 学位论文数据库

1. 数据库简介

PQDT(ProQuest Dissertations & Theses)数据库(图 6 - 17)是美国 ProQuest 公司开发的博、硕士学位论文数据库,是 DAO(Dissertation Abstracts Ondisc)光盘数据库的网络版,主要收录了自 1861 年以来来自欧美国家 2 000 余所知名大学的优秀博、硕士论文的全文和文摘,其中,博、硕士论文文摘或索引超过 170 万条。数据库每周更新,截至 2014 年 7月 23 号,总上线论文已超 46 万篇,涉及文、理、工、农、医等多个领域。该数据库是检索欧美大学学位论文摘要以及挑选全文的重要途径,是学术研究中十分重要的信息资源。

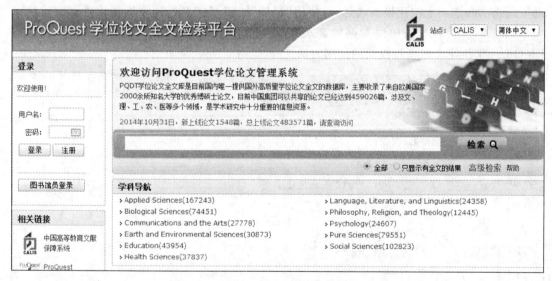

图 6 - 17　ProQuest 学位论文数据库的界面

该数据库的优势是收录年代早(自 1861 年开始),收录范围全(美、加两国指定的全国博、硕论文收藏单位),数据更新快(每年递增 4.5 万余篇),内容详尽,检索层次更深入。一般情况下,在互联网终端上访问到的 PQDT 为免费文摘库,可以检索近两年的学位论文题录和摘要,还能看到自 1997 年以来部分论文的前 24 页原文。

PQDT 数据库主要是通过建立镜像站点的形式接受成员馆用户的访问。目前在国内主要建立了以下镜像站点:北京大学的 CALIS 文理中心镜像站(http://pqdt.cals.edu.

---

① 柴晓娟.网络学术资源检索与利用[M].南京:南京大学出版社,2009:94 - 97.

cn/），上海交通大学镜像站（http：//pqdt. lib. sjtu. edu. cn/），中国科学技术信息研究所镜像站（http：//pqdt. bjzhongke. com. cn/）。该数据库包含 PQDT 博、硕士论文文摘数据库和 PQDT 博、硕士论文全文数据库，这两个数据库的检索方法类似，但需要注意的是 ProQuest 的检索界面为中文，但在实际检索过程中输入的检索词应为英文。

2. 检索方法

PQDT 数据库可供用户进行浏览（Browse）和检索（Search）。其检索方式主要分为两种：一种是基本检索方式；另一种是高级检索方式。

（1）基本检索

基本检索界面实际上就是登录该数据库后的首界面（图 6－17）。在搜索框中输入检索词，点击检索按钮进入结果列表页面，然后按一级学科、发表和学位等条件缩小查找范围。

（2）高级检索

在 ProQuest 先前版本的高级检索界面中有一个检索式输入框，在检索框中，用户可输入检索表达式，并且可以使用布尔算符、位置算符、截词检索等检索技术。用户在构建检索表达式时，可采用两种方法：一是直接在输入框中输入表达式；二是利用高级检索的检索辅助框所提供的选项来构建检索表达式，使用"增加"按钮可将表达式添加到检索框中。目前版本如图 6－18 所示，与中国知网的高级检索类似，使用方法也几乎相同，因此不再赘述 ProQuest 学位论文库高级检索的使用方法。

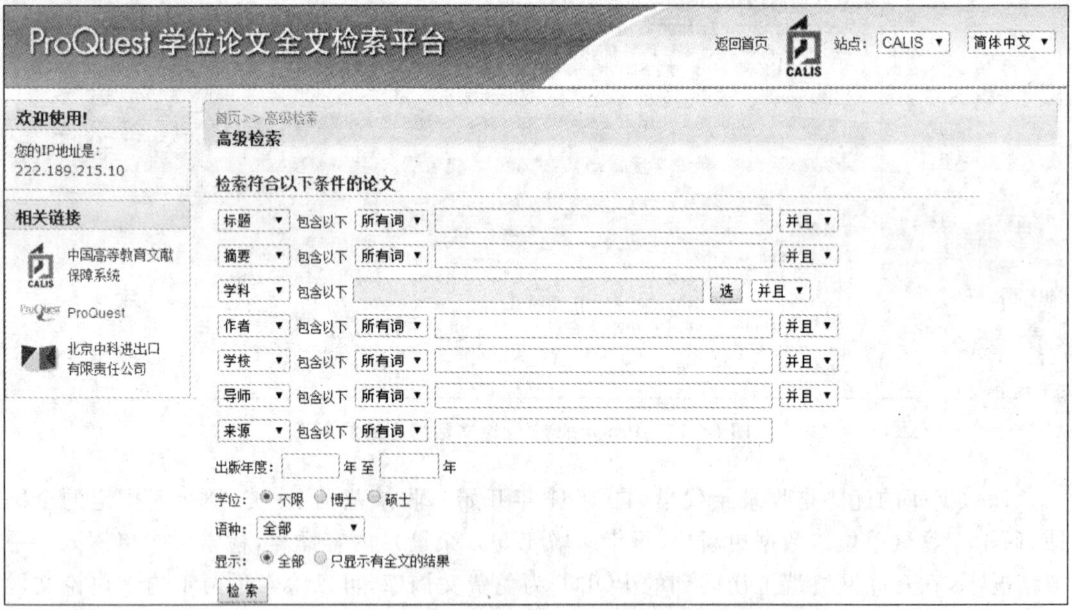

图 6－18　ProQuest 论文数据库的高级检索界面

此外，需要对 ProQuest 高级检索界面的匹配方式进行说明。登录进 ProQuest 高级检索界面后会发现有三种匹配方式：所有词、任一词和短语三种。所有词是指读者所输入的检索词之间是逻辑"与"的关系，如用标题字段检索 information literacy 方面的文献，系统的实际检索式是 information and literacy。任一词是指读者所输入的检索词之间是逻辑"或"的关系。如用标题字段检索 information literacy 方面的文献,系统的实际检索式是：information or literacy。短语是指读者所输入的检索词是一个词组,如还是以上面的题目为例,则系统的实际检索是：information literacy。

3. PQDT 检索结果处理

在 PQDT 中,无论是基本检索还是高级检索,检索结果的显示界面都是相同的(图6-19)。检索结果界面的右侧为各学科、发表年度的命中结果,可以根据用户需求对相应检索结果进行浏览。此外,还可以按照相关度与出版时间对检索结果进行排序。如果检索结果命中数目较少,系统会直接显示命中论文的题目列表,包括题目、作者、学校、论文出版时间等信息。如果命中数目较多,则可单击"view all of these results"显示论文的题目列表,且在此基础上可进行二次检索,对检索结果进一步筛选,以提高检索结果的命中率。若要对文章进行下载,可单击论文下方的"正文＋文摘"的链接按钮,单击后可查看详细信息,单击详细信息的"全文字段",可下载全文。此外,还可通过检索结果上方的邮件按钮,选择合适的论文后发送至个人邮箱。

图 6 – 19　检索结果界面

【检索实例 6 – 3】　请检索与"无线传感器网络(wireless sensor network)"方面相关的外文学位论文

解答　检索步骤如下：

① 分析检索课题的内容,拟定检索策略。因检索课题对"wireless sensor network"没

有具体细致的要求,则选择简单检索。

② 登录 ProQuest 学位论文数据库的首页,上述三个网址中可任意选一个,此处以 http：//pqdt. calis. edu. cn/为例。

③ 在检索输入框内输入 wireless sensor network,单击检索按钮。

④ 系统展示检索结果(图 6 - 19)。

若检索结果命中数目太多,则可以通过锁定研究学科来缩小检索结果,或者可以通过二次检索,在检索框中输入其他关键词,选择"在结果中检索"按钮进行筛选,这种方法也可以有效的缩小检索范围。

6.4　学位论文的写作

根据《中华人民共和国学位条例》规定,我国的学位一般分为学士学位、硕士学位与博士学位三种,与此相应,学位论文亦分为学士论文、硕士论文与博士论文。

6.4.1　学位论文的基本要求

1. 符合科学论文的一般要求

学位论文应符合科学论文的一般要求,即具有理论性、科学性、创新性与可读性。

(1) 学位论文的理论性

理论性是学位论文的基本要求,主要指在研究客观事物时不是停留在具体的现象与外表上,而是透过现象、外表找出事物的本质,掌握事物的规律。因此,在学位论文撰写的过程中不是要求作者详尽的描述事物运动的全过程,或简单的堆砌与罗列数据,而是要求作者通过概念、公式、数据等材料进行说理,令人信服;对已存在和引用的材料进行认识上的深加工,达到由具象上升为抽象,由感性认识上升为理性认识,使研究结果提高至理论的高度。

(2) 学位论文的科学性

科学性是学位论文的基石,主要包含:内容的科学性,指从实际出发研究客观事物,所研究的结果要经得起检验;方法上的科学性,即认识问题和解决问题所采用的方法和手段必须科学;结构上的科学性,即论文的逻辑性要强,提出问题、分析问题与解决问题的思路要清晰,判断与推理要言之有理,使全篇论文形成一个有机的整体;表达上的科学性,即所用材料应该是系统的,前后一致,不能首位互相矛盾。

(3) 学位论文的创新性

创新性是学位论文的灵魂,即论文中提出了一处或几处新理论,运用了一种新思想或新方法,探索出了新规律等。论文需有与众不同的独到见解,富有新意或对某些问题进行了深入的分析,有较高的学术水平与实用价值。

(4) 学位论文的可读性

可读性即论文中的语言文字简洁、流畅,写作合乎标准,概念明确,表达确切,判断无误,推理严密①。

2. 符合国家条例标准的要求

① 学位论文应符合《中华人民共和国学位条例》、中华人民共和国国家标准《科学技术报告、学位论文和学术论文的编写格式》(GB/T 7713—1987)以及《中华人民共和国学位条例暂行实施办法》对各级学位论文的不同要求。

学士论文是高等院校毕业生在指导教师的指导下独立完成的毕业论文。国家的学位条例对学士论文要求如下：一，较好地掌握了本门学科的基础理论、专门知识和基本技能；二，具有从事科学研究工作或担负专门技术工作的初步能力。由于学士论文主要用于考核学生对专业基础理论知识的掌握及运用，因此，学士论文的选题不宜过大，篇幅不宜过长（一般在5 000～10 000 字之间），内容不宜过难。作者只要能够较好的分析并解决不太复杂的问题，就应该给予赞扬与肯定。

② 硕士论文是硕士研究生在导师的指导下独立完成的毕业论文。国家的学位条例对硕士论文的要求是：高等院校和科研机构的研究生，或具有研究生毕业同等学力的人员只有达到下述学术水平者，授予硕士学位：一，在本门学科上掌握坚实的基础理论和系统的专门知识；二，具有从事科学研究工作或独立担负专门技术工作的能力。由于硕士学位不只是用来考核研究生所掌握的基础理论及知识，同时更注重考核其独立从事科学研究的工作能力以及对专业问题的思考与见解，因此，同学士论文相比，硕士论文的难度、篇幅等要提升一个台阶。

③ 博士论文是博士研究生在导师指导下独立完成的毕业论文。国家学位条例对博士论文的要求如下：一，在本门学科上掌握坚实宽广的基础理论和系统深入的专门知识；二，具有独立从事科学研究工作的能力；三，在科学研究或专门技术上做出创造性的成果。由于博士论文是结构完整、论述严密、系统而周详的科学论著，具有公开发表的价值，因此，无论在理论上还是实践上都具有重大的科学意义。

3. 符合学术规范的要求

学术规范是指对学术研究活动的主客观方面的约束，包括标准、评价体系等，其本质特征是求真务实。学术规范体现在学术活动的全部过程之中，主要表现为学术道德规范、学术法律规范、学术引文规范以及写作技术规范等。

学术道德规范是学术规范的核心，是对学术工作者的思想修养与职业道德提出的要求。根据教育部《关于加强学术道德建设的若干意见》规定，学术道德规范主要包含以下内容：

① 增强现身科教、服务社会的历史使命感和社会责任感；

② 坚持实事求是的科学精神和严谨的治学态度；

③ 树立法制观念，保护知识产权，尊重他人劳动和权益。严以律己，按照有关规定引用和应用他人的研究成果，不得剽窃、抄袭他人成果；

④ 认真履行职责，维护学术评价的客观与公正。

---

① 　张振华. 工程信息检索与论文写作[M]. 北京：清华大学出版社，2009：384.

　　学术法律规范主要指国家制定的与学术性论文的写作、发表等相关的法律、法规。目前我国尚未制定专门的法律来规范与约束人们的学术活动,但在民法通则、著作权法、专利法、出版条例等法律法规中部分涉及了与学术活动相关的行为准则。详细说明请参考上述法律法规。

　　学术引文规范是指在学术性文章中,凡是直接引用了某本书或某篇文章,或者在作品中采用他人的研究成果,都要注明其来源。如凡引用他人的观点、方案、资料、数据等,均需注明出处,不得伪注、伪造和篡改原始数据。

　　写作技术规范的内容主要有:学术成果的观点明确,资料充分,论证严密,文章结构严谨,条理分明,表达通畅;学术成果的格式应符合所属学科门类的要求;参考文献的著录应符合要求。

6.4.2　学位论文的选题

1. 学位论文选题的原则

　　选题具有双重含义,一是选择研究课题,二是确定论文题目。论文选题是撰写学位论文的第一步,对学位论文的创作与顺利进行至关重要。"题好文一半"是颇有见地的经验之谈,因为选题是否得当,从一定意义上说会直接影响论文的进行速度与成果的质量,甚至关系到学位论文的成败。实践证明,选择一个切实可行且具有意义的课题,有利于创造性成果的出现,有利于写出具有新思想、新见解的学位论文。

　　学位论文的选题,一般提倡"学生自选、导师审定"的基本方式,同时,允许导师拟定选题范围由学生选择,或由导师制定题目①。在我国,本科生的选题一般在大四下学期开始完成,其论文的题目一般由指导老师直接给出。研究生的选题一般在入学后的第三学期完成,其论文题目一般是在学生与指导老师双方讨论过后确定。博士生的选题一般在第二学期完成,其论文题目的确定既可以由学生自选,也可由导师指定选题范围,两种方式都存在。

　　要想选好学位论文的研究课题,选题时应遵循以下原则:

　　① 选题应具有新颖性。选择前人没有研究过的,或是前人没有解决或没有完全解决的问题,或选择前人讨论过但目前学术界仍有分歧且值得研究的课题;

　　② 选题应切合实际。选择对推动科学技术与文化进步有理论意义与实践意义的课题,不能凭空想象;

　　③ 选题应密切结合自身的专业特长,充分发挥自身的强项,选择自己有把握的、感兴趣的、平时资料积累较多的领域;

　　④ 选题应大小适当。选题太大,容易对所要研究的问题研究的不深刻,论文内容会显得空洞乏味,选题太小,知识容量有限,发挥的空间较小;

　　⑤ 选题应难易程度适中。选题过难,可能学术价值很高,但研究起来会非常困难,不利于研究工作的顺利进展。选题过易,难以达到锻炼提高自已科学研究能力的目的,且选题过易的论文不容易得高分。

---

① 于志刚.学位论文写作指导[M].北京:中国法制出版社,2013:10-20.

2. 学位论文选题的步骤

选题是一个非常艰难的过程,因为确定一个有研究价值且具体可行的研究题目需要积累大量的专业知识与实践经验。同时,选题也是一个理智判断的过程,一般包括选择研究课题和题目、查阅文献资料、撰写开题报告和审查批准四个步骤。

(1)选择研究课题和题目

选定一个好的研究题目,形成清晰的研究框架,可以说相当于完成了论文研究总任务的一半。确定研究题目前,需对两个问题进行冷静判断,一是确认所选题目的研究价值,二是认真分析自己有没有能力做好这个题目。在没有对所选题目的研究价值与可行性有充分把握时,不要忙于定题。

一般情况下,本科生的学位论文选题是由指导老师直接给出题目。研究生的学位论文一般由导师在指导学生学位论文之前,结合学生的专业背景及个人兴趣以及导师所研究的领域给学生提供一个研究方向,而研究课题和题目均有由学生自个确定。此方法在导师中较受欢迎,特别是对于博士生导师来说,培养学生自我选题的能力也是人才培养的一个重要目标。此外,部分导师还会给出一些已经拟定好的备选课题和题目供学生选择,并指导学生研究课题和题目,确定调查研究和查阅文献的范围。

(2)查阅文献资料和调查研究

学位论文题目的确定应当有一定的资料基础或实践经验,以保证研究与论证的顺利进行。不同阶段的学生在资料收集过程中并不相同,本科生可根据指导教师任务书中的要求和参考文献进行相关的文献查阅,可结合课题任务进行各种调研,准确理解课题任务的同时制定出合理的、详尽的实施方案。研究生则根据自己已有的专业背景与日常所积累的专业知识,并结合导师的专业背景、研究领域以及实验室条件等,确定查阅某一研究领域的最新研究动态,阅读本领域重要的中外文核心期刊以及综述类文章,了解与本领域密切相关的最新研究动态与进展,把握未来发展的方向,洞察本领域目前存在的问题,从而确定研究课题和目标。

(3)撰写开题报告

开题报告是学位论文区别于其他一般性学术论文的一个特征,就是当课题方向确定之后,课题负责人在调查研究的基础上撰写的报请上级批准的选题计划,是论文任务书、研究大纲编制、科研立题等项目的模拟训练。它也是提高选题质量和水平的重要环节,因此,必须在大量研究调查、研读丰富的资料与文献的基础上,写出开题报告。

① 开题报告的作用。开题报告旨在监督和保证学位论文质量、检验学生对专业知识的独立驾驭和研究的能力,考查写作论文准备工作是否深入细致,促使并敦促学生做好论文的准备工作。它对整个论文写作的顺利开展起着关键的作用,尤其是对于科研经验较少的学生来讲,一个好的开题报告可以保证整个论文写作有条不紊的进行。可以说,开题报告水平的高低,是整篇论文质量与水平的重要反映。

在召开相关的开题报告会时,应重点考察论文选题是否恰当、是否符合要求,资料占有是否翔实、全面,国内外研究现状是否掌握的较为全面,研究目的是否明确,计划是否切实可行,研究是否具有开拓性与创新性等,同时还需指出学生开题报告中所存在的问题,从而帮助学生对学位论文的工作计划及进度安排进行修改和补充,以保证论文的质量。

② 开题报告的基本内容。本科生的毕业论文一般在大四的第二个学期初开题,相对来说毕业论文所用的时间较短一些,而对开题报告的要求也要低一些。基本在 3 000 字以上,其内容包括对指导教师下达的课题任务的学习与理解,阅读文献资料进行调研的综述,初步拟定的研究方案与实施进度,主要的参考文献等等。

研究生的开题报告相对于本科生来说要求要高一些,字数一般在 5 000 字以上,其内容主要包括以下几个大的方面:

Ⅰ. 课题的来源和选题的依据。着重说明选题经过、本课题在国内外的研究动态、趋势及问题的分析,应指出选题研究与已有研究或相关研究的关系;

Ⅱ. 课题的意义和价值。论证课题在理论或实际应用方面的意义和价值以及可能达到的学术水平;

Ⅲ. 选题的研究目标、研究内容、所要解决的主要问题及可能的创新点;

Ⅳ. 研究方法及可行性分析;

Ⅴ. 现有的研究基础与条件,如知识准备、资料收集和调查研究工具设备等条件;

Ⅵ. 研究进度及具体时间安排,包括起讫日期、主要研究内容、可能出现的问题以及预期的结果。

(4) 审查批准

开题报告通过指导老师审查之后,还需参加学院组织的开题报告答辩会,然后才能知晓是否审核通过。本科生的开题报告答辩组成员一般是由本专业的教师担任,一般在 3～5 名。研究生的开题报告答辩组委员除本专业的老师外,还可以邀请校内外的同行专家、教师参加,共同审查课题。开题报告是对学位论文选题工作的小结和考核,对于选题适当、论据充分的学生批准其通过,可以进入论文的正式编写,而对选题不当、未能通过开题报告答辩的学生不能进入论文的写作阶段,需补充论证或重新立题。

6.4.3 学位论文的研究过程

1. 资料搜集

任何研究都是建立在前人研究成果的基础上的,因此,资料的搜集与检索是学位论文研究工作必不可少的一个过程。资料的合理运用,是学位论文说服力的一个重要体现。资料的广泛搜集与使用,意味着论文不是凭空杜撰和臆想的产物,而是科学研究的结论或成果。随着互联网的发展,学生搜集资料的途径也变得多种多样,既可以通过纸质资源也可以通过电子资源,既可以通过学校图书馆也可以通过互联网等。想要在浩瀚的信息资源中快速并准确的查找到适合自己所需的资料,就要熟悉信息搜集的具体要求,掌握信息搜集的原则与方法。

(1) 资料搜集应满足的要求

①资料的形式要求。学士学位论文应当了解和把握本学科已取得的基本成果,所引用的资料应当反映本学科的主要学术流派观点,避免无的放矢,重复他人劳动。

研究生的学位论文应当在充分占有资料的基础上撰写。同时,提倡广征博引的分析与论证,防止闭门造车式的思索与纯粹文字式的游戏。

② 资料的实质要求。资料的搜集应当具有全面性、充足性、直接性与时效性等。资料的全面性是指应搜集和掌握与专题论文有关的所有资料,包括各种不同的学术见解与相近、相邻学科的有关资料。资料的充足性,要求搜集和使用的资料数量足够丰富,以此减少研究结果的片面性。资料的直接性,要求搜集和使用的资料应当是自行搜集的第一手资料,尽量减少转引的应用次数,以保证论文的准确性。资料的时效性要求搜集和使用的资料能够符合实际情况,反映学科研究最新动态和进展的资料。此外还应注意避免无价值的重复智力投入,防止过时陈旧资料的误导。

(2) 资料搜集应该遵循的原则

① 搜集资料要始终围绕选定的论文题目进行;

② 搜集资料应尽可能的全面且突出重点;

③ 尽可能的搜集第一手资料。所谓第一手资料主要指原始资料,是自己直接经过搜集和直接经验所得的资料,如原始文件、档案、信函、实验数据等等;

④ 资料的分类与整理规范化。对搜集到的资料应采用自己熟悉并熟练的方式进行归类整理,便于调度和使用,便于综合、比较和分析。

(3) 信息搜集的常用方法

信息搜集的方法多种多样,如查阅文献法,笔记记录法,引文分析法等等,但较为常用且效率较高的一种方法为回溯检索方法,此方法有利于查准和查全本课题的所有资料。

2. 调查研究和实验

调查研究和实验主要是根据开题报告的工作计划,准备开展与论文相关的实验和试验工作。理工科学生的学位论文一般需要进行实验研究,包括实验方案的论证、电路的设计与参数计算、设备与元器件的选择与使用,实验测试、软件开发与应用等。文科生的学位论文通常需要进行实地调查、发放调查问卷、进行访谈等,加工、编码并分析实验或调查所得的数据,进而总结出新的观点和理论。

6.4.4　学位论文的撰写

1. 学位论文撰写的原则

通常情况下,客观公正、思路清晰、逻辑严密、论据翔实等是学位论文写作中的基本原则。具体来说,学生在撰写学位论文的过程中应遵循以下原则:

① 观点鲜明,具有独创性。论文的基本观点必须来自具体材料的分析与研究,所提出的问题在本专业的学科领域内具有一定的理论与实践意义,且通过独立研究,提出自己在某一方面独到的认识与看法。

② 论据翔实,具有准确性。学位论文必须引用多方面的材料来论证自己的观点与看法,要做到旁征博引。论文中所涉及的材料应做到言必有据、准确可靠、精确无误。

③ 论证严密,富有逻辑性。作者在撰写学位论文的过程中思路必须要清晰,应遵循提出问题、分析问题与解决问题这一基本思路,全篇论文形成一个有机的整体,使判断与推理

言之有序、言之有理,天衣无缝。

④ 体式明确,标注规范。学位论文必须以论点的形成构成全文的格局,以多方论证组成文章丰满的整体,以较深的理论分析辉映全篇。此外,论文的整体结构与参考文献还要规范得体。

⑤ 语言准确,表达简明。论文最基本的要求是读者能够看懂。因此,要求作者在撰写论文时想得清,说得明,想得深,说的透,深入浅出,言简意赅。

2. 学位论文撰写的步骤

学位论文的撰写通常是继选题、调研和试验之后开始进行的。论文的撰写过程实际上就是论文的成稿阶段,一般要经历以下阶段:拟定提纲、准备写作材料、撰写初稿、修改初稿与最终定稿。

(1) 拟定论文提纲

提纲是论文的整体构思,简单说来,论文提纲就是将即将要写的论文内容用简洁概括的语言文字分条分项先写出来,以便在后续的写作过程中再具体详细地逐条逐项运笔行文[①]。一般来讲,论文的指导思想、基本框架、整体结构、总的论点和各部分的布局及观点都应该通过提纲展现出来。因此,在制定论文的提纲时,首先,要求作者对整篇论文进行构思、谋划,提出论点、论据,适当取舍并安排所需材料,力求使提纲在整体上体现论文的中心目的。其次,从各个方面围绕主题拟定论文的提纲,详略得当,既突出论文的中心论点与亮点,又要考虑周全,兼顾全文布局,明确各部分在论文中所占的比重及相互关系,使论文内容紧扣论文题目。

列提纲所用的时间可长可短,可粗可细。开始时可以先拟定各个章节的大标题,然后在研究资料与写作过程中再将小标题进行补充、修改与完善。经调查部分毕业生了解到,有的学生在学士学位论文写作时,一旦拿到题目后,喜欢直接搜集资料写初稿,从不拟定论文的提纲。有的七八千字的论文,除去题目,通篇竟无任何其他标题。像这样的论文,指导老师一般是不会准其过关的。实际上学位论文的篇幅较长,写作时间也较长,不写提纲不利于材料的整理以及论点的论述,所以,毕业生在撰写论文时一定要列提纲。

(2) 撰写初稿

学士学位论文经过选题、搜集资料、调研、拟定提纲等过程后,就可以与指导老师就文章的观点、标题结构、逻辑性等问题进行讨论和推敲后,进入到论文的正式写作阶段。撰写初稿是论文写作的主体工程,就是运用语言文字,按照拟定好的提纲思路,逐步展现作者的研究成果的过程,也即把作者个人的思想与观点表达出来的过程。初稿的写作,是一个非常艰辛的过程,初稿的好坏,会影响论文的质量,因此,不能马虎大意、敷衍了事。

初稿的写作根据论文篇幅、内容不同,一般有两种写作方法。

① 如果论文篇幅不长,内容也较为单一,最好根据提纲,顺着已经成熟的思路,一鼓作气将论文的初稿写成,不能写写停停,否则思绪容易被中断,还有可能贻误时间。在写作时,可不必过分注意文字修饰,也不必要求每个例证都十分精确,待初稿完成后,再来仔细推敲

---

① 曹天生.本科生学士学位论文写作概论[M].合肥:安徽人民出版社,2008:98-102.

与修改这些细节问题。

②　如果论文的篇幅过长,内容所涉及的范围较广,则可根据拟定好的提纲,将论文分为几个结构模块,分阶段、分步骤完成。运用此方法进行论文的创作时,不仅要注意各个结构模块的相对完整性,还要注意各个结构模块间的连贯性、逻辑关系等,使论文首位贯通,连成一气。

此外,还需注意在撰写论文的过程中,始终以自己的论题为中心。对文章所要突出的重点、难点以及创新点进行深入研究,选择与课题密切相关的材料,按照简要精炼的原则进行取舍。对于那些可写可不写、可引可不引的观点与材料,也要学会割爱,这也是保证论文质量的有效方法之一。

(3) 修改定稿

论文的初稿完成以后,只能说是完成了论文 50% 的工作,其后 50% 的工作是修改、补充与润色。前人说,"文章不厌改,佳作出苦心","善作不如善改",可见修改是写好学位论文必不可少的重要步骤。实际上论文的修改,贯穿于整个写作过程的始终,学生在撰稿的过程中,要边写边改。完成第一稿后,交给导师,在导师的具体指导下,对论文进行反复的修改。尽管修改工作在学位论文撰写的过程中必不可少,尤其是在初稿成形以后,但撰写学位论文的重点应放在前一阶段,避免大返工。特别是论文的体系与结构应尽可能地避免推倒后重来。因为学位论文必须在限定的时间内交出,如果修改时间过长,时间太仓促,会影响论文答辩的顺利进行。

论文的定稿是在论文反复修改的基础上进行的,但在定稿阶段仍有许多工作要做,如检查文中段落层次是否清楚,前后顺序是否颠倒,遣词用句是否恰当等,概括起来主要有以下几个方面:一,审查书写是否正确、准确;二,审查遣词用句是否得当;三,审查引文是否准确、适当;四,审查标点的使用是否完全准确;五,誊清论文。总之,论文的定稿工作也是保证学位论文质量的一个重要环节。

3. 学位论文撰写的规范

在人们长期的写作实践中,学位论文已形成一种比较基本稳定的结构形式,并在反复的应用中逐步完善,趋向规范化。据国家标准局颁布的《科学技术报告、学位论文和科学论文的编写格式》(GB/T 7713—1987) 的规定,学位论文的通用格式主要包含题名、摘要、关键词、目录、引言、正文、结论、致谢、参考文献、附录等,此外,学位论文还应有封面、封底和题名页等。

(1) 题名

题名是以恰当、简明的词语反映论文中最重要的特定内容的逻辑组合。论文题目的用语应当准确得体,简短精炼,同时尽可能醒目,尽量把论文的内容与专业特点概括出来。好的题目能起到画龙点睛的作用。题目的字数并无统一的"硬性"规定,一般不宜超过 20 个字。但是,不能一味追求字数少而影响题目对内容的恰当反映,在遇到确有矛盾时,可以在题目中添加副标题,将细节放在副标题中,同时尽可能地少用生僻的缩略语或符号。

(2) 摘要

摘要亦称"概要"或"内容提要",包括中文摘要和英文摘要,是论文基本内容的浓缩。在写作过程中,摘要一般是不加注释和评论的简短陈述。摘要应当具有独立性,读者及时不阅读论文的全文,也能获得论文所提供的主要信息。毕业论文摘要的写作要求精确、完整、简明扼要和忠于原文,不要与引言相混淆。此外,还要突出本论文的创造性成果或新见解。一个好的摘要有利于论文评阅人和答辩委员会以及学位评定委员会在较短时间内对论文的水平作出评价,同时也有利于其他读者进行查找与索引。

摘要必须十分简练,内容亦需充分概括,其篇幅大小一般会限制在不超过论文字数的5％。不同的学校有不同的规定,通常情况下,中文摘要在 300～500 字之间,英文摘要不超过 250 个实词,中英文摘要需一致。

（3）关键词

关键词是指为了满足文献标引或检索工作的需要而从论文的标题、层次标题以及正文和摘要中选取出来的,能提示论文主题内容特征的词或词组。主要用于编制索引或帮助读者检索二次文献,也可以用于计算机检索。一篇论文,可选出 3～8 个关键词,它不考虑文法上的结构和意义上的完整,仅是词语上的简单组合。通常以显著的字符另起一段,紧跟在摘要的后面。如有可能,尽量用《汉语主题词表》等词表提供的规范词[①]。

关键词的选择方法最好是作者在完成论文后,纵观全文,选出最能表达论文主题概念的信息和词汇,这些信息和词汇既可以从论文标题中选择,也可以从论文内容中选择,关键词在整篇论文中出现的频率较高。

（4）目录

目录是由毕业论文的章、条、款、项、附录等的序号、标题和页码组成。一篇论文总共论述了几个问题,每个问题又具体涉及哪些内容,看一下目录就会一清二楚。因为,在毕业论文的目录中要求列出总标题和各章节的基本内容,并做到与全文的纲目相一致,并一一表明页码,以便于读者了解全文的内容并进行选择性的阅读。在论文的撰写过程中可以对各章节的标题进行标注,完成后可以自动生成目录。

（5）引言

引言又称绪论、前言、导言,是论文的起始部分,被置于正文之前,具有引出正文的作用,且不能脱离正文而单独存在。对于毕业论文来说,引言具有文献综述的性质,其目的是对所研究方向的问题和有关背景等做相关介绍,简要评述前人对该问题的研究成果,这实际上也是对前期文献检索、阅读消化和准备工作的系统总结。

不少研究者认为引言作为文献综述,其好坏将直接关系到毕业论文写作的成功与否。引言固然重要,但它不是论文的核心部分,它只是起到"点题"的作用,即明确论文的主体与思想。因此,在写作过程中,要力求言简意赅,不要与摘要重复,或成为摘要的注释。除了说明研究目的、方法、结果等外,还应评述国内外研究现状,介绍本课题的理论依据和实验基础,涉及范围和预期结果以及该论文在已有基础上所解决的问题等。

（6）正文

正文是论文的主体部分,是整篇论文的核心,占据论文的绝大部分篇幅。文章的论点、论据、论证及要达到的预期目的都要在这一部分进行详细的论述,它最能体现研究工作的成

---

① 蒋瑞松.理工科大学生学位论文写作规范与方法[M].上海:上海大学出版社,2011:40-50.

就和学术水平。作者在这一部分要多对研究的问题进行分析、论述并阐明自己的观点和主张。正文的内容主要由观点与材料构成,可以包括调查对象、实验和观测方法、仪器设备、材料原料、实验和观测结果、计算方法、数据资料等。观点是文章的灵魂,是材料的统帅,没有观点,文章就会偏离主题思想,不知所云。但观点是建立在对大量的、丰富的合乎实际的材料的提炼基础上而成的,材料又是观点的依托。因此,在论文的正文部分,要将观点与材料紧密结合起来,形成一个有机的统一整体。

由于研究工作所涉及的学科、选题、研究方法等有很大差异,因此,对正文内容的写法不能做统一的规定,但一般应包括研究对象、方法、结果和讨论这几个部分。在正文写作时,总体要求是明晰、准确、完备、简洁,但在具体要求上需做到以下几点:突出重点,不枝不蔓;尊重事实,强调科学;充分论证,完整表述;抓住要害,避免空谈。此外,语言文字方面应当通顺流畅,公式推导和计算结果等应当准确无误。

(7)结论

结论又称结束语,是对论文全文观点的归纳和总结,是论文的"收尾之笔"也是论文的"点睛之笔",而不是正文中各个章节结论的简单重复。在撰写论文结论时,应将作者的核心观点、独创性见解与研究的创新之处包含在内。概括来讲,结论主要包括三个方面的内容,一是对所论证的论题及内容作出结论或对已经得出的结论予以强调;二是阐明作者在科研工作中的创新型成果与新见解和新发现;三是对所研究论文的未来发展趋势进行展望,对存在的问题和不足作出客观叙述并指明进一步研究的方向。

(8)致谢

学位论文撰写成功,往往离不开指导老师的指导和有关人员的帮助。对于在研究工作中提供实质性帮助和做出贡献的单位及个人,作者应向其致以诚挚的谢意。致谢语一般单独成段,放在正文后面。根据国家颁布的《科学技术报告、学位论文和科学论文的编写格式》(GB/T 7713—1987)中的规定,下列 5 种情况可以作为致谢的对象:

① 国家科学基金、资助研究工作的奖学金基金、合作单位、支持或资助的企业、组织或个人;

② 协助完成研究工作和提供便利条件的组织或个人;

③ 在研究工作中提出建议和提供帮助的人;

④ 给予转载和引用权的资料、图片、文献等的所有者;

⑤ 其他应感谢的组织或个人。

在致谢中,对被感谢的人可以直书其姓名,并加上教授、研究员、博士等职称或学位,以示尊敬。表示感谢的词语要诚恳、热忱,不能让他人有轻浮、吹捧之感。

(9)参考文献

在整个学位论文的撰写过程中,总要查阅大量的文献与引用相关的材料,这些被引用的材料则称之为参考文献。《文后参考文献著录规则》(GB/T 7714—2005)将其定义为:参考文献是为撰写或编辑论文和著作而引用的有关文献信息资源。

在学位论文撰写的过程中,参考大量的文献资料其作用在于:一,拓宽作者的知识面和理论视野,表明作者从事科研工作的科学态度。二,了解和掌握相关研究领域的研究现状、动态,已取得的理论成果及仍存在的问题,将作者的研究成果与前人的研究成果区分开来。

三,表示作者对他人劳动成果的尊重和承认。四,参考文献可以节省论文的篇幅,避免资料堆积,使文章的内容更加精炼。五,提供引用资料的出处,便于读者查找相关资料并进行深入的研究。

所列参考文献应是正式出版物,包括图书、期刊、会议录、报纸、学位论文、报告等,按论文引证和参考的先后顺序列出,位于正文之后。

据《文后参考文献著录规则》(GB/T 7714—2005)中的规定,参考文献著录格式因其文献类型的不同而有所变化,具体的格式可参见 1.2.3 节。

(10) 其他规范

① 量和单位。对于量和单位应严格按照国家标准"GB3100—3102:93"中的有关规定执行。单位名称的书写全文需统一,或用中文形式下的,或用英文形式下的,两种不能交替使用。

② 图、表及公式。文中的图、表、公式一律采用阿拉伯数字分章节(或连续)编号。图、表、公式等应与中文之间有一行的间距。

图要精选,图的序号用阿拉伯数字分章节依次编号,如"图 1-1""图 1-2""图 2-1""图 2-2"等等,每一图应有简练的图名,连同序号置于图的下方。图中坐标上标注的符号和缩略词必须与正文中的一致,图的序号应与表格、公式的编序方式相统一,序号顺序必须连续,不得重复或跳跃。

表包括分类项目和数据,一般要求分类项目由左至右横排,数据从上到下竖排。分类项目中必须标明符号或单位,数据栏中不宜出现"同上"等类似词语,需填写数字或文字。表的序号也必须用阿拉伯数字依次编号,如"表 2-5""表 3-2"等。每一表应有简短且确切的题名,连同表序号置于表的正上方,无表题的表序置于表格的左上方或右上方(同一篇文章中应一致)。表序号必须连续,不得重复或跳跃,表格结构应简洁。

正文中的公式、算式、方程式等必须编排序号,且序号一律用阿拉伯数字分章节依次编排序号,如"式(3-31)""式(5-12)"。

6.4.5　学位论文的答辩与提交

答辩包括"问"和"答"或"辩"两个方面。学位论文答辩就是答辩老师就学生提交的学位论文中讲述不清楚、不详细、不完善、不确切之处进行面对面的提问,并由学生当场说明、阐述或略作准备之后再做回答的一个双向教学过程[①]。一般高校规定本科生毕业论文通过答辩后方能毕业,并授予学士学位。因此,能够通过学位论文的答辩,便成为授予学位的重要依据。

学位论文答辩是审查、考核学位论文质量的一种补充形式,也是考核学生知识、能力和综合素质的主要教学环节。通过答辩,一方面可以对论文的真实性和实际效果作出客观的鉴定;另一方面,可以帮助和指导学生进一步加深对所学知识的理解,并使论文的内容得到进一步充实和提高,这对学生今后选择研究的主攻方向很有帮助。

学位论文答辩的一般程序大致可包含答辩前的准备工作、具体的答辩过程以及通过答

---

① 蔡丽萍. 文献信息检索教程[M]. 北京:北京邮电大学出版社,2013:270-280.

辩后的思考三个阶段。

1. 答辩前的准备

答辩者要想顺利通过答辩并发挥出自己应有的水平,就应该在答辩前做好充分的准备工作。主要包括思想与心理的准备、答辩内容的准备以及物品的准备。

思想与心理的准备首先是要明确学位论文答辩的真正目的及意义,把它看成一次对几年来学习的一次系统检验。其次,要端正态度,防止和克服紧张畏难的心态,做到沉着、冷静、不慌、自信,这样在答辩时才会有良好的表现。

答辩内容的准备主要指高度熟悉论文的结构、内容、主要观点、总体结论,弄清论文中所涉及的学术术语、概念的确切含义,寻找妥善解决论文中尚未搞懂和有意回避的问题等。除此之外,还要简明扼要地写出论文答辩的简要报告,即简短介绍论文的选题、查阅的资料、调查、实验以及撰写和修改学位论文的过程,收集和查阅与学位论文内容相关的背景材料和书籍,以便更好地回答老师的提问。答辩内容的准备虽然复杂而艰巨,但由于这项工作直接关系着答辩的成功与否,务必请学生们认真仔细。

物品的准备主要指答辩辅助方式材料的准备,主要包括:报告论文内容的 PPT 文本、实物模型、现场表演需用到的实验物品、学位论文的底稿、参考资料以及供记录提问和批评意见的纸和笔。

2. 答辩的具体过程

① 毕业生在学校规定的时间范围内提交毕业论文的正式文稿,经指导老师审阅通过,并写出综合评语后交由所在院、系的教务办公室;

② 教务办公室提前 1~2 周草拟并确定答辩小组、答辩委员会的人员构成名单以及答辩时间及答辩地点的安排,并告知参加答辩的人员。名单内容包括:答辩小组、答辩委员会的答辩主席的姓名、成员姓名、答辩学生名单、记录员姓名、答辩时间、地点等相关信息;

③ 答辩委员会主席主持并召开答辩会议,教务办公室将参加答辩学生的答辩材料(学位论文、开题报告、论文提纲等)交给答辩小组中的答辩委员。答辩委员可先在阅读论文的基础上,拟出所要提问的问题,然后举行答辩会;

④ 参加答辩的学生用 10~30 分钟的时间报告论文的主要内容(可涉及选题背景、研究意义、内容要点、主要结论等);

⑤ 答辩委员会的委员提问 3~5 个问题。答辩老师提问完后,学生可以直接回答,也可请学生在一定时间内准备后再做回答;

⑥ 所有参加答辩的学生回答完所提问题后,由答辩委员会主席宣布休会,商定参加答辩学生的通过情况,评定答辩学生的具体成绩,写出答辩评语;

⑦ 召集参与本次答辩的学生,由主持人宣读对参加本次学位论文答辩学生论文的评阅意见及表决结果;

⑧ 答辩委员会主席宣布散会。

3. 答辩后的反思

学位论文答辩结束后,答辩学生要认真进行总结。答辩通过,标志着一项学习任务的完成,但同时也意味着另一个新起点的开始,不能就此止步,应该向更高更深的层次继续研究。答辩没有通过,则需认真反思在整个学位论文研究工作中存在的问题,并进行改正。

4. 论文提交

本科生的论文只需留在所在院系存档,而研究生的论文需要向本校图书馆或其他指定地点提交电子版和印刷版。以南京邮电大学论文提交以及制作流程为例,主要有以下步骤:

① 系统设置。在系统管理中,主要设置如下界面的信息:主页信息、提交单、培养单位、学科专业、学位信息、密级、学生信息、图书馆信息、仓储信息、系统用户。

② 学生提交论文元数据及全文。学生进入南京邮电大学图书馆首页后,选择读者服务模块中的论文提交,然后进入授权的论文提交系统界面,如 http://10.20.232.6/tasi/login.asp? lang=gb,之后输入姓名、学号、填写有关论文的信息,上载电子版论文,下载论文授权书,打印后签字授权。

③ 审核。图书馆工作人员检查和修改已提交论文的元数据及电子全文的正确性,审核未通过者需修改后重新提交。

④ 编目。设置论文的馆藏号、保密年限、分类号及记录语种。

⑤ 授权。据论文授权人员所填写的授权信息设置论文的相应权限。

⑥ 转换格式。将电子版的论文全文统一转换为 CEB 格式。

⑦ 资源发布。可将论文元数据和电子全文直接发布到设定好的方正 Apabi 数字资源平台上。

⑧ 阅读。读者可通过方正 Apabi 数字资源平台对论文进行检索并阅览论文。

思考题

1. 学位论文按申请学位的不同可分为几类?

2. 常见学位论文收藏机构有哪些?

3. 学位论文作为一种特殊的文献形式具有哪些特点?

4. 万方学位论文数据库提供的检索途径有哪些?

5. 中国知网博硕论文库提供的检索途径有哪些?

6.《国际学位论文文摘》是哪个公司的产品?

7. 利用 PQDT 数据库可以检索哪些国家的学位论文?

8. PQDT 数据库提供哪些检索途径?

9. 撰写学位论文应遵循哪些基本要求?

10. 学位论文的选题原则是什么?

11. 学位论文选题一般需经过哪些步骤?

12. 一篇完整学位论文通常由几部分构成?

13. 学位论文答辩包括哪几个程序?

第7章 其他类型文献检索

7.1 引文及其检索

引文又称参考文献或被引文献,若在文献 A 中提到或描述了文献 B,并以尾注或脚注的形式列出了文献 B 的出处,便称文献 B 为文献 A 的引文,文献 A 为文献 B 的引证文献,又叫来源文献。[①]

引文数据库,就是将各种参考文献的内容按照一定规则记录下来,集成为一个规范的数据集。通过引文数据库,建立著者、关键词、机构、文献名称等检索点,可进行作者论著被引、专题文献被引、期刊、专著等文献被引、机构论著被引、个人、机构发表论文等情况的检索。

引文数据库有以下几种功能:

① 通过引文数据库的来源文献和被引文文献的检索功能,获取相关文献信息;

② 能够获取论文的参考文献信息,扩大检索范围,并了解研究人员对学术资源的利用状况;

③ 可对某一学科领域的论文发表和论著被引用情况进行检索与分析,了解专业人员在该领域的研究工作,了解该学科领域学术研究的历史渊源,追踪学科的发展动态和最新进展;

④ 可获取机构、学科、学者、期刊等多种类型统计数据,为学术研究评价、科研绩效评价、期刊质量评价和科学发展等方面的评价提供定量依据。

7.1.1 国内引文数据库

1. 中国科学引文数据库 CSCD(http://sdb.csdl.ac.cn)

(1)概述

中国科学引文数据库(Chinese Science Citation Database,CSCD)是 1989 年由中国科学院和国家自然科学基金委员会共同资助,中国科学院文献情报中心承建的一个综合性文献数据库。该数据库是我国第一个引文数据库,其收录了我国数学、物理、化学、天文学、地学、生物学、农林科学、医药卫生、工程技术、环境科学和管理科学等领域出版的中英文科技核心期刊和优秀期刊千余种,从 1989 年到现在的论文记录 300 余万条,引文记录近

---

① 唐圣琴. 现代农业文献信息资源检索[M]. 贵阳:贵州大学出版社,2008.

1 700 万条。

CSCD 除具备一般的检索功能外,还提供新型的索引关系——引文索引。使用该功能,用户可迅速从数百万条引文中查询到某篇科技文献被引用的详细情况,还可以从一篇早期的重要文献或著者姓名入手,检索到一批近期发表的相关文献,对交叉学科和新学科的发展研究具有十分重要的参考价值。中国科学引文数据库还提供了数据链接机制,支持用户获取全文。CSCD 具有建库历史最为悠久、专业性强、数据库准确规范、检索方式多样、完整、方便等特点,一直深受用户好评,被誉为"中国的 SCI"。

CSCD 分为核心库和扩展库,其来源期刊每两年评选一次。核心库来源期刊经过严格的评选,是各学科领域中具有权威性和代表性的核心期刊,扩展库来源期刊也是经过大范围的遴选,是我国各学科领域较优秀的期刊。2011～2012 年,总共遴选了 1 124 种期刊,其中英文刊 110 种,中文刊 1 014 种;核心库期刊 751 种(以 C 为标记)扩展库期刊 373 种(以 E 为标记)。

1995 年 CSCD 出版了我国第一本印刷本《中国科学引文索引》;1998 年出版了我国第一张中国科学引文数据检索光盘;1999 年出版了基于 CSCD 和 SCI 数据,利用文献计量学原理制作的《中国科学计量指标:论文与引文统计》;2003 年 CSCD 上网服务,推出了网络版;2005 年 CSCD 出版了《中国科学计量指标:期刊引证报告》。2007 年 CSCD 与美国 Thomson-Reuters Scientific 合作,中国科学引文数据库以 ISI Web of Knowledge 为平台,实现与 Web of Science 的跨库检索,中国科学引文数据库是 ISI Web of Knowledge 平台上第一个非英文语种的数据库。

中国科学引文数据库已在我国科研院所、高等学校的课题查新、基金资助、项目评估、成果申报、人才选拔以及文献计量与评价研究等多方面作为权威文献检索工具获得广泛应用。主要包括:自然基金委国家杰出青年基金指定查询库;第四届中国青年科学家奖申报人指定查询库;自然基金委资助项目后期绩效评估指定查询库;众多高校及科研机构职称评审、成果申报、晋级考评指定查询库;自然基金委国家重点实验室评估查询库;中国科学院院士推选人查询库;教育部学科评估查询库;教育部长江学者;中科院百人计划。

(2) 检索方法

CSCD 提供简单检索、高级检索、来源期刊浏览、检索历史等检索方式与服务。"来源文献检索"界面具有作者、第一作者、题名、刊名、ISSN、文摘、机构等 10 余项检索字段,可添加检索框,并可从论文发表时间、学科范围进行检索。来源文献检索界面如图 7 - 1 所示。

"引文检索"界面具有被引作者、被引第一作者、被引来源、被引机构、被引实验室、被引文献主编 6 个检索字段,可从论文发表时间、论文引用时间进行限定检索。使用"引文检索"可迅速从大量引文信息中查询到某篇科技文献被引用的详细情况,还可以从一篇早期的重要文献或著者姓名入手,检索到一批近期发表的相关文献,对交叉学科和新学科的发展研究具有十分重要的参考价值。引文索引的主要功能包括:在某一学科领域内,哪些期刊学术影响力最大;某一种期刊被引用了多少次;某一种期刊出版后多久被引用;某一种期刊引用其他期刊多少次;帮助科研人员确定相关领域的核心期刊并发表论文,提高论文的知名度,让更多的同行专家了解评价论文;帮助期刊编辑与同类刊物相比较并评估本刊的地位,从而确定本刊的编辑和出版策略;帮助科研管理人员科学地评价期刊,为开展期刊评比和择优资助

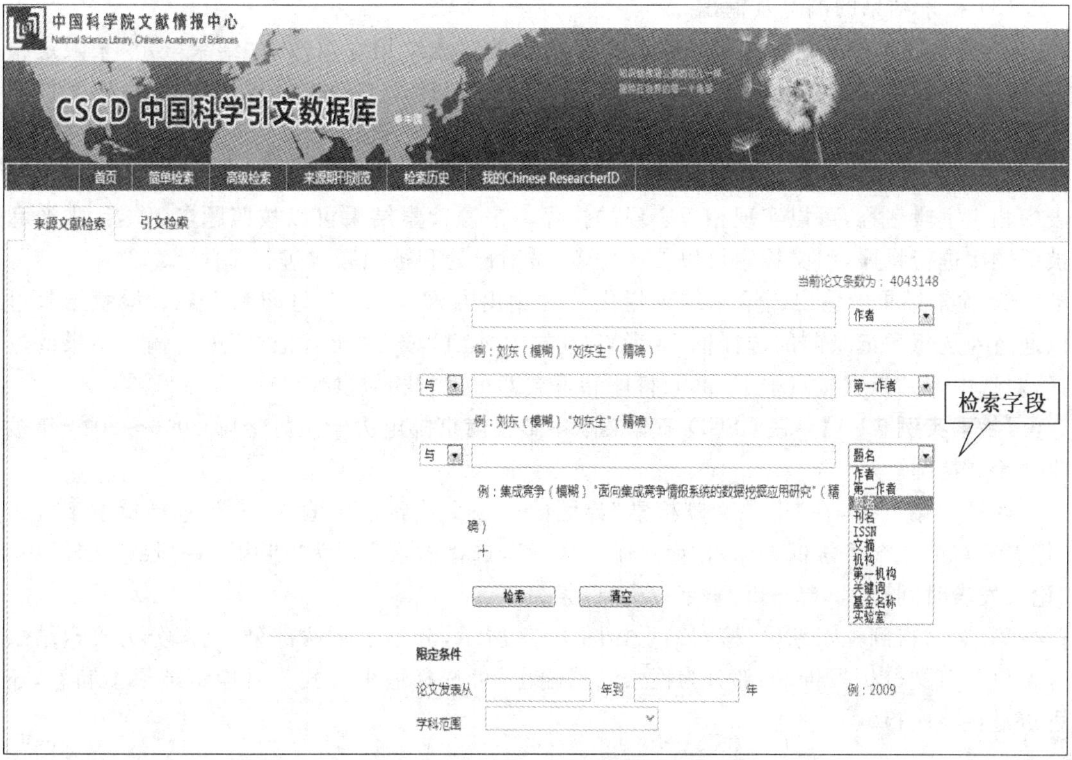

图 7 - 1　CSCD 来源文献检索界面

提供决策依据；帮助科学计量学家开展期刊评价研究和文献老化研究，以及学科的科学评估。引文检索界面如图 7 - 2 所示。

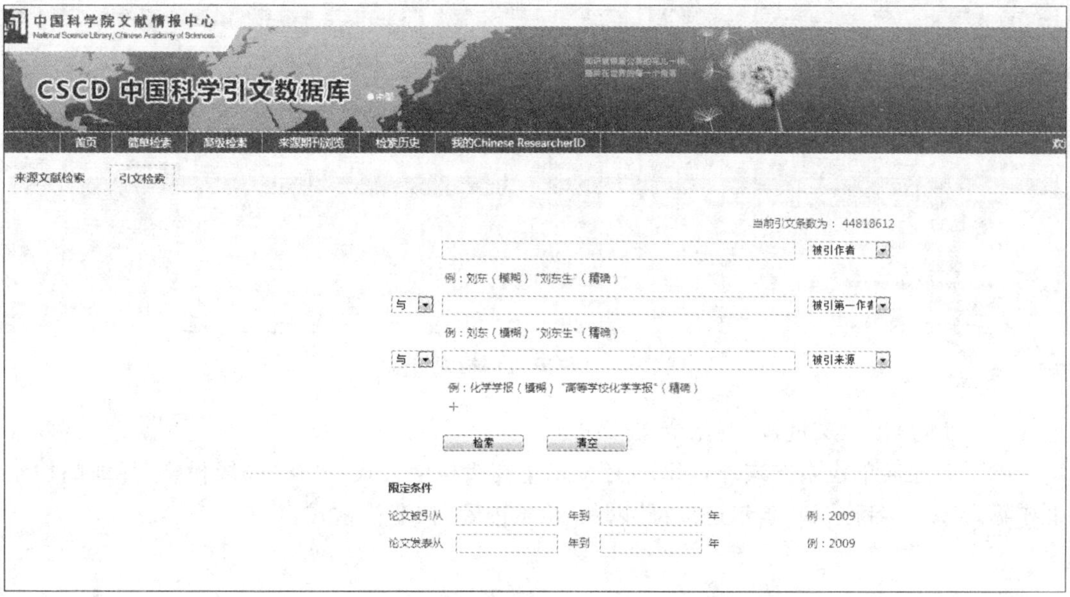

图 7 - 2　CSCD 引文检索界面

（3）检索结果的浏览及输出

① 检索结果的限定。来源检索和引文检索的检索结果可以通过"结果限定"来限定检索结果。来源检索结果可以从来源、年代、作者和学科四个方面来进行结果限定；引文检索结果可以从被引出处、年代和作者三个方面来进行结果限定。

② 检索结果的排序。来源检索和引文检索的检索结果可以进行排序，点击结果输出列表中相应字段名称，可以实现相应字段的排序。来源检索结果可以按照题名、作者、来源和被引频次进行排序，引文检索可以按照作者、被引出处和被引频次进行排序。

③ 检索结果的输出。检索结果提供三种输出方式：E-mail、打印和下载。检索结果可以通过勾选每条记录前的选择框，或者直接选中"本页"或者"所有记录"进行输出结果的选择，对选中的结果直接点击 E-mail、打印和下载即可进行相应操作。

【检索实例 7-1】 在 CSCD 来源文献中查找南京邮电大学王姓老师 2006～2014 年被收录论文情况。

解答 第一步，在"来源文献检索"界面的第一个检索框中输入"王"，选择检索字段为"作者"；在第二个检索框中输入"南京邮电大学"，选择检索字段为"机构"，在"限定条件"中，"论文发表时间"从 2006～2014 年；点击检索。

第二步，得到检索结果，检索结果如图 7-3 所示，分为上下两部分，上部分为检索结果分析以及引文分析报告，下部分为检索结果输出，可选择输出方式。对检索结果不满意，还可以进行二次检索。

图 7-3　CSCD 实例检索结果

第三步，点击全文链接，浏览全文。

除了上述简单检索方式外，CSCD 还提供了高级检索方式，可在"高级检索"界面的检索框中输入"字段名称"和"布尔连接符"以及"检索内容"构造检索式。

2. 中文社会科学引文索引 CSSCI(http://cssci.nju.edu.cn)

(1) 概述

中文社会科学引文索引(Chinese Social Sciences Citation Index,CSSCI)由南京大学中国社会科学研究评价中心开发研制的数据库,用来检索中文社会科学领域的论文收录和文献被引用情况。中文社会科学引文索引有数据库网络版、印刷版和光盘版。目前收录包括法学、管理学、经济学、历史学、政治学等在内的 25 大类的 500 多种学术期刊,现已开发的CSSCI(1998~2009 年)12 个年度数据,来源文献近 100 余万篇,引文文献 600 余万篇。

CSSCI 具体确定来源期刊的原则[1]有:① 入选的刊物应能反映当前我国社会科学界各个学科中最新研究成果,且学术水平较高、影响较大、编辑出版较为规范的学术刊物;② 入选的刊物必须是正式公开出版发行,且具有 ISSN 或 CN 号;③ 入选的刊物其所刊载的学术文章应多数列有参考文献;④ 凡属索引、文摘等二次文献类的刊物不予收入;⑤ 译丛和以发表译文为主的刊物,暂不收入;⑥ 通俗刊物,以发表文艺作品为主的各类文艺刊物,暂不收入。参照美国《科学引文索引》(SCI)选用期刊占世界科技期刊总量的比例与《中国科学引文数据库》(CSCD)选用期刊占我国科技期刊总量的比例,结合我国社科期刊发行的情况,确定 CSSCI 的来源期刊数量占我国正式刊行的社科期刊总数的8%~15%。

CSSCI 提供期刊的多种定量数据:期刊论文及期刊被引频次,期刊影响因子,期刊论文作者的地域分布、学科分布,期刊引文的年代分布及半衰期,期刊论文被引用的年代分布及半衰期等。由期刊的多种定量指标可得相应的统计排序,由此可评价期刊的学术影响和地位。

CSSCI 提供以下服务:对于社会科学研究者,提供相关领域的前沿信息和各学科学术研究发展的脉搏,挖掘新的生长点;对于社会科学管理者,提供地区、机构、学科、学者等多种类型的统计分析数据,从而为制定科学研究发展规划、科研政策提供决策参考;对于期刊研究与管理者,CSSCI 提供多种定量数据:被引频次、影响因子、即年指标、期刊影响广度、地域分布、半衰期等,通过多种定量指标的分析统计,可以为期刊评价、栏目设置、组稿选题等提供定量依据,同时也可为出版社与各学科著作的学术评价提供定量依据。

(2) 检索方法

CSSCI(从 1998~2001 年)主要从来源文献和被引文献两个方面向用户提供检索。CSSCI 来源文献检索主要用来查询本索引所选用的源刊的文章作者(所在单位)、篇名、参考文献等。与 CSCD 类似,CSSCI 提供的检索途径有:篇名(词)、作者、作者(第一作者)、关键词、期刊名称、作者机构、中图类号、基金细节、所有字段以及英文篇名等项。检索界面如图 7-4 所示。

---

① 彭奇志,林中.信息资源检索策略与分析[M].南京:南京大学出版社,2013.

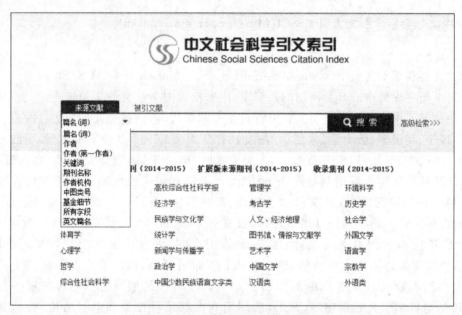

图 7 - 4　CSSCI 来源文献检索界面

被引文献检索主要用来查询作者、论文、期刊等被引的情况。检索途径包括：被引作者、被引作者（排除自引）、被引文献篇名（词）、被引期刊名称、被引文献细节。检索界面如图 7 - 5 所示。

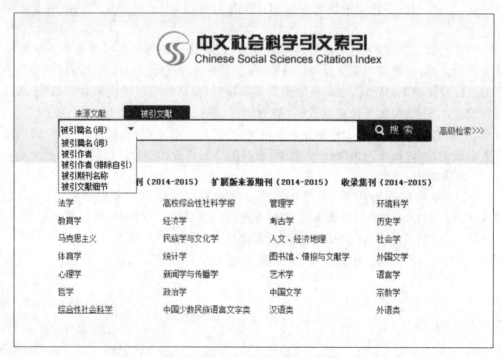

图 7 - 5　CSSCI 被引文献检索界面

（3）检索结果的输出

只有标记过的记录才可以显示或下载。单击"显示"可获得已标记记录详细的题录信息，并可通过浏览器打印或保存。单击"下载"按钮，可打开或直接保存标记过的记录。在弹出的文本文件窗口中，看到的题录不包括参考文献信息。

【实检索例 7 - 2】　在 CSSCI 来源文献中查找南京邮电大学 2006～2014 年王姓老师为第一作者被收录论文情况。

解答　第一步，在"来源文献检索"界面的第一个检索框中输入"王"，选择检索字段为"作者"，在"第一作者"打上"✔"；在第二个检索框中输入"南京邮电大学"，选择检索字段为"作者机构"，在"限定条件"中，"论文发表时间"从 2006 年～2014 年；点击检索。

第二步，得到检索结果，检索结果如图 7 - 6 所示，检索到 29 篇文章。对检索结果不满意，还可以进行二次检索。

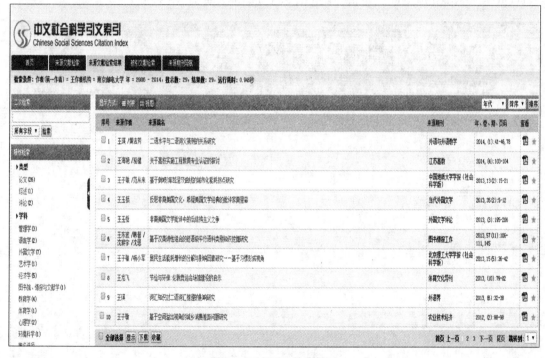

图 7 - 6　CSSCI 检索结果

7.1.2　国外引文数据库

1. 科学引文索引数据库

（1）概述

美国《科学引文索引》（Science Citation Index，SCI）是美国费城科学情报研究所（Institute for Scientific Information，ISI），现称汤姆森 ISI 公司出版，与 EI、CPCI-S 一起被称为世界三大检索系统。

1960 年,加菲尔德受"谢泼德引文"的启发,创办了科技情报企业——美国科技信息研究所,1963 年编制出版《科学引文索引》。1964 年科技信息所开始正式出版发行 SCI 季刊。1973 年、1978 年相继出版了《社会科学引文索引》(Social Science Citation Index,SSCI)、《艺术和人文科学引文索引》(Art & Hummanities Citation Index,A & HCI)。目前,这三种引文数据库均基于 ISI 的核心产品——Web of Science (WOS)数据库提供服务。

(2) Web of Knowledge 简介

ISI Web of Knowledge(ISI WOK),是基于 Internet 建立的大型的、动态的学术信息资源整合平台,基于强大的检索技术和内容的链接能力,将自然科学、工程技术、社会科学、艺术与人文等多个领域中高质量的学术信息资源、独特的信息分析工具和专业的信息管理软件整合,提供文献检索、分析、评价和管理等多项功能。

Web of Science 是 ISI Web of Knowledge 旗下的核心产品,在 Web of Knowledge 网站主页(http://wokinfo.com/)单击"Web of Science"进入页面(图 7-7)。

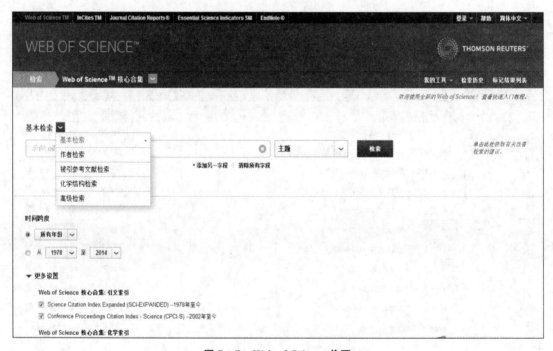

图 7-7 Web of Science 首页

通过 Web of Science 可以直接访问科学引文索引(Science Citation Index Expanded,SCIE)、社会科学引文索引(Social Sciences Citation Index,SSCI)、艺术与人文引文索引(Arts & Humanities Citation Index,A&HCI)和会议录引文索引-科学(Conference Proceedings Citation Index-Science,CPCI-S)、会议录引文索引-社会科学及人文(Conference Proceedings Citation Index-Social Sciences & Humanities,CPCI-SSH)等数据库。其中最著名的是 SCI,创刊于 1963 年,收录全世界出版的数、理、化、农、林、医、生命科学、天文、地理、环境、材料、工程技术等自然科学各学科的核心期刊。本节主要介绍其网络数据库 SCIE(扩展版)的检索方法。

（3）数据库检索

① 检索方法。系统提供基本检索、作者检索、被引参考文献检索、化学结构检索及高级检索五种检索方式，如图 7-7 所示。

Ⅰ. 基本检索（Search）。基本检索的界面即为 WOS 首页，如图 7-7 所示，既可以执行单字段检索，也可以结合主题、作者、刊名和地址进行多字段组合检索。在同一检索字段内，各检索词之间可使用逻辑算符、通配符。

➢主题字段（Topic）。通过主题来查找文献。它是在论文的题名、文摘或关键词中检索。在该字段中输入的检索词可以使用通配符（?、*）、逻辑算符组配。

注意：如要进行精确的词组检索，须用引号限定，比如输入"global war—ming"，则可找到准确的"global warming"，又如输入"global warming"，则可找到"glob—al warming"同时也可找到"…global climate change and ocean warming"。

➢作者字段（Autllor）。通过输入来源文献的作者姓名来检索该作者的论文被 Web of Science 数据库收录情况，进而了解该作者在一段时间内的科研动态。在输入姓名时，姓需写全称，名可以写全称也可以缩写（首字母）。如"SONG RF"或者"SONG Refen"。如果不知道作者名的全部首字母，可以在输入的首字母后用星号代替（*）。使用"作者字段"检索时，因作者姓名可以缩写表示，就会出现重名的现象，一般要再加其他检索条件（如地址或研究领域等），否则很难保证查准率。

➢出版物名称字段（Publication Name）。在这个字段中应输入刊名的全称。如果记不全刊名的名称，可以输入刊名的前几个单词和通配符来检索，或者参见系统提供的出版物索引。

➢地址字段（Address）。在该字段中可以输入一个机构、一个城市、一个国家或一个邮编等以及它们的组合。该字段所有地址都可以检索。其中常用词多采用缩写形式，如"university"一般缩写为"univ"。各检索词之间可以使用 SAME、AND、OR、NOT 算符组配。一条地址相当于一句，若一条地址中包含两个或多个词汇，检索时用 SAME 运算符。

从字段菜单中选择"语种"或者"文献类型"时，页面会显示语种或文献类型下拉菜单，提供 55 个语种和 38 种文献类型。用 CTRL＋鼠标左键可同时选择其中若干选项。

【检索实例 7-3】　在 SCIE 数据库中，检索南京邮电大学所有师生在 2013 年发表的论文被收录情况。

解答　机构名称为检索词，首要问题是确定机构名称在数据库中的表达形式，南京邮电大学表达方式很多，如"Nanjing Univ Posts & Telecommun""Nanjing Univ Posts & Telecommun NUPT""Nanjing Univ Posts & Telecommun NJUPT""NANJING UNIV POST & TELECOMMUN"等等，为保证查全率，可以写成"nanjing univ p* & tele*" or "nanjing inst p* & tele*" or njupt or nupt，在地址字段下，限定时间跨度 2013—2013 年，进行检索，检索出 599 条记录。

Ⅱ. 被引参考文献检索（Cited Reference Search）。系统提供被引作者、被引著作、被引标题及被引文献发表年代、被引卷、期、页等几个字段。被引参考文献索引是将一篇文献（期刊论文、会议论文、科技报告等）作为检索对象，直接检索引用该文献的文献，揭示的是一种作者自己建立起来的文献之间的关系链接。在对课题了解不多、不能提取恰当的检索词时，该检索方式特别适用。研究者可从一篇高质量的文献入手，了解课题的全貌。如了解某一理论有没有得到进一步的证实,是否已经应用到了新的领域,某项研究的最新进展及其延伸,如何了解某篇论文的影响力,以及是否有新的研究方法和研究思想。

在"被引作者"中输入被引参考文献作者;在"被引著作"中输入被引参考文献所在的期刊的缩写、书名缩写或专利号;在"被引年份"中输入 4 位数字的年代,可使用逻辑算符"OR"。其中被引著作字段可查看期刊缩写列表。

通过被引参考文献检索查找到的文献结果,先按照引文著者排序,再按照引文文献排序。每条引文文献记录中,"施引文献(Hits)"列显示该文献被引用的次数,其中如果"被引作者"前面有省略号,表示该作者不是来源文献的第一作者。此外,根据 Cited Reference Search 的规定,被引文献是 1994 年以前的,只能从第一作者检索;被引文献是 1994 年以后的,可以从任何一个作者检索。用户还可以在每条引文记录前作标记,或者单击"选择全部"按钮,单击"转至"按钮可进行翻页,重复上述操作,直至完成所有记录的选择后,单击"完成检索"提交检索。

【检索实例 7-4】 2013 年,南京邮电大学王汝传教授在 APPLIED MATHEMATICS & INFORMATION SCIENCES 上发表了一篇名为 An Efficient Authentication and Access Control Scheme for Perception Layer of Internet of Things 的论文。针对这篇论文,想了解国际上又有哪些新评论和新进展。

解答 想要了解某篇论文(研究成果)国际上有哪些新评论和新进展,最方便使用的数据库就是 SCIE 其独特的"被引参考文献检索"。作者姓名"Wang rc",刊名"APPLIED MATHEMATICS & INFORMATION SCIENCES",选择相应字段的检索词。检索结果如图 7-8 所示,得到一条结果,确认是课题所需检索论文,选择该论文,单击"完成检索"。如图 7-9 所示,可以进一步查看其两条引证文献,此处的引用文献就是对该课题的发展和深入研究,从中可以了解相关论文研究内容的新评论和新进展。

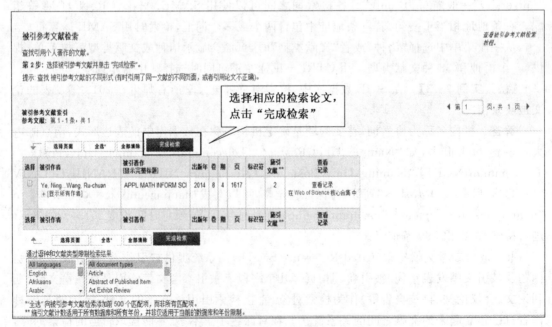

图 7-8 SCIE 被引参考文献检索实例中间界面

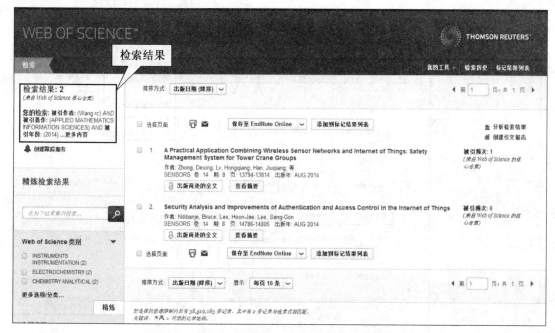

图 7 - 9　SCIE 被引参考文献检索实例结果

Ⅲ．高级检索。在高级检索界面，需要在检索框内填写检索式。在检索式中，用等号（＝）连接检索字段名和检索词。此检索方法适合检索条件较多，不方便在基本检索中一次完成，或该检索课题需长期跟踪，检索策略需长期保存的情况。

Ⅳ．化学结构检索。检索化学物质时用结构检索比较方便，利用 SCIE 提供的结构软件绘制出化学结构，或者把已经绘制好的结构导入。检索时可将所绘的结构作为子结构，也可以直接做精确匹配检索，检索出该物质。SCIE 还提供了化合物数据和化学反应数据检索，化合物数据提供化合物名称、化合物生物活性检索字段，并可对化合物的具体用途作限定。化学反应数据提供气体环境、压力、反映时间、温度、差率等检索字段，还提供了生物活性列表、术语列表和反应关键词词表等。

② 检索结果处理。对于检索结果，可以继续进行精炼或者必要的分析。

Ⅰ．精炼检索结果。在检索结果界面中，提供了精炼检索结果的功能，可增加限定词在检索结果中继续检索或可将结果按照文献类型、作者、来源出版物等进行分类排序显示，如图 7 - 10 中的区域(1)所示。在区域(1)中，如选择"文献类型"下的"review"，可以快速锁定检索结果中高影响力的综述文献。

Ⅱ．快速锁定该领域高影响力论文。根据系统提供的排序方式，如图 7 - 10 的区域(2)所示，选择"被引频次(降序)"对所有论文按照被引次数的多少排序，排在前面的是该领域高影响的论文。

Ⅲ．生成引文报告。单击区域(3)中的"创建引文报告"，即可进入如图 7 - 11 所示的页面，生成引文报告。该报告是对检索结果进行分析，使读者一览全局。"每年出版的文献数"及"每年的引文数"柱状关系图；同时给出被引频次总数、去除自引的被引频次总数、施引文

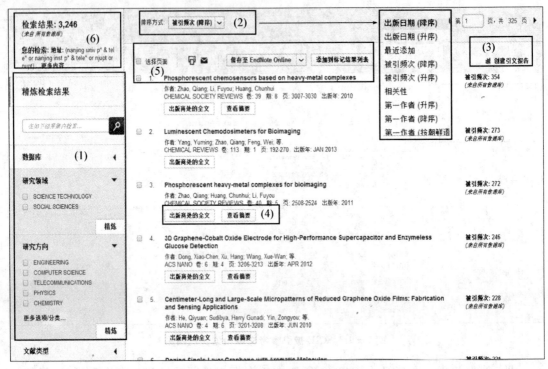

图 7 - 10　SCIE 检索结果页面显示

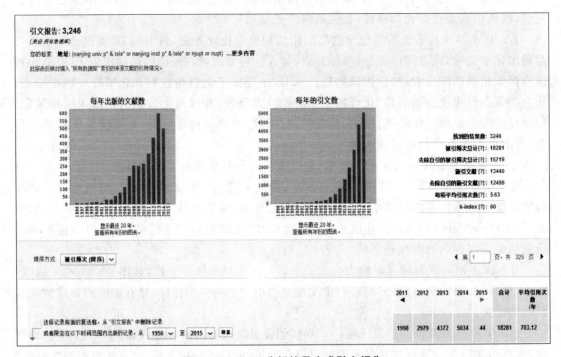

图 7 - 11　SCIE 分析结果生成引文报告

献、去除自引的施引文献数等数据；除对检索结果按照被引频次降序排序外，还就每一条结果自 1986 年以来每年的引用情况及平均引用次数逐一做了统计，有利于研究者对近几年高频次被引论文、热点论文进行全局把握。

Ⅳ. 全纪录的引文链接（施引文献及参考文献）。在图 7 - 10 的区域（4）中，单击"出版商处的全文"就可进入全文链接。SCIE 不提供原文，如果使用单位购买了该论文所在的数据库，在记录后才有相关链接，否则没有"出版商处的全文"链接。单击文献题名可以打开文献的全纪录，就可见到该文的引文网络，同时可创建引文跟踪，查看论文的"施引文献"可以发现研究成果的最新应用和进展；引证关系图用图形界面显示引文关系，可前后查找引文（最多两级），形成交互式的引文树，同时保存为图像以便在其他软件中使用。

Ⅴ. 检索结果的输出。检索结果图 7 - 10 区域（5）所示，可以直接打印或通过电子邮件发送所选记录，也可将检索结果导到"EndNote"等软件。

2. 美国工程索引数据库

（1）概述

美国《工程索引》（The Engineering Index，Ei），1884 年由美国工程信息公司（Engineering Information Inc.）创办，收录多种工程期刊论文、会议论文和科技报告，内容覆盖了天文学、地球科学、化学、生物工程技术、计算机、电子电气等领域，是工程技术领域最著名的文摘检索工具。

该公司于 1995 年开发了一个基于互联网的工程及应用科学领域的文献检索平台 Engineering Village（EV），工程索引网络版（EI Compendex Web，以下简称 EI）开始在此平台上提供文献服务。

1998 年，Elsevier Inc. 收购了 EI。EI 作为世界领先的应用科学、工程学在线信息服务提供者，数据每周更新，为广大工程师和科学研究者提供比较专业、内容丰富的工程科学数据库和相应的检索平台。文献以英、中、德、日、法、俄文的文献为主，其中英文文献占 2/3 以上。

EI 来源期刊的三个档次：

① 全选期刊，即核心期刊，录入 Ei Compendex 数据库。收录重点是下列主要工程学科：化学工程，土木工程，电子/电气工程，机械工程，冶金、矿业、石油工程，计算机工程和软件。美国工程信息公司副总裁 Katz 认为："这些是 Compendex 数据库的'核心'领域。"目前，核心期刊约有 1 000 种；每期所有论文均被录入 Compendex。国内《金属学报》《清华大学学报》等为核心期刊。

② 选收期刊。一些学科领域的期刊是有选择地收录，包括农业工程、工业工程、纺织工程、应用化学、应用数学、应用力学、大气科学、造纸化学和技术、高等学校工程类学报等。Compendex 只选择与其主题范围有关的文章，并不是所以文章均被收录。目前，选择期刊约 1 600 种，我国期刊大多数为选收期刊。

③ 扩充期刊，它主要收录题录。形成 Ei Page One 数据库。在 Ei 的扩充版中，约 2800 种期刊。国内期刊比较多。

（2）检索方法

系统提供快速检索、专业检索、叙词检索三种检索方式,检索人口如图 7 - 12 区域①所示。

① Quick Search(快速检索)。EI 首页即为快速检索页面,如图 7 - 12 所示。根据需要增加字段,如图区域②所示。

限定检索范围,如图区域④所示。

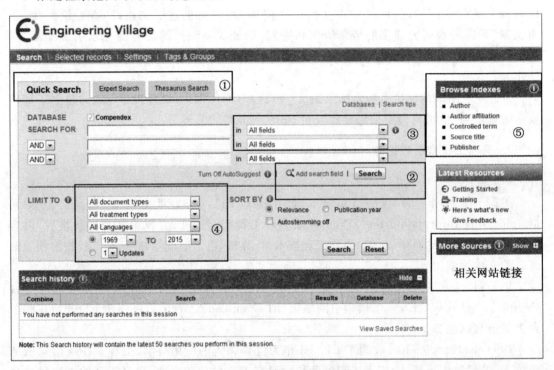

图 7 - 12　EI 首页即快速检索页面

在检索限定(LIMIT TO)有以下四种下拉菜单,分别是用于文件类型限定、处理类型、语种限定、时间限定。使用此方法,用户的检索结果将更为精确。在默认状态下,不对文献类型和年限加以限定,这是检索速度最快的。

Ⅰ.文献类型(Document Type)是所检索的文献源出版物的类型。用户如果把检索范围在限定某特定的文献类型,将检索不到 1985 年的文献。

Ⅱ.处理类型(Treatment Type)是文献的研究方法及所探讨主题的类型。用户如果把检索范围限定在某特定的处理类型,将检索不到 1985 年的文献。

Ⅲ.语种限定。无论原文使用的是何种语言,Compendex 数据库中所有的摘要和索引均用英文编写。如果某篇文章不是英文文献,在其引文的最后标出所用的语言,当所使用的语种是两种或两种以上,用逗号将他们分开。

Ⅳ.时间限定。系统默认的是 1969～2008 年,用户检索是可在 1969 至今任意限定。可以选择某年度检索,也可以跨年度检索。

在快速检索中,用 All Fields、Title Words 和 Abstracts 字段检索时,系统默认的是,在检索时进行对检索词自动取词根。例如，输入"nutrient"，将检索到"nutritional""nutrition"等，即将检索所输入词的词根为基础的所有派生词。

选择检索字段，如图区域③所示。

在检索字段（SEARCH IN）下拉菜单中，有 15 个检索字段可供选择。

Ⅰ. 所有字段（All Fields）检索。用这种检索方式进行检索，一般来说得到的检索结果比较宽泛。

Ⅱ. 主题/标题/摘要（Subject/Title/Abstract）联合检索。选择联合检索，一次性就能比较全面地查找到有关的文献，并且还可以省去文献的剔重操作。

Ⅲ. 作者（Author）检索。以中国作者姓名为例，同一个作者姓名的英文翻译可以有很多方式，在以作者为检索点时应尽量将作者姓名的各种写法写全，用逻辑"或"算符连接，这样才能达到最好的检索效果。利用截词符可简化检索式，提高查全率。如王亮军，其姓名拼音可写成 Wang liangjun（简写成 Wang l. j. 或者 Liangjun wang）、Wang liang-jun（简写成 Wang l. -j. 或者 Liang-jun wang）、Wang liang jun。

Ⅳ. 作者单位（Author Affiliation）检索。EI Compendex 收录了每篇文献的第一作者单位，同一单位其名称可能有不同的写法，或者有时某些机构的名称会有所改变。建议用户使用作者单位索引表。在单位索引表中，要选全某一单位的不同写法，提高查全率（在快速检索中最多只能选 3 项）。作者单位检索时可以仅输入作者单位中的几个关键词或用截词符"*"代替一些词或字母。

Ⅴ. 刊名（Serial Title）检索。要检索某个特定的期刊，可用括号或引号将刊名将标题括起来。用户也可以在检索框中输入某些特定的词语，在标题中检索这些词。

Ⅵ. EI 受控词（EI Controlled Term）检索。EI 受控词是一系列用来描述文献内容的规范词，这些词都可以在 EI 受控索引字典中检索到。

Ⅶ. EI 主题词（EI Main Heading）检索。Compendex 数据库中每个记录均有一个受控词作为主题词来表示文献的主题。

Ⅷ. EI 分类码（EI Classification Code）检索分类码是数据库赋予某一篇文献的指定的分类代码。EI Compendex 将文献分为 800 各领域，并给它一个分类码，用户可以通过分类码查找文献。

Ⅸ. 摘要（Abstract）检索。可在摘要中检索某些特定的词语。EI 的摘要拥有与文献等量的主要信息，一般用 150 个词描述内容梗概。

在检索式（SEARCH FOR）文本框中输入检索词，最多只能选择三个词，且分别输入到三个文本框中，检索词之间可以选择 AND、NOT、OR 相连。

利用系统词典浏览索引检索，对于 Author（作者）、Author Affiliation（第一作者单位）、Serial Title（刊名）、Publisher（出版社）、EI Controlled Term（EI 受控词）四个字段，系统提供了相应的索引词典，供检索使用。

单击"Search"就可以进行相应的检索，如果用户需在检索过程中开始一次新的检索，可单击复位（End Search）按钮，清除前面的检索结果。

② 专业检索（Expert Search）。点击图 7 - 12 区域①"Expert Search"标签，进入专业检索界面。与快速检索相比，专业检索用户可以使用更复杂的布尔逻辑运算。用户采用

"within"命令（缩写：wn）和字段码，可以在特定的字段内进行检索。书写格式为"｛检索词或词组｝wn 检索字段代码"。用户既可用单一字段进行检索，也可以通过逻辑运算符对多个字段进行组合检索。在检索框中输入要检索的术语，如果要精确检索一个短语，可用括号或引号将此短语括进去。

在专业检索模板中，可以对文件类型、处理类型、语种进行限定。用户可以直接在检索框中限定处理类型。在高级检索模板下，系统不会自动进行词根运算，检索的文献结果将严格与输入的检索词匹配。专业检索的运算符、匹配符等功能如下：

逻辑运算符包括 AND,OR,NOT。

Ⅰ. 位置运算符。W/F 表示两词在同一字段，任意位置；W/N 表示两词之间最多相隔 n 个单词，位置任意；W/0 表示两词相邻，位置任意；NEAR 表示两词之间最多相隔 5 个单词，位置任意；ADJ 表示两词相邻，位置确定。

Ⅱ. 通配符。"＊"为无限截词符，代替单词中间若干个字符；"?"可替代单词中间的一个字符。

Ⅲ. 词根符。通过使用"＄"可检索出与该词根具有同样语义的词。如"＄manage"将检索出 manager、managerial 和 management 等词。

Ⅳ. 特殊字符。即除 a～z,A～Z,0～9,?,＊,＃,()或{}之外的所有字符。检索时系统将忽略特殊字符。如果检索的短语中含有特殊字符，则需将此短语放入括号或引号中，此时特殊字符将被一个空格所代替。

Ⅴ. 连接词(Stop Words)。如果检索的短语中包含连接词(AND,OR,NOT,NEAR)，则需将此短语放入括号"()"或"[ ]"中。

EI 将跟踪用户在本次检索中所输入的检索式，为用户建立一个检索历史记录，对每一次检索进行记录。检索结束后，可保存检索式和检索结果，否则本次检索的检索式和检索结果都将丢失。利用检索工具栏上的按钮"Save Search"可保存检索式。同样可单击"Search History"进入检索历史的界面，检索历史(Search History)默认设置为显示最近三次检索，如果想查看前面的所有检索，单击"View Saved Search History"(浏览全部的检索历史)。单击检索式，进入检索结果界面。单击"Save"按钮，可通过 E-mail 地址登录保存当前检索结果。要重新执行此检索式时，单击"Select Record"，然后通过 E-mail 地址登录调出检索式。注意，"Saved Search"和"Select Record"是用来存储和调用检索式的，而不是存储和调用检索结果的。

检索结果最初以引文的格式显示。每个页面上显示 25 条记录，在检索结果界面上，系统显示了本次检索策略和命中记录数(图 7-13)。

通过图 7-13 所示界面上方的"Choose format"单选框，可选择命中记录的显示格式：引文格式(Citation)、摘要格式(Abstract)、详细记录格式(Detailed record)。

单击每条记录下的"Detailed"超级链接，显示此条记录的详细记录；单击"Abstract"，显示记录的文摘。Compendex 数据库的受控词及作者姓名均为超级链接形式。单击受控词，系统将检索出数据库中用户最初检索时所选定的时间范围内含有该受控词的所有记录；单击作者姓名，系统将检索出数据库中子数据库建立以来(1969 年)该作者的所有记录。当检索结果太多、太少或者不符合用户的需要时，可以单击检索结果页左上角的检索(Refine

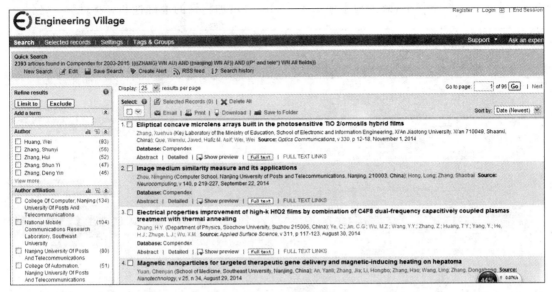

图 7 - 13　EI 检索结果页面

Search)按钮，对检索策略做进一步的改动。

　　单击记录前方的复选方框，或者单击"Select All on Page"链接，标记本页中的全部记录或者在"Select Range"文本框中输入所要标记的记录的序号范围，单击"GO"来标记记录。用户通过"Clear All on Page""Clear All Selections"来清除对记录已做的标记。可通过"打印""存盘""E-mail"等方式将检索结果输出。如果已经申请了个人账户，可以单击"Save to Folder"按钮，创建一个文件保存用户的检索结果。

　　③ 叙词检索(Thesaurus Serach)。点击图 7 - 14"Thesaurus Serach"标签，进入叙词检索界面。叙词检索用于检索某一主题的文献。叙词检索可以提高查准率、减少检索词的使用以及可加深对课题的理解。叙词表中反映了叙词之间的等级关系，利用叙词表可以了解该叙词的上位词/下位词/相关词，同时可扩展/缩小课题的检索范围，前两种检索方法无法实现的。

　　叙词的检索方式有查找(Search)、精确术语(Exact Term)和浏览(Browse)三种，如图 7 - 14 所示。选择"查找(Search)"查找输入词在词表中的正确写法；选择"精确术语(Exact Term)"表示已知某叙词，查找列出其详细信息，包括该词的上位词列表、相关词列表、下位词表；"浏览(Browse)"对应于叙词字顺结构表，可以查看输入词在叙词表中的位置，显示其附近的叙词。

　　如在叙词检索框中输入"Computer fault-tolerant technology"，以"Search"方式打开叙词表，系统提示没有匹配结果，同时列出可能的叙词，如图 7 - 14 所示。选择其中的"Computer generated holography"，在选择"Exact Term"，系统推荐使用"Computer generated holography""Computer applications""Holography""Image processing"，可单选也可复选，系统默认的逻辑关系是"OR"。如果检索课题相对比较简单，可直接检索，使用检索字段是"CV"；若检索课题相对复杂，可选择合适的叙词进行专家检索，根据系统相关提示,找到合适的检索叙词,减少检索词输入的同时可增加检索的准确性和专指性。

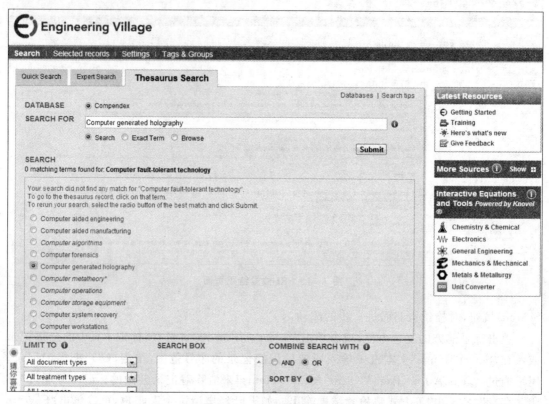

图 7 - 14　EI 叙词检索页面

检索结果及系统自动生成的检索式如图 7 - 15 区域①所示;对于每条检索结果系统提供两种显示方式,如图 7 - 15 区域②所示,文摘(Abstract)和详细信息(Detailed),文摘除了包含题录信息外,还提供文献摘要、EI 叙词及原文的出处;详细信息包含存取号在内的全部文献信息。有的记录上有"Cited by in scopus(2)"表示该文献在 Scopus 收录的文献中被引用的次数,某种程度上代表该文献的学术水平和影响力。

数据库本身不提供原文,如有的论文有"Full text"链接,这表示使用单位购买了文献所在的数据库。系统提供九种排序方法,如图 7 - 15 的区域③。输出结果前首先对要输出的记录进行标记。可以逐条标记也可批量进行。单击图 7 - 15 的区域④"select",可按照页也可按记录数批量标记,一次最多标记 500 条记录。标记的记录如图 7 - 15 的区域④所示,可打印、E-mail、下载或输入到个人文献管理系统中,也可保存在系统服务器上。图 7 - 15 的区域⑤可通过文献类型、时间的选择等缩小检索的范围,继续精简检索结果。

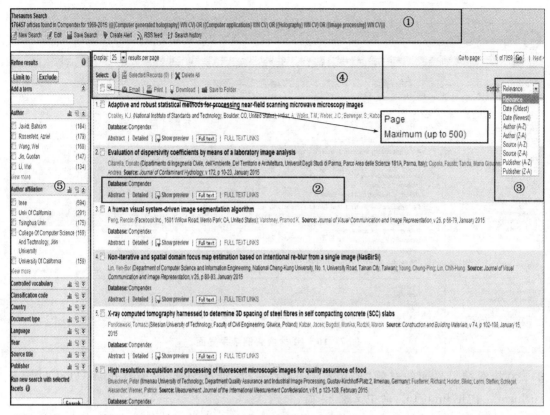

图 7-15 EI 叙词检索结果页面

【检索实例 7-5】 检索南京邮电大学王汝传教授发表于《南京邮电大学/学院学报》期刊的论文被 EI 收录的情况。

【分析课题】 本课题要检索文献的作者:王汝传;单位:南京邮电大学;出版物名称:南京邮电大学/学院学报。

解答 ① 选择检索词、编制检索式。选择检索词:王汝传(英文表示为"Wang, Ru Chuan""Wang ruchuan"等);南京邮电大学(由于南京邮电大学的英文名有若干种表示方法,且 2005 年之前名为南京邮电学院,所以选择"nanjing P * and t *"模糊表示);南京邮电大学/学院学报(英文名"Journal of Nanjing P * and t * ")。

② 检索步骤。进入数据库检索的快速检索(Quick Search)界面。

输入框中输入"Nanjing";选择 Author Affiliation(作者单位)作为检索字段,在第二个检索词输入框中输入"P * and t * ";在第三个检索词输入框中输入"Journal of Nanjing p * and t * ",选择 Source Title(期刊名称)作为检索字段。各检索词之间用"AND"连接,单击"Search"检索,命中 661 条,如图 7-16 所示。

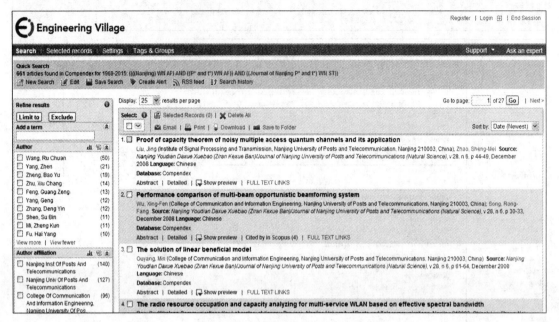

图 7 - 16　EI 检索实例结果界面

　　在检索结果界面的右侧"Refine Results"一栏,选择"Wang, Ru Chuan"以及"Wang ruchuan",单击"limit to",命中文献 59 篇。

　　③ 检索结果分析。命中的文献 59 篇都为南京邮电大学王汝传发表于《南京邮电大学学院学报》的文献,符合检索要求。

7.2　特种文献及其检索

　　特种文献是出版形式、出版机构比较特殊的科技文献,一般包括专利文献、会议文献、科技报告、政府出版物等类型,具有特色鲜明、内容广泛新颖、参考价值高的特点,是非常重要的信息源。

7.2.1　专利文献

1. 专利文献概述

（1）专利、专利文献的概念

　　专利(patent)是指国家专利主管机关授予申请人在一定的时间内享有的不准他人任意制造、使用或者销售其专利产品或者使用其专利方法的专有排他的权力。作为获得这种权利的前提,权利申请人必须要以专利(申请)说明书的形式公开自己所申请专利的技术内容及细节。专利有双重含义:一是指申请人就某项发明创造申请的受法律保护的专利权;二是指申请受法律保护的发明创造本身。有时也将专利说明书简称为专利。

专利作为一种知识产权,具有三个基本特征,即时限性、地域性和独占性。我国《专利法》规定:"授予专利权的发明和实用,应当具备三性——新颖性、创造性和实用性。"世界各国的专利法也作了类似的规定。

专利文献是记载有关发明创造信息的文献,反映最新的科学技术发明,世界上 80% 的科技信息首先在专利文献中出现。广义的专利文献是指实行专利制度的国家及国际性组织在审批过程中产生的官方文件以及出版物的总称,主要包括申请说明书、专利说明书、专利公报、专利分类法等。狭义的专利文献是指申请书和专利说明书。

（2）专利文献特点

① 内容新颖、范围广泛;

② 系统、详尽、实用性强;

③ 集技术、法律、经济信息于一体;

④ 格式统一、形式规范;

⑤ 重复报道量大。

（3）专利文献类型

① 一次专利文献。一次专利文献泛指各种类型的专利说明书,包括授予发明专利、发明人证书、医药专利、植物专利、工业品外观设计专利、使用证书、实用新型专利、补充发明人证书、补充保护证书、补充使用证书的授权说明及其相应的申请说明书。一次专利文献统称专利说明书。

② 二次专利文献。二次专利文献一般是指各工业产权局出版的专利公报、专利文摘出版物和专利索引。

③ 专利分类资料。专利分类资料是按发明技术主题分类、用于检索专利文献的工具,即专利分类表及分类表索引等。

（4）专利说明书

专利说明书是专利文献的主题,一份专利说明书通常包括以下部分:扉页、权利要求书、说明书、附图、检索报告(有些国家的专利说明书中附有检索报告)。

① 扉页。专利说明书的扉页部分包含一组有关该发明技术及其法律信息的著录项目,通常包括发明名称、发明人姓名、申请人姓名、申请日期、申请号、分类号、专利号、文摘等项目。图 7-17 是一份中国专利说明书的扉页。这些著录项目的具体内容及排列顺序因不同国家而异,但大多数在每一个著录项目前面都注明统一的 INID 代码(即国际承认的数据识别代码"Internationally agreed Numbers for the Identification of Data")。即使各国语言文字不同,也能靠这些识别代码来分辨某一著录项目的内容。INID 代码共分 8 组,分别用两位阿拉伯数字表示,并用方括号或圆括号括起来,常用代码如表 7-1 所示。

② 权利要求书。权利要求书是申请发明专利和申请实用新型专利的必须提交的申请文件。它是发明或者实用新型专利要求保护的内容,具有直接的法律效力,是申请专利的核心,也是确定专利保护范围的重要法律文件。申请人可以自行填写或撰写,也可以委托专利代理机构代为办理。

表 7 - 1　专利说明书常用代码

代码	含义	代码	含义
[10]	文献标志	[40]	公布或出版日期
[11]	文献号	[51]	国际专利分类号
[12]	文献类别	[52]	本国专利分类号
[19]	公布专利文献的国家或机构	[54]	发明名称
[20]	国内登记项	[55]	关键词
[21]	申请号	[57]	文摘或专利权项
[22]	申请日期	[71]	申请人姓名(或公司名称)
[24]	所有权生效日期	[72]	发明人姓名
[31]	优先申请号	[73]	受让人姓名(或公司名称)
[32]	优先申请日期	[74]	律师或代理人姓名

(19)中华人民共和国国家知识产权局

(12)发明专利申请

(10)申请公布号 CN 101966481 A
(43)申请公布日 2011.02.09

(21)申请号 201010519895.1

(22)申请日 2010.10.26

(71)申请人 烟台鑫海矿山机械有限公司
　　地址 264006 山东省烟台市经济技术开发区
　　珠江路 32 号

(72)发明人 张云龙　胡德成

(74)专利代理机构 北京轻创知识产权代理有限
　　　　　　　　公司 11212

　　代理人 杨立

(51)Int. Cl.
　　B02C 17/18 (2006.01)

权利要求书 1 页　说明书 3 页　附图 5 页

(54)发明名称
　　一种自磨机的排矿装置

(57)摘要
　　本发明涉及一种自磨机的排矿装置。所述排
矿装置包括排料端板、格子板、排料通道和防溅
板,所述格子板固定连接在排料端板上,所述排料
通道固定连接在排料端板的下方,所述防溅板和
排料通道相连并位于排料通道的下方。本发明自
磨机的排矿装置设备结构简单,采用简体端面排
料替代传统中心溢流排料,不会产生过粉现象,
使合格粒度的产品及时排出,又不受溢流浓度影
响并能提高产量,矿浆浓度即给水量易于控制,效
果显著,便于推广应用。

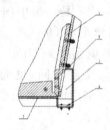

CN 101966481 A

图 7 - 17　中国专利说明书扉页样例

③ 说明书正文是清楚完整地描述发明创造的技术内容的文件。以中国发明专利说明书为例,说明书内容主要包括:技术领域、背景技术、发明内容(所要解决的技术问题以及采用的技术方案和有益效果)、附图说明、具体实施方案。

④ 附图是用于补充说明书文字部分的文件。有些国家的专利说明书中,附图是作为专利申请文件中的一个独立部分存在的,但在中国专利说明书中,附图属于说明书的一部分。

(5) 国际专利分类法

① 概况。早期,许多国家都建立了自己的专利分类表,它们的分类体系和标记符号各不相同,难以被使用者全部掌握,这给专利文献的整理和检索带来许多困难,有鉴于此,欧洲共同体理事会下属的专家委员会拟定了一种国际通用的《国际专利分类表》(简称 IPC)。专利分类法是从主题出发来检索专利文献的重要途径。1968 年 9 月 1 日在国际范围生效,以后每 5 年修订一次。由于修订时间过长,不适合新技术分类的需要,因此从第 8 版开始,改为随着新技术的发展不断进行修订和细分,每三个月修订一次。从第二版开始,IPC 有中文版本。可在 IPC 分类号前加上缩写符号 Int. cl^n,n 表示版次号(第一版没有数字表示),如 Int. cl^8 表示第 8 版。

② IPC 体系结构。国际专利分类体系是按照技术主题来设立类目的。IPC 按照五个等级分类,部(Section)、大类(Class)、小类(Subclass)、主组(MainGroup)、分组(Group)。

Ⅰ. 部(Section)是分类表中最高等级的分类层,按照领域不同,分为八个大部,用一位的英文字母标记。这八个部分别是:

A 部——生活需要　　　　　　　E 部——固定建筑物
B 部——作业;运输　　　　　　F 部——机械工程;照明;加热;爆破
C 部——化学;冶金　　　　　　G 部——物理
D 部——纺织;造纸　　　　　　H 部——电学

Ⅱ. 大类(Class)。每个部分下属设有多个大类,大类是由二位数字组成,每个部下面有不同数量的大类。例如,A01,农业、林业、畜牧业、打猎、诱捕、捕鱼。

Ⅲ. 小类(Subclass)。小类由一个大写字母组成。例如,A01B,农业或林业的整地;一般的农业用机械或工具的部件、零件或附件;

Ⅳ. 主组(MainGroup)和 分组(Group)。每个小类细分为许多组,其中有主组和分组,主组由高层类别号加上 1~3 位的数组成以及"/00"组成。例如,A018I/00,手动工具;分组由小类类别号以上以及小类类别号的标记加上一个 1~3 位的数字,再加上除"too"以外的二位到四位数组成。

③ 专利文献编号。专利国别代码是指专利号前面的两个英文字母,如 CN(中国)、JP(日本)等。

Ⅰ. 申请号是为专利局受理某件专利时同时给的编号,用 12 位阿拉伯数字表示,包括申请年号、申请种类号和申请流水号三个部分。按照由左向右的次序,专利申请号中的第 1~4 位数字表示受理专利申请的年号;第 5 位数字表示专利申请的种类,其中,1 表示发明专利,2 表示使用新型,3 表示外观设计。第 6—12 位数字(共 7 位)为申请流水号,表示受理专利申请的相对顺序;最后加小数点及一位计算机校验码。专利申请号中使用的每一位阿拉伯数字均为十进制。如:CN200610054320.0。

Ⅱ. 公开/公告号。按文献流水号排序,均采用 7 位数编号,前面加国际通用国别代码,第一位数字用来区分 3 种不同专利。A 发明专利申请公开,如 CN1348826A;Y 实用新型专利授权公告,如 CN2475414Y;C 发明专利申请公开,如 CN1084638C;D 外观设计专利授权公告,如 CN3100661D。

Ⅲ. 专利号。正式获得授权的专利的编号。我国的专利编号与申请号相同,仅在前面加上 ZL,如 ZL01214062.7。

2. 国内专利文献检索数据库

(1) 国家知识产权局网站(http://www.sipo.gov.cn)

该网站是免费提供专利说明书的系统,与 2011 年开通,收录 1985 年中国专利法实施以来公开的全部中国发明、实用新型和外观设计专利的题录、摘要、说明书全文及法律状态信息。该数据库每周三更新一次。

通过网址直接进入国家知识产权局网站中文页面。点击"专利检索与查询"→"专利检索与服务系统(公众部分)"进入常规检索的页面(图 7-18),根据实际需要在文本输入框中输入检索词,在下拉菜单中选择:检索要素、申请号、公开(公告)号、申请(专利权)人、发明人或发明名称字段中的任意一个检索字段,执行"检索",得到检索结果。各个检索字段的逻辑关系为"AND",其中"分类号"字段指的是 IPC 分类号,将鼠标移向检索框会出现字段的使用说明及示例。可使用逻辑符和截词符,逻辑符有 AND,NOT,OR 或 *,+,—;截词符"％"代替多个字符,"?"代替单个字符。

图 7-18   SIPO 常规检索

单击"表格检索"标签,进入表格"检索页面"(图 7 - 19)。该数据库提供了 19 个检索字段。检索时,用户可以选择其中的一个或者多个检索字段,并输入相应的检索条件。同时还提供了"过滤文献类型",用户可以根据需要选择过滤的文献类型"公开文献[PUB]"、"授权公告文献[PROC]",以及发明类型"发明[I]""实用新型[U]""外观设计[D]"。

为了进一步提高检索效率,该系统还提供了检索式编辑区,用户可根据自己需要使用运算符编辑检索式进行检索。

图 7 - 19　SIPO 表格检索

检索结果的显示如图 7 - 20 所示。检索结果依发明、使用新型、外观设计专利的顺序显示专利申请号及专利名称信息。每页最多列出 10 条记录,单击任何一条记录的专利名称项,将进入专利题录和摘要信息显示页。

(2) 中国专利信息网(http://www.patent.com.cn)

中国专利信息网始建于 1997 年 10 月,是国内较早提供专利信息服务的网站。用户既能实时了解中国相关的信息,又能方便快捷的查询专利的详细题录内容,以及下载专利全文资料。采用会员制管理方式向社会提供网上咨询、网上检索、检索技术、邮件管理等服务。注册、登入后方可检索,免费会员只能通过检索题录和浏览专利说明书的首页,付费会员才能浏览和下载专利说明书全文。

该网站提供简单检索、逻辑组配检索和菜单检索三种检索方式。可以使用逻辑运算符 AND、OR、NOT 或 *、+、- 连接检索词,菜单检索每个字段之间的逻辑关系为 AND。

(3) CNKI 中国专利数据库

CNKI 收录了 1985 年 9 月以来所有专利,包含发明专利、实用新型专利、外观设计专利

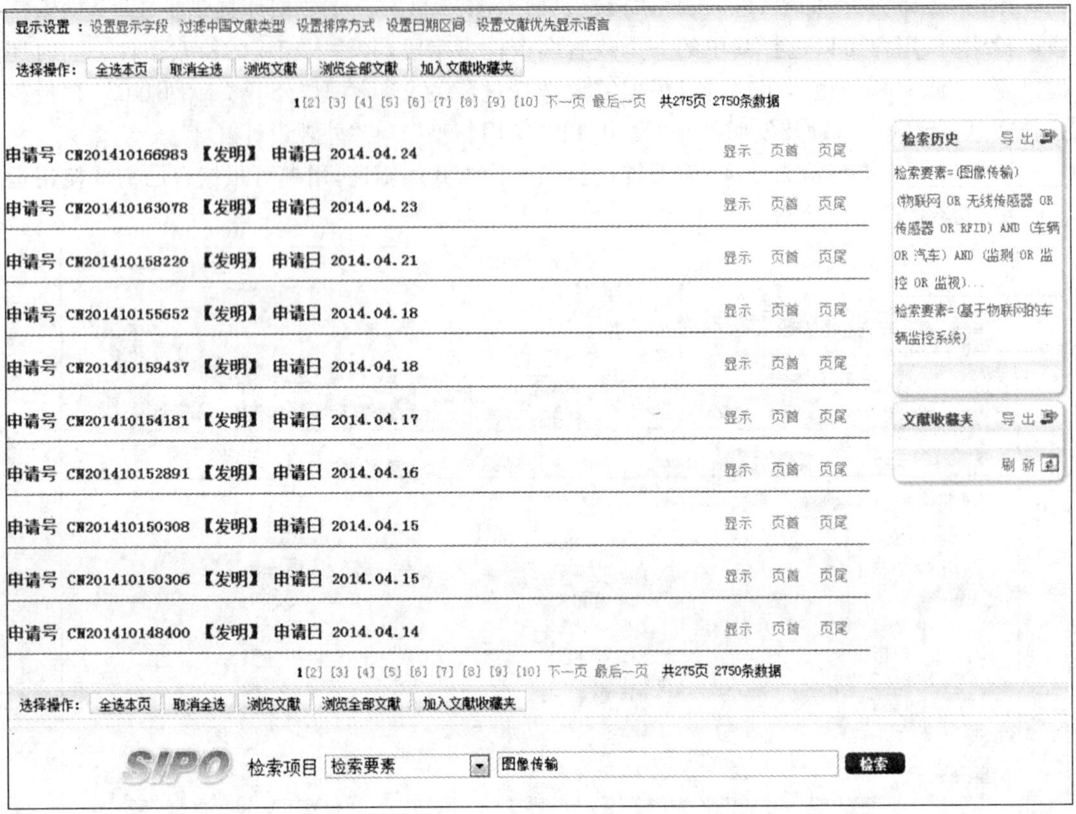

图 7 - 20　SIPO 检索结果

三个子库,准确地反映中国的专利发明。专利的内容来源于国家知识产权局出版社,相关文献、成果等信息来源于 CNKI 各大数据库,根据国际专利分类(IPC 分类)和国际外观设计分类法。可以通过申请号、申请日、公开号、专利名称、摘要、分类号、申请人、发明人、地址、专利代理机构、代理人、优先权等检索项进行检索,并下载专利说明书全文。其检索方法与 CNKI 其他数据库检索方法相同,参见 5.2.2 节。

　　(4) 万方数据资源系统的"专利技术数据库"

　　万方数据库资源系统的"专利技术数据库"收录了自 1985 年至今的全部发明专利、实用新型专利、外观设计专利数据信息,包含专利名称、专利公开(公告)日、公开(公告)号、主分类号、分类号、申请(专利)号、申请日、申请(专利权)人、发明(设计)人、优先权等数据项。数据由国家知识产权局出版社提供,数据库检索界面和检索方法与万方数据库资源系统的其他数据库相同,参见 5.2.3 节。

　　(5) 其他

　➤中国发明专利技术信息网(http://www.lst.com.cn/);

　➤中国专利信息中心(http://www.cnpat.com.cn/);

　➤中国专利网(http://www.cnpatent.com/);

　➤中华专利网(http://www.cnpat.org/);

➤中国专利技术网(http://www.zlfm.com/)。

3. 国外专利文献检索数据库

(1) 美国专利数据库(http://www.uspto.gov)

该数据库系统是由美国专利商标局提供,全名为美国专利全文文本及扫描图像数据库,收录了自 1790 年以来的所有美国专利,可免费获取专利说明书全文文本或专利全文扫描图像,分为授权专利数据库和申请专利数据库两部分。授权专利数据库提供了 1790 年至今各类授权的美国专利,其中有 1790 年至今的图像说明书,1976 年至今的全文文本说明书(附图像连接),但申请专利数据库只提供了自 2001 年 3 月 15 日起申请说明书文本和图像。数据库更新及时,每周更新一次。

通过网址 http://www.uspto.gov/进入 USPTO 的主页,单击主页左侧的 Patents/search Patents 按钮即可进入专利数据库检索界面;或通过网址 http://www.uspto.gov/patft/index.html 直接进入专利数据库检索界面。

数据库提供 Quick Search(简单检索)、Advanced Search(高级检索)和 Patent Number Search(专利号检索)。简单检索界面如图 7-21 所示,检索时,在 Terml 框中输入检索词,并在对应的 Fieldl 下拉列表中选择所要检索的字段(包括所有字段、专利名称、文摘、授权日、专利号等 31 个),然后单击 Search 按钮即可。需要进行多词检索时,可在 Term2 输入框中输入第二个检索词,并选择对应的检索字段,同时在布尔逻辑运算符下拉列表中选择适当的运算符(AND、OR、NOT)。另外,在输入框下方设有检索年代范围选择(Select years)时,可根据需要选择时间范围。

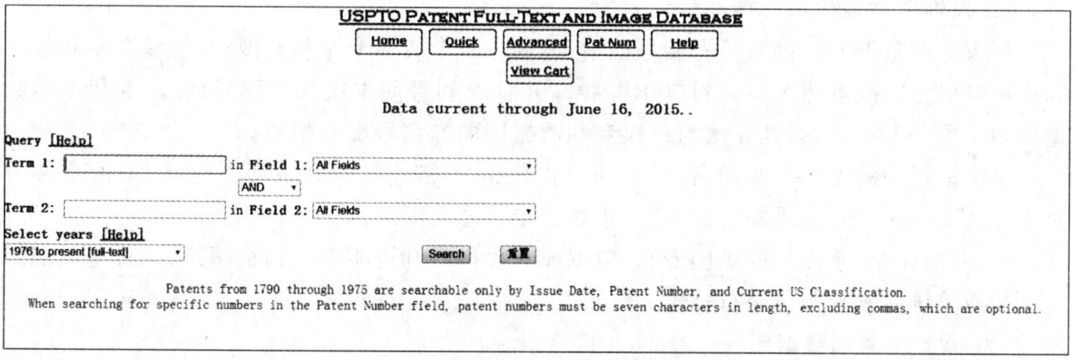

图 7-21　USPTO 快速检索页面

高级检索界面包括检索式输入框和下方的字段代码表两部分,如图 7-22 所示。该检索方式允许用户直接在输入框中输入单词或词组(词组需用引号括起来),也可以利用命令行检索语法构建复杂的检索提问式。命令语法包括布尔逻辑关系式、词组检索、截词检索、字段限定检索等。字段限定检索的方法是在检索词之前加上检索字段代码和符号"/",如"IN/Roby"表示检索在发明人字段中出现"Roby"的专利。

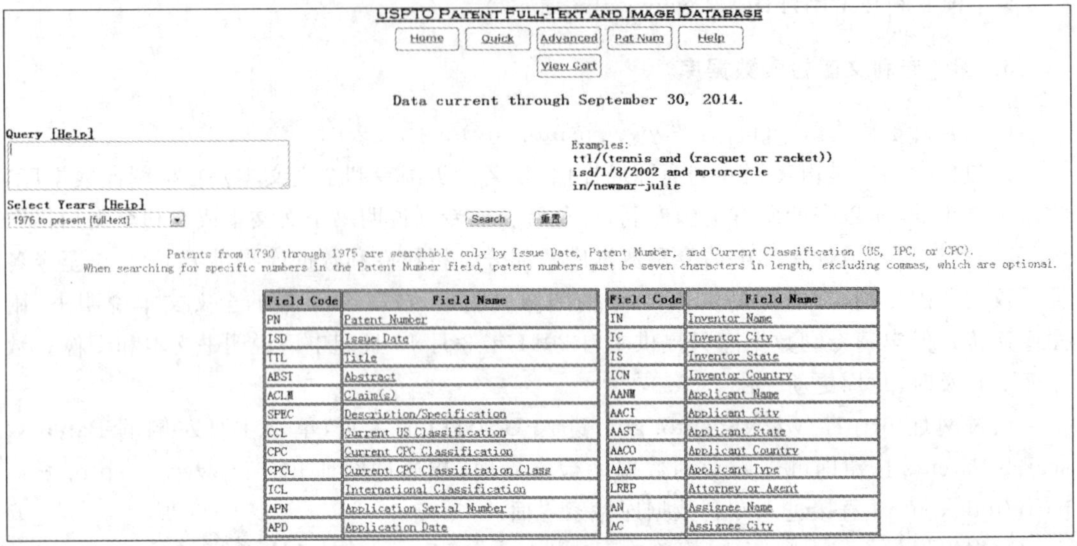

图 7 - 22　USPTO 高级检索页面

美国 USPTO 专利数据库系统检索功能较强,检索途径众多,使用简单方便。它支持加双引号的词组检索;用截词符"＄"进行右截断检索,可取代任意个字符(加引号的词组用截词符无效);在高级检索中,可利用各种字段代码限定在发明名称、文摘等字段检索,使检索提问式能够充分、灵活地表达多种多样的信息需求。系统还提供了精确检索(Refine Search)功能,当完成一次检索后,还可对 Refine Search 输入框内显示的原检索式进行修改,再次检索以增强检索的精准性。

授权专利数据库提供的是专利号检索,可输入一个或多个专利号搜索,但多个专利号之间应用空格分开或者用逻辑算符"OR"隔开,并且专利号前不能加"US"前缀。专利申请数据库则使用公开号检索,其方法与授权专利数据库的专利号检索相同。

单击记录中的专利号或题名,系统便会提供 text 格式的专利说明书全文;单击全文首页上方的 Images 图标,系统将以 tif 格式显示专利全文图像。

另外,对 1976 年以前的美国专利,数据库只提供专利说明书的扫描图像,并且也只能用专利号或美国专利分类号进行检索。

(2) 欧洲专利局数据库(esp@cenet 检索系统)

欧洲专利局(EPO)的专利信息网站(http://ep. espacenet. com)是 1998 年 EPO 在 Internet 网上建立了 esp@cenet 的网站。不仅可以检索欧洲专利,而且可以检索到美、英、德、法、日等 70 多个国家的专利申请公开说明书,大部分可以免费获取原文。欧洲专利检索网站还提供一些专利信息,如专利公报、INPADOC 数据库信息及专利文献的修正等。

① 数据库构成。目前 esp@cenet 可供网上免费查询的子数据库有 3 个:Worldwide、WIPO-esp@cenet、EP-esp@cenet。

Ⅰ. Worldwide:该数据库是世界范围内专利数据库,提供 70 多个国家和地区的专利信息,包括 20 多个国家的专利全文说明书。

Ⅱ. WIPO-esp@cenet:该数据库是国际专利数据库,只提供 WIPO(世界知识产权组织)最近两年公开的国际专利申请公开说明书,两年以前的则并入 Worldwide 数据库。

Ⅲ. EP-esp@cenet:该数据库是欧洲专利数据库,只提供欧洲专利局及各成员国提供的近两年欧洲专利局公开的专利申请公开说明书。两年以前的则并入 Worldwide 数据库。

② 进入方法:

Ⅰ. 通过欧洲专利局进入(http://ep. espacenet. com/);

Ⅱ. 通过欧洲委员会进入(http://ec. espacenet. com/);

Ⅲ. 通过中国知识产权局网站进入;

Ⅳ. 通过欧洲各成员国网站进入(支持不同语言)。

③ 检索方式。该系统提供 4 种检索方式,分别为:Smart Search(智能检索)、Advanced Search(高级检索)和 Classification Search(分类检索)。点击左侧的智能检索 Smart Search,只需在右侧检索框中输入相应的词组,即可进行跨库检索,词数不要太多,如图 7-23 所示。

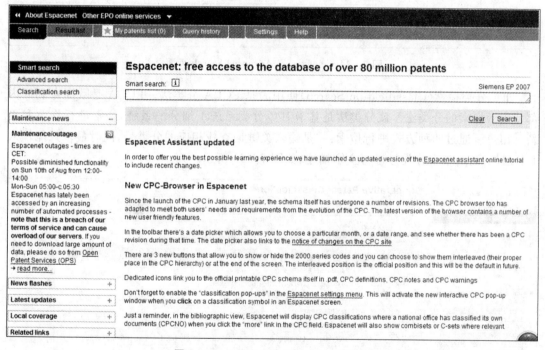

图 7 - 23　esp@cenet Smart Search 页面

Ⅰ. 高级检索(Advanced Search)首先要选择数据库,然后可以按标题、摘要、公开号、申请号、优先权号、公开日期、申请人、发明人、欧洲专利分类号和国际专利分类号等途径进行检索。如果选择了 EP 与 WIPO 数据,则标题或摘要、欧洲专利分类号两个途径不能使用,如图 7-24 所示。

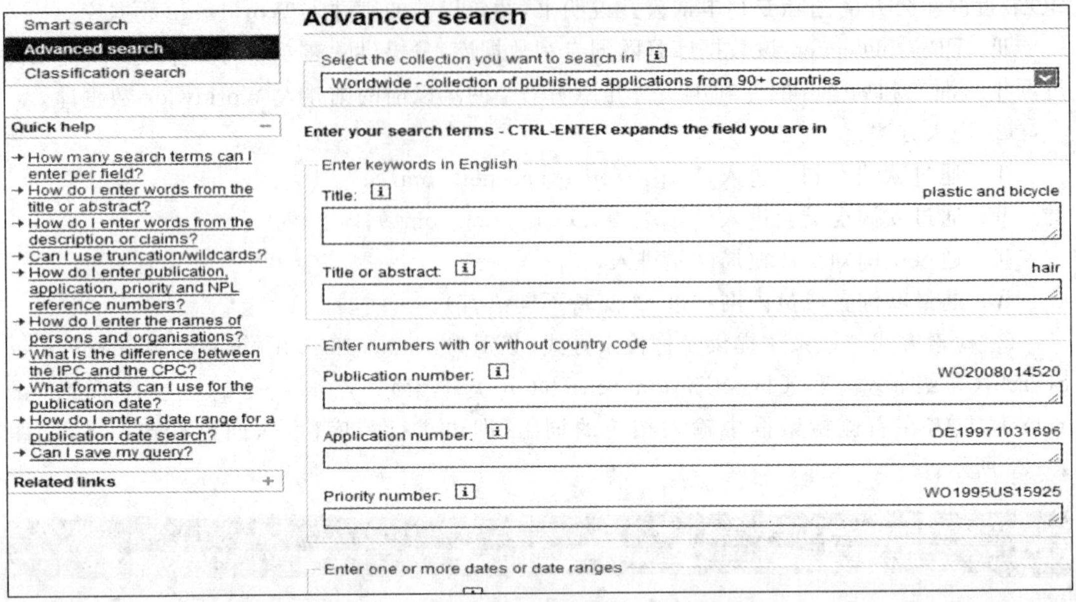

图 7 - 24　esp@cenet Advanced Search 页面

Ⅱ. 分类检索(Classification Search)使用的是 ECLA 分类法。ECLA 是欧洲专利局内部使用于检索的分类法。该分类法是基于 IPC 分类系统下细分的系统,经常进行修改和更新。用户可通过两种方式进行检索:一是输入关键词查找相应的分类号,同时最多只能输入 4 个词;二是对某个分类号进行文字描述,如图 7 - 25 所示。

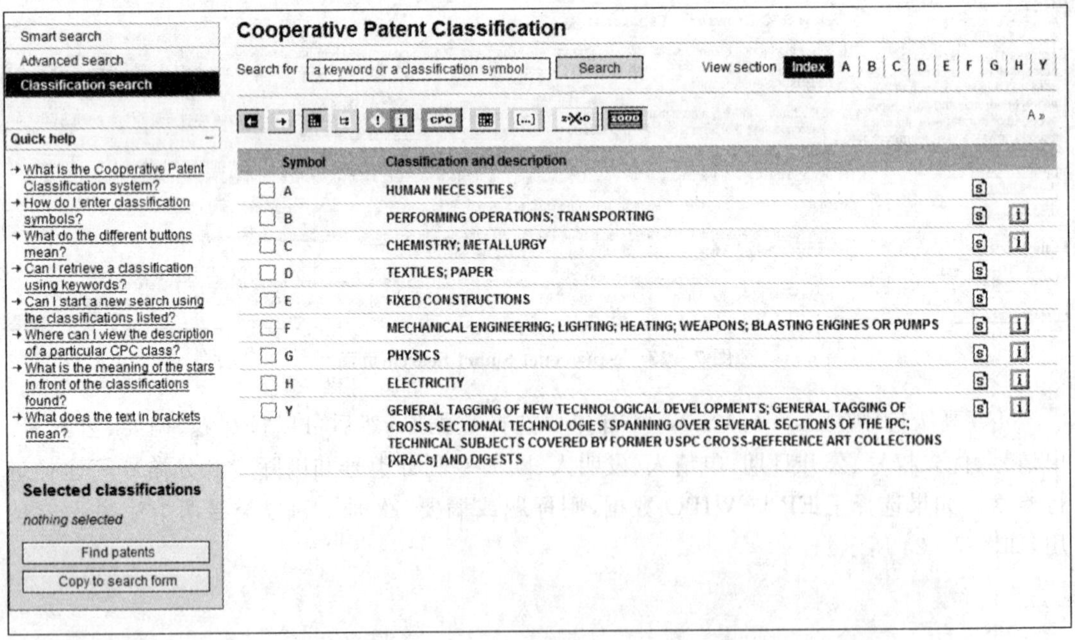

图 7 - 25　esp@cenet Classification Search 页面

（3）世界知识产权组织 IPDL(http://www.wipo.int/portal)

IPDL(Intellectual Property Digital Library)是世界产权组织建立的知识产权数字图书馆,提供可检索的网上免费数据库,通过该数据库可以检索 PCT 专利申请文献。IPDL 登录方法为,在 WIPO 主页单击导航栏中的"IPSERCICES"下的"Patents(PCT)",然后再单击页面右边"Patent DATA"栏目下的"PATENTSCOPERSearch Service",进入 IPDL 检索页面,提供四种检索方式:简单检索(Simple Search)、高级检索(Advanced Search)、结构化检索(Structured Search)和浏览(Browsed by Week)。单击"options"可以进行四种检索方式的切换。检索结果以列表的形式显示。

（4）其他

① Derwent Innovation Index(DII)——德温特世界专利创新索引。DII 是由 Thomson Derwent 与 Thomson ISI 公司共同推出的基于 ISI Web of Knowledge(SCI)平台的专利信息数据库,这一数据库将 Derwent World Patents Index(德温特世界专利索引,WPI)与 Derwent Patents Citation Index(专利引文索引)加以整合,是目前世界上国际专利信息收录最全面的数据库之一。每周有 40 多个国家、地区和专利组织发布的 25 000 条专利文献和来自于 6 个重要专利版权组织的 45 000 条专利引用信息收录到数据库中,每周进行数据库更新。DII 提供快速检索(Quick Search)、表格检索(Form Search)、专业检索(Expert Search)和被引专利检索(Cited Patent Search)四种方式。

② 日本专利检索(http://www.jpdl.go.jp)。日本专利局将 1885 年以来公布的所有日本专利、实用新型和外观设计电子文献及检索系统通过其网站上的工业产权数字图书馆(IPDL)在因特网上免费提供给全世界的读者。

③ IPDL 网站专利检索(http://www.ipdl.wipo.int)。它是由世界知识产权组织建立的知识产权电子图书馆,主要提供专利信息的检索服务,包括 PCT 国际专利数据库、马德里专利快报数据库和 JOPAL 专利相关文献杂志数据库。该数据库提供两种方式检索(简单检索和高级检索),检索规则与美国专利全文数据库类似,可在网上免费获得专利说明书全文。

7.2.2　标准文献

1. 标准文献概述

（1）标准文献

标准是以科学、技术和实践经验的综合成果为基础,经有关方面协商一致,由主管机关批准,以特定形式发布,作为共同遵守的准则和依据。

标准文献是标准化工作的产物,狭义指按规定程序制订,经公认权威机构(主管机关)批准的一整套在特定范围(领域)内必须执行的规格、规则、技术要求等规范性文献,简称标准。广义指与标准化工作有关的一切文献,包括标准形成过程中的各种档案、宣传推广标准的手册及其他出版物、揭示报道标准文献信息的目录、索引等。所谓标准化工作是指在经济、生产、科技、文化、管理等社会实践中所制定并推行的统一标准,以求获得最佳秩序和社会及经济效益。它是记录和传播标准化工作具体化成果的重要载体,是一种非常重要的信息源。

（2）标准文献的特点

　　各个国家对于标准的制订和审批程序都有专门的规定,并有固定的代号,标准格式整齐划一;它是从事生产、设计、管理、产品检验、商品流通、科学研究的共同依据,在一定条件下具有某种法律效力,有一定的约束力;时效性强,它只以某时间阶段的科技发展水平为基础,具有一定的陈旧性;随着经济发展和科学技术水平的提高,标准不断地进行修订、补充、替代或废止;一个标准一般只解决一个问题,文字准确简练。不同种类和级别的标准在不同范围内贯彻执行;标准文献具有其自身的检索系统。

　　(3) 标准文献的类型

　　按使用范围分可分为国际标准、区域性标准、国家标准、行业标准、地方标准、企业标准等。

　　按内容和性质分,标准可以分为技术标准、管理标准。技术标准包括基础标准、产品标准、方法标准、安全与环境保护标准。管理标准包括技术管理标准、生产组织标准、经济管理标准、行政管理标准、业务管理标准、工作标准。

　　按成熟度分,标准可分为强制性标准、推荐性标准。强制性标准即具有法律属性,在一定范围内通过法律、执政等强制手段加以实施的标准。推荐性标准即指生产、交换使用等方面,通过经济手段或市场调节而自愿采用的一类标准。

　　(4) 标准文献的作用

　　可了解各国经济政策、技术政策、生产水平、资源状况和标准水平;

　　在科研、工程设计、工业生产、企业管理、技术转让、商品流通中,采用标准化的概念、术语、符号、公式、量值、频率等,有助于克服技术交流的障碍;

　　国内外先进的标准可供推广研究、改进新产品、提高工艺和技术水平借鉴;

　　鉴定工程质量、检验产品、控制指标的技术依据;

　　可简化设计、缩短时间、减少不必要的试验、计算,能保证质量,减少成本;

　　有利于企业或生产机构经验管理活动的统一化、制度化和文明化。

　　(5) 标准文献编号

　　无论是国际标准还是各国标准,在编号方式上均遵循一种固定格式,一般为"标准代号+顺序号+制定(修订)年份",在一些细节处不同。

　　国际标准化组织 ISO 的标准代号是 ISO,国际电工委员会 IEC 的标准代号是 IEC,国际电信联盟(ITU)的标准代号是 ITU+国际电信联盟的部门号。

　　我国国家标准的代号是 GB,国家推荐性标准的代号是 GB/T,国家指导性标准的代号是GB/Z;行业标准中强制性标准代号有用该行业主管部门名称的汉语拼音字母表示,机械行业标准用 JB 表示,化工行业标准用 HG 表示,轻工行业标准用 QB 表示,通信行业的代号是 YD;行业标准中推荐性标准的代号是在强制性行业标准代号后面加"/T";地方标准代号是"DB+地方(省、自治区、直辖市)行政区划代码前两位";企业标准代号是"Q+企业名称"。

　　(6) 标准文献分类法

　　① 中国标准文献分类法。中国标准文献的分类主要采用《中国标准文献分类法》(Chinese Classification for Standards,CCS)规定的分类法,1984 年由国家标准局编制。该分类法是目前国内用于标准文献管理的一部工具书,由 24 个一级大类目组成,用英文字母表示,每个一级类目下分 100 个二级类目,二级类目用两位数字表示。

《中国标准文献分类法》一级类目表见表 7－2。

表 7－2　中国标准文献分类法一级类目表

A 综合	J 机械	S 铁路
B 农业、林业	K 电工	T 车辆
C 医药、卫生、劳动保护	L 电子元器件与信息技术	U 船舶
D 矿业	M 通信、广播	V 航空、航天
E 石油	N 仪器、仪表	W 纺织
F 能源、核技术	P 工程建设	X 食品
G 化工	Q 建材	Y 轻工、文化与生活用品
H 冶金	R 公路、水路运输	Z 环境保护

② 国际标准文献分类法。《国际标准分类法》(International Classification for Standards,ICS)于 1991 年由国际标准化组织(ISO)编制。1994 年以前使用《国际十进分类法》(UDC),1994 年以后改用 ICS 分类。ICS 分类法由三级类构成:一级类包含 40 个标准化专业领域,每一大类号以两位数字表示,如 01、03、07;二级类号由一级类号和一个被全隔开的三位数字组成;三级类的类号由二级类的类号和一个被点隔开的两位数组成。全部 40 个大类分为 335 个二级类,335 个二级类中的 124 个被进一步分成三级类。

2. 国内标准文献检索

(1) 中国标准服务网(http://www.cssn.net.cn)

中国标准服务网是国家级和世界标准服务网(http://www.wssn.net.cn)的中国站点,于 1998 年 6 月开通,全面提供国内外标准化信息。中国标准服务网是由中国标准化研究院承担建设的"国家标准文献共享服务平台",目前标准文献题录数量达到 130 万余条。

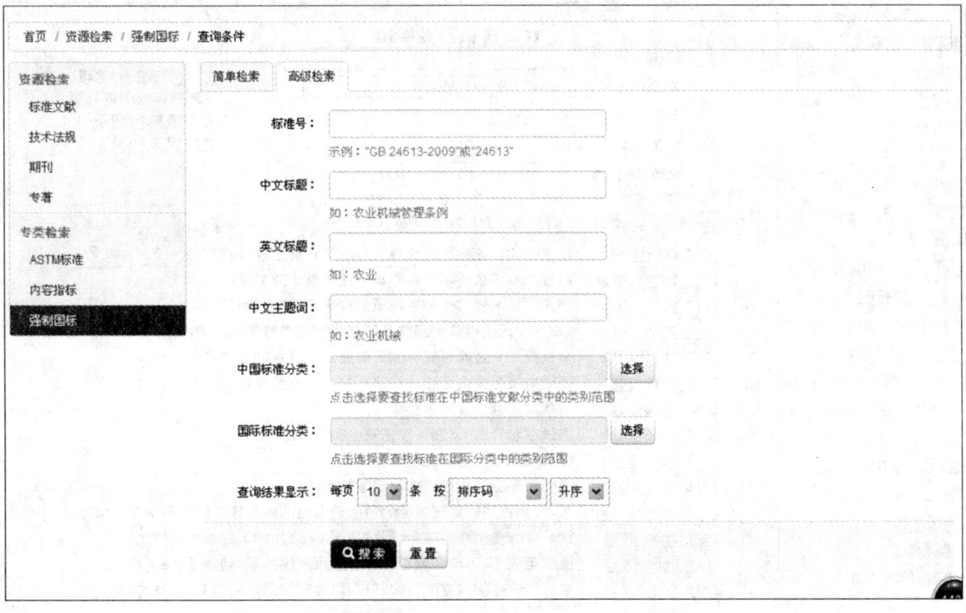

图 7－26　中国标准服务网高级检索

　　首次进入网站后应立即免费注册,每次进入网站后需进行登录。在网站主页上方的标准检索栏右侧单击"高级",即可进入标准的"高级检索"系统。中国标准服务网标准检索中提供简单检索、高级检索、分类检索、专业检索,在"分类检索"中,可以通过国际标准分类法(ICS)和中国标准分类法(CCS)检索中国标准。

　　高级检索(图7-26)提供文献号、中文标题、英文标题、中文关键词、英文关键词、被代替标准、采用关系、中标分类号和国际分类号等多种检索途径,各个检索字段间支持布尔逻辑"与"和逻辑"或"两种算符。

　　在检索结果中,用户可以免费看到标准的题录信息,全文的获取需订购。

　　(2) 通信标准信息服务网

　　通信标准信息服务网是信息产业部、邮电工业标准化研究所、通信标准化推进中心建立的企事业单位自愿参加的通信标准信息交流组织。所有网员单位享受标准查询下载通信标准及其他一系列服务的权利。用户可以下载通信行业标准(YD)、ITU-T标准、ITU-R标准、美国T1电信标准委员会(T1)、欧洲电信标准(ETSI)、Internet协议(IETF)、第三代移动通信(3GPP&3GPP2)、WAP论坛(WAP)、ATM论坛(ATM Forum)等组织标准全文。部分高校可进行通信行业标准、ITU标准和国际标准的全文下载,其他单位只能看到题录信息。

　　用户可分别进入通信行业标准、ITU标准和国际标准检索界面进行检索。例如,通信行业标准界面(图7-27),提供了标准号和标准名称的检索,用户还可以限定标准状态、专业分布和发布时间进行检索。

图7-27　通信行业标准检索界面

（3）其他

除了上面接收到中国标准服务网上提供标准检索外，还有一些标准数据库和免费的标准检索网站，下面简单介绍其基本情况：

① 万方数据资源系统中文标准数据库。它是检索中外标准的题录文摘型数据库，收录了中国国家标准、中国行业标准、中国建材标准、中国建设标准、国际标准化组织标准、国际电工委员会标准、欧洲标准、英国标准、学会标准等国内外各种标准，标准提供单位是国家质量技术监督局。另外万方数据资源系统还设有台湾标准题录库。

② 中国标准咨询网（http://www.chinastandard.com.cn）。它提供技术监督法规信息，国内外标准信息产品抽检信息和质量认证信息，提供国际标准、中国标准等多种标准检索。可进行简单检索和高级检索，还提供标准的全文阅读。

③ 国家标准化管理委员会网站（http://www.sac.gov.cn）。该网站除了报道国内外标准化工作、标准的制定和修改等信息外，还同时提供"国家标准目录查询"、"强制性国家标准电子全文查询"和"废止国家标准目录查询"三个检索入口供用户免费使用，可在线浏览强制性国家标准全文。

④ 标准信息服务中心（http://www.cnsis.net）。该网站提供多种标准的查询。

⑤ 中国标准网（http://www.zgbzw.com）。该网站提供中国国家标准检索、行业标准检索、部分国际标准检索、国家标准汇编、电子出版物等。

⑥ 中国国家标准咨询服务网（http://www.chinagb.org）。该网站提供中国国家标准、行业标准等检索。

⑦ 中国工程技术信息网（http://www.cetin.net.cn）。它提供综合、电子、航天、核工业、船舶、兵工、航空、标准等在线数据库和电子读物。

⑧ 标准信息服务网（http://www.standard.org.cn）。该网站开设标准目录、标准书市、标准咨询、工作动态、标委会等栏目。

另外，中国 ISO 网站（http://www.iso.org.cn）网站也是检索标准信息的重要站点。

3. 国外标准文献检索

ISO、IEC 和 ITU 并称三大国际标准化机构，在国际标准化活动中占主导地位，下面分别介绍其基本情况及检索。

（1）ISO 标准数据库（http://www.iso.org/ ）

ISO 全称是 International Organization for Standardization，翻译成中文就是"国际标准化组织"。ISO 是世界上最大的国际标准化组织。它成立于 1947 年 2 月 23 日，它的前身是 1928 年成立的"国际标准化协会国际联合会"（简称 ISA）。目前该组织已有 157 个成员国。ISO 标准均由下设的 225 个技术委员会（TC）及每个技术委员会下设置的 611 个分委员会（SC）和 2022 个工作小组（WG）负责制定。我国 1978 年加入 ISO，在 2008 年 10 月的第 31 届国际化标准大会上，中国正式成为 ISO 的常任理事国。

ISO 标准号基本由"ISO＋顺序号＋年号"组成，其中除了 ISO 外，还有其他一些标识，如"ISO/TR"表示 ISO 的技术报告，"ISO/IEC"表示国际标准化组织和国际电工委员会联合发布的标准，"ISO/DIS"表示国际标准草案。标准号"ISO16100—3：2005"顺序中的"3"表示同一标准的第三部分。ISO 标准每 5 年复审一次,使用时要注意年份。

　　ISO 网站提供 ISO 标准的检索及有关标准的信息和服务。单击首页的 Products 栏的 "Standards"可进入标准的检索系统(图 7 - 28)。系统提供了简单检索、分类浏览和目录检 索三种方式。简单检索页面仅提供一个检索式将对标题名字段和文摘字段进行检索,快速 检索的表达方式支持布尔逻辑算符"AND""OR""NOT",支持截词算符" * "。

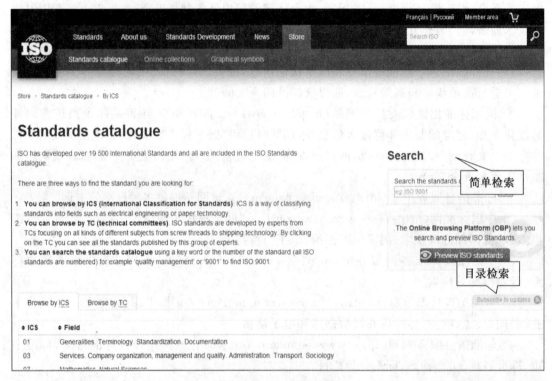

图 7 - 28　ISO 检索界面

　　"分类浏览"包括"Browse by ICS"和"Browse by TC"两种。单击"Browse by ICS"分类 浏览,该页面(图 7 - 29)列出 ICS 的全部 97 个大类,通过层层单击分类号,最后就可检索出 该类所有标准的名称和标准号。单击"标准号",即可看到该项标准的题录信息;单击"By TC"可以查看技术委员会代码,单击其代码便可检索出该技术委员会所在学科领域的全部 标准。

　　高级检索提供了 Keyword or phrase(关键词或词组)、ISO number(ISO 号码)、ISO part number(ISO 部分号码)、Document type(文献类型)、Supplement type(文献类型)、ICS (国际标准分类号)、Stage code(阶段代码)、Data stage reached(最近阶段日期)、Other data (其他日期)、Committee(技术委员会)、Subcommittee(技术分会)11 个检索字段。在关键词 或词组字段下方,用户可以勾选"Title""Abstracts""Full text of standards"前方方框中的一 个或多个来指定只在标准名称、摘要或全文中进行检索。系统也可进行多字段组合检索,系 统默认在字段间作"与"运算。

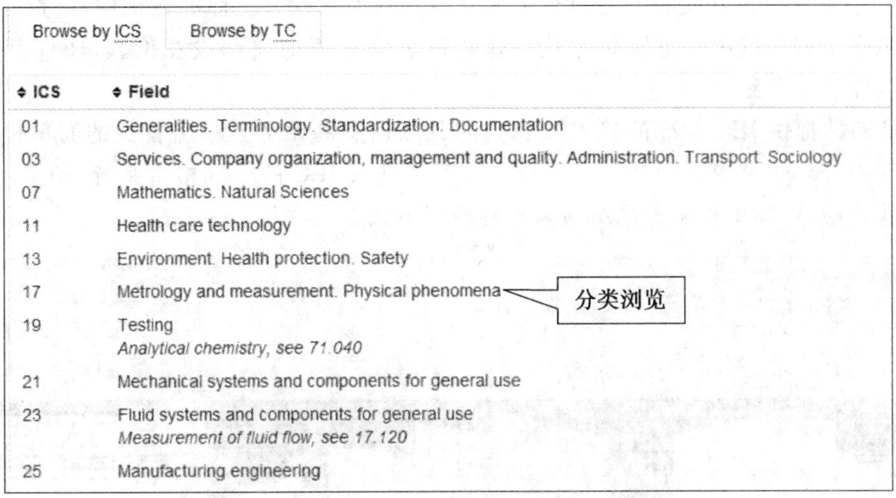

图 7 - 29　ICS 分类检索

　　ISO 系统执行完用户的检索请求后,将反馈结果的清单,包括标准号和标准名称,同时显示电子文档及标准的订购信息等。

　　【检索实例 7 - 6】　检索有关计算机网络技术方面的国际标准。

　　解答　首先确定检索的关键词为 Computer network technology。登陆国际标准网网站,输入检索关键词 Computer network technology,在标准全文中进行检索点击"Search",检索结果如图 7 - 30 所示,命中标准文献有 3 篇。

图 7 - 30　ISO 检索结果

　　(2) IEC 国际电工委员会(http://www.iec.ch)

　　国际电工委员会 IEC(International Electrotechnical Commission)成立于 1906 年,至

2013 年已有 107 年的历史。它是世界上成立最早的国际性电工标准化机构,负责有关电气工程和电子工程领域中的国际标准化工作。1906 年成立时总部设在伦敦,1947 年因并入 ISO 迁至瑞士日内瓦。

IEC 网站提供 IEC 标准的检索及有关的各项信息和服务。单击首页的简单检索框或者单击 Web Store 菜单下的"Search and buy",可进入 IEC 的标准检索系统(图 7－31),系统提供快速检索、简单检索和高级检索三种检索方式。

图 7－31　IEC Webstore 页面

（3）ITU 标准(http://www.itu.int/net/home/index.aspx)

国际电信联盟标准(International Telecommunication Union,ITU)包括三个部门:电信标准化部门(ITU-T)、无线通信部门(ITU-R)和电信发展部门(ITU-D)。其中(ITV-T)负责国际电信领域的标准化工作,目的是在世界范围内实现电信标准化。ITU-T 制定的标准保证了各国电信网的互联和运转,越来越广泛地被全世界各国所采用。

该网站是检索 ITU 标准等权威网站,可以查询 ITU 标准及其出版物,提供英语、法语、俄语、日语、汉语、阿拉伯语。主页右上角可以切换至中文语言界面。单击主页的"Advanced search"进入高级检索界面。检索结果以列表形式显示,可免费浏览全文。

（4）其他

① Techstreet 标准(http://www.techstreet.com)Techstreet 公司隶属于 Thomson 科技信息集团,提供基于网络的世界范围内标准文献的检索与获取。Techstreet 标准是世界上最大的工业标准集,其标准信息来自世界上 350 多家标准机构,以及 25 万多册技术手册

和文献,包括世界上权威的标准机构发布的标准,如 ISO、IEC 标准以及 AN、ASCE、ASME、ASTM、IEC、IEEE 等世界著名的协会、学会的标准。

② Perinorm 数据库(The Premier International Standards Database)是世界上重要的题录性标准数据库,它收录了各个国家的标准以及欧洲和国际标准计 110 万多条记录,包括 ISO、ETSI、ASME、IEEE 等组织制定的标准,并有简要说明。数据每月更新,网址为 http://www.cssinfo.com/perinorm.html。

③ 美国国家标准学会(ANSI)是非营利性质的民间标准化机构,但实际上已成为美国国家标准化中心,美国各界标准化活动都围绕它进行。该网站提供了美国国家标准系统新闻数据库查询和服务,网址为 http://www.ansi.org。

④ 英国标准学会(BSI)网站是世界上最早的全国性标准化机构,它不受政府控制,但得到了政府的大力支持,该网站提供英国标准在线及标准目录等,网址为 http://www.bsi-global.com。

7.2.3　会议文献

1. 会议文献概述

会议文献是指在各种学术会议上形成的资料和出版物,包括会议前与会者预先提交的论文文摘、在会议上宣读或散发的论文、会上讨论的问题、交流的经验和情况等经整理编辑加工而成的正式出版物,是科技文献的重要组成部分。许多学科中的新发现、新进展、新成就以及所提出的新的研究课题和新设想,都是以会议论文的形式向公众首次发布的。因此,会议文献是传递和获取科研信息的一种重要的信息源。

(1) 会议文献的类型

① 会议按照其出版时间的先后划分为会前文献、会间文献和会后文献。会前文献又称预印本或会前出版物,包括征文启事、会议通知书、会议日程表、预印本和会前论文摘要等。其中预印本是在会前几个月内发至与会者或公开出售的会议资料,比会后正式出版的会议录要早 1～2 年,但内容完备性和准确性不及会议录。有些会议因不再出版会议录,故预印本就显得更加重要。会间文献有开幕词、讲话或报告、讨论记录、会议决议和闭幕词等,一般学术参考价值不大。会后文献有会议录、汇编、论文集、报告、学术讨论会报告、会议专刊等。其中会议录是会后将论文、报告及讨论记录整理汇编而公开出版或发表的文献。

② 会议文献按出版形式划分为图书、期刊、科技报告以及视听资料。图书多数以其会议名称作为书名,定期或不定期出版。期刊除图书形式外,相当部分的会后文献以期刊形式发表。他们大多数在有关学会、协会主办的学术刊物中。有些会议文献作为期刊的副刊或专号出版。科技报告有部分会议论文被编入科技报告。

视听资料会后文献出版较慢,因此国外有的学术会议直接在开会期间进行录音、录像,会后以视听资料的形式发表。

(2) 会议文献的特点

会议文献作为一种重要的科技信息源,会议文献具有以下几个特点:

① 专业性。学术会议的参会者大多是该会议上会议主题的专家、相关科研人员,他们

围绕一个明确的议题展开讨论交流,并主要围绕会议主题撰写的研究论文,学术质量高,专业性和针对性强。

② 新颖性。与会者通过广泛的相互交流和讨论,提出新的研究课题以及预测未来学科发展趋势;许多学科领域的最新发现、设想、概念和理论往往都是在各种会议中首先公布的,其内容新颖,时效性强,一般比在期刊上发表的论文早,最能反应各个学科领域现阶段科研的新水平、新进展。

③ 内容丰富。学术会议兼有面对面交流和文献交流两种方式,参会者人数众多,交流论文量大,学科范围宽,涉及面广,内容丰富,所含信息量大。

④ 连续性。大多数学术会议是连续性的,一届会议出一版文集,连续出版,前后连贯,形成一个系统文献。

2. 国内会议文献检索

(1) 万方学术会议论文全文数据库

该数据库主要收录了 1998 年以来国家级学会、协会、研究会组织召开的全国性学术会议论文,数据库范围覆盖自然科学、工程技术、农林、医学等领域,是了解国内学术动态必不可少的帮手。该论文数据库分为中文版和英文版两个版本,中文版所收会议论文内容是中文,英文版主要收录在中国召开的国际会议的论文,论文内容多为西文。数据库线收录数量达到 110 万余篇。

该数据库提供了多种访问全文的途径:按会议分类浏览、会议主办单位浏览、会议论文检索。系统提供了如下检索方式(图 7-32):高级检索和专业检索。该数据库同万方的其他数据库的使用方法基本相同,具体使用方法参见 5.2.3 节。

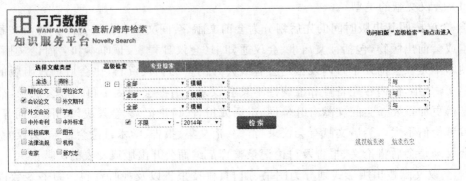

图 7-32　万方会议论文高级检索界面

(2) CNKI 的"中国重要会议论文全文数据库"(CPCD)

中国重要会议论文全文数据库是清华同方 CNKI 系列数据库的一个子库。该数据库收录了我国 2000 年以来国家二级以上学会、协会、高等院校、科研院所、学术机构等单位的论文集,是国内最完备、收录质量最高的会议论文全文数据库。该数据库同 CNKI 的其他数据库的使用方法基本相同,提供分类导航、初级检索、高级检索、专业检索、作者发文检索、科研基金检索、句子检索、来源会议检索等,提供主题、篇名、关键词、作者、单位、会议名称、基金、摘要、全文、论文集名称、参考文献、中图分类号等检索字段(如图 7-33),具体使用方法参见 5.2.2 节。

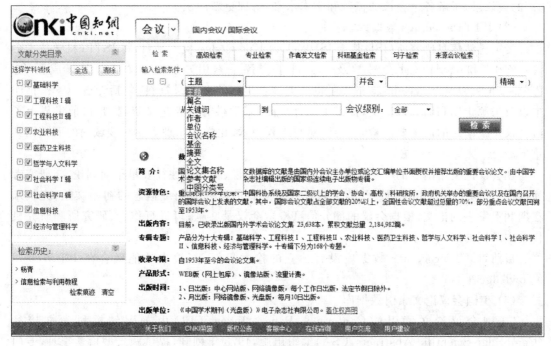

图 7 - 33 CNKI 会议论文检索界面

（3）国家科技图书文献中心（http://www.nstl.gov.cn）

国家科技图书文献中心（NSTL）会议论文数据库包括中外文会议论文库。中文会议论文数据库收录了 1985 年以来我国国际级学会、协会、研究会以及各省、部委等组织召开的全国性学术会议论文，收录重点为自然科学各个专业领域。外文会议论文数据库主要收录了 1985 年以来的世界各主要学会、协会、出版机构出版的学术会议论文，部分文献有少量回溯，学科范围涉及工程技术和自然科学各个专业领域。每年增加论文约 20 万篇，每周更新。

（4）读秀会议论文频道

读秀中文学术搜索的会议论文频道，可以进行会议论文的搜索，但为读者提供的都是题录检索，不提供试读。

3. 国外会议论文检索

（1）LC Papersfirst 与 Proceedings OCLC FirstSearch 检索系统

该系统中的 Papersfirst（国际学术会议论文索引）和 Proceedings（国际学术会议记录索引）数据库提供世界范围内会议文献的检索。FirstSearch 是 OCLC 的一个联机参考服务系统，Papersfirst 与 Proceedings 是其中的两个。

Papersfirst 数据库收录世界范围内各类学术会议上发表论文的索引信息，它覆盖了自 1993 年 10 月以来在"大英图书馆资料提供中心"的会议记录所收集的所有大会、专题讨论会、博览会、讲习班和其他会议上发表的论文，每两周更新一次。Papersfirst 中的每条记录对应着 Proceedings 数据库的某个会议记录，Proceedings 是 Papersfirst 的相关库，收录了世界范围内举办的各类学术会议上发表的目次,利用该库可以检索"大英图书馆资料提供中心"的会议录,了解各个会议的概貌和学术水平,每周更新两次。

(2) ISI Proceedings 数据库

美国科学信息研究所(ISI)基于 ISI Web of Knowledge 检索平台,将 ISTP(科学技术会议录索引)和 ISSHP(社会科学及人文科学会议录索引)两大会议录索引集成为 ISI Proceedings。ISI Proceedings 汇集了世界上最新出版的会议录资料,包括专著、丛书、预印本以及来源于期刊的会议论文,提供了综合全面、多学科的会议论文资料,是目前世界上了解会议文献信息的最主要的检索工具,对与工程技术、化学和物理等学科领域内的研究尤其重要。

在会议论文中出现的一些新理念、新概念、新假说、新方法往往要早于期刊论文,研究者通过检索 ISI Proceedings 数据库,可以查找某一新的研究方向或概念的初始文献;查找未在期刊上发表的论文;根据会议的部分信息检索会议录文献;可进行作者、研究所和研究机构及主题词的回溯检索。

目前,ISI Proceedings 数据库没有独立的检索界面,其检索功能融合在 ISI Web of Knowledge 平台上。

(3) 美国会议论文索引数据库

《美国会议论文索引》(Conference Papers Index,CPI)由美国剑桥科学文摘社(Cambridge Scientific Abstracts,CSA)编辑出版,1973 年创刊,提供题录型检索工具,专门报道世界上已经召开或即将召开的各种学术会议上宣读或递交的学术论文,由会议文献题录和索引两个部分组成。

CPI 是剑桥科学文摘的一个子库,该库收录了世界上重要会议论文的题录信息,可以通过 CSA 的网络平台(http://www.csa.com)进行检索,国内引进此数据库的高校可以通过校园网直接进入。CPI 数据库收录 1982 年以来的世界范围内会议和会议文献的信息,提供会议论文和公告会议的索引。其学科范围主要涉及农业、生物化学、化学、林学、生物学、环境科学、土壤学、生物工艺、临床学等领域。

(4) 其他

① IEEE Conference Search(http://www.iso.ch/cale/ conference search)。此网站提供了有 IEEE 主持的有关学科领域里近 10 年已经召开或即将召开的会议时间、地点、内容和联系方式等。

② 国际会议预告(http://www.papersinvited.com)。每日发布更新的会议信息及内容。

③ ISO 的标准化会议预告(http://www.iso.ch/cale/calendar.html)。该网页提供了 ISO 下属的各级组织即将召开的国际标准化会议的具体时间、地点、内容等信息。

④ Euresco Conferences (http://www.esf.org/uresco)。该网站主要提供欧洲各国、各组织、各学科已经召开或即将召开的会议的信息及内容。

7.2.4　科技报告

1. 科技报告概述

科技报告又称研究报告和技术报告,是科技工作者围绕某一科研课题进行研究所获得的科研成果的正式报告,多是科研单位或个人以书面形式向提供经费和资助的部门或组织回报其科研活动所取得的阶段性进展或最终成果的正式报告。

(1) 科技报告的类型

① 按照研究进度,可分为初期报告、进展报告、中间报告、最终报告等。

② 按照密级,可分为保密报告、非保密报告、解密报告等。属于保密的科技报告大多数属于军事、国防工业或尖端的技术成果。

③ 按照出版形式,可分为技术报告(TR)、技术札记(TN)、技术备忘录(TM)、技术论文(TP)、技术译文(TT)等。

(2) 科技报告的特点

① 迅速反映新的科技成果。有专门的出版机构和发行渠道发表,发表时间通常比期刊早一年左右。

② 内容新颖、专深、具体。科技报告报道的题目大都涉及尖端科学的最新研究成果,对问题研究的论述包括各种研究方案的选择和比较,各种可供参考的数据和图表、成功与失败的实践经验等,内容很具体。

③ 种类多、数量大。科技报告几乎涉及整个科学、技术领域以及社会科学、行为科学和部分人文科学。据统计,全世界每年出版的科技报告数达到 100 万件以上。

④ 出版形式独特。每篇科技报告都是独立的、特定专题的技术文献,独自成册,以单行本形式出版发行。但是,同一单位、同一系统或同一类型的科技报告,都有连续编号,每篇报告一个号码。科技报告一般无固定出版周期,报告的页数不等。除一部分技术报告可直接订购外,多数不公开发行。

(3) 科技报告的编号

每个科技报告都有一个编号,但各系统、各单位的编号方法不完全相同,代号的结构形式也比较复杂。国外常见的主要科技报告单代号,一般有以下几种类型:

① 机构代号。机构代号是科技报告的主要部分,一般以编辑、出版、发行机构名称的首字母标在报告代号的首位,机构代号可以代表机构的总称,也可以代表下属分支机构,如 ESD 代表美国空军指挥部电子系统分部。

② 类型代号。主要代表科技报告的类型,如 TR 代表技术报告,QPR 代表季进展报告,TM 代表技术备忘录。

③ 密级代号。代表科技报告的保密情况,U 代表非保密报告,R 代表控制发行报告,C 代表机密报告,S 代表秘密报告,ARP 代表高级控制报告。

④ 日期代号和序号。用数字表示报告出版发行年份和报告的顺序号,如 STAN-CS-82-916 表示机构–年份–序号。

2. 国内科技报告检索

在我国,科技报告主要是以科技成果公报或科技成果研究报告的形式进行传播。从1963 年开始,国家科技部根据调查情况定期发布科技成果公报和出版成果公告。

(1) 万方数据库资源系统科技成果数据库

万方数据资源系统科技成果数据库包括中国科技成果数据库、中国重大成果数据库、全国科技成果交易信息数据库等数据库,检索结果为成果的摘要或简介。其中,中国科技成果数据库(图 7 - 34)是国家科技部制定的新技术、新成果查新数据库。其收录范围包括新技术、新产品、新工艺、新材料、新设计,涉及自然科学各个学科领域。数据来源为历年各省市部委鉴定后上报国家科委的科技成果及其他科技成果;资源类型为文摘题录数据库(不可下载全文);每月更新,更新方式为全库更新。该库已成为我国最具权威的技术成果数据库。

该数据库同万方其他数据库的使用方法基本相同,在此不做详细介绍,具体使用方法参见 5.2.3 节。该数据提供了以下检索字段:成果名称、完成单位、关键词、成果简介、省市、成果类别、成果水平、成果密级、公布年份、鉴定年份。

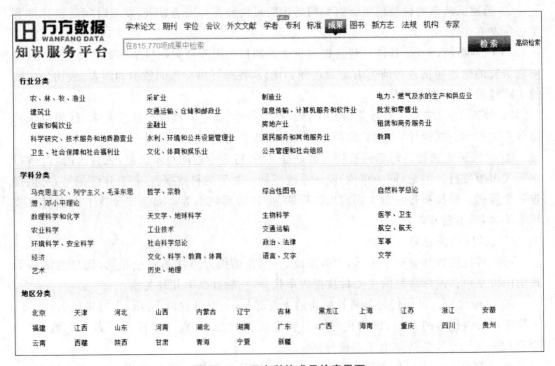

图 7 - 34   万方科技成果检索界面

(2) 国家科技成果网(http://www.most.gov.cn)

国家科技成果网是由国家科学技术部创建的以科技成果查询为主的大型权威性科技网站。它所拥有的全国科技成果数据库内容丰富、权威性高,已收录全国各地区、各行业经省、市、部委认定的科技成果,库容量以每年 3 万～5 万项的数量增加,充分保证了成果的时效性。该网站提供方便、快捷的免费查询,用户可根据全国科研单位、上网科技网站查询,还可以发布科技成果供求信息等。

（3）国研报告

国务院发展研究中心调查研究报告简称国研报告，是国务院发展研究中心专门从事综合性政策研究和决策咨询的专家不定期发布的有关中国经济和社会诸多领域的调查研究报告。

（4）航空科技报告文摘数据库

中国国防科技报告（GF 报告）的《航空科技报告文摘数据库》可以通过中国航空信息网（http：//www. aeroinfo. com. cn）免费检索 1981—1996 年的数据。

3. 国外科技报告检索

世界上著名的科技报告有美国的四大报告、英国航空航天委员会的 ARC 报告、法国原子能委员会的 CEA 报告、德国的航空研究报告（DVR）、瑞典国家航空研究报告（FFA）、日本原子能研究报告（JAERI）等。其中美国的科技报告数量最多，而且比较系统。其中通常所说的"四大报告"是历史悠久、报告量多、最具有参考和利用价值的科技报告。这四种报告的积累量都在几十万篇以上，占全世界科技报告的大多数。

（1）美国政府四大报告

① PB 报告。PB 报告是美国政府四大报告中最早的一种。二次大战后，美国从德、日、意战败国获得大批战时科技资料，其中有战时技术档案、战败国的专利、标准和技术刊物等。为了系统整理并利用这些资料，美国政府于 1945 年 6 月成立美国商务部出版局来负责整理和公布这些资料。每件资料都先编上顺序号，并冠以"PB"字样，报告由此得名。1950 年后的 PB 报告主要涉及美国国内政府科研机构、公司企业、高等院校、研究所以及部分国外科研机构的科技报告。从 1970 年 9 月起，美国国家技术情报服务局（National Technical Information Service，NTIS）负责收集、整理、报道和发行美国研究单位的公开报告，并继续使用 PB 报告号。PB 报告采用"PB＋年代＋报告顺序号"的报告号。近年来 PB 报告的内容主要侧重于民用工程技术，如土木建筑、城市规划、环境污染等。PB 均为公开资料，无密级。

② AD 报告。AD 报告原为美国军事技术情报局（Armed Services Technical Information Agency，ASTIA）收集、出版的国防科技报告，始于 1951 年。由 ASTIA 统一编号，称为 ASTIA Documents，简称 AD 报告。现由美国国防技术情报中心（Defense Technical Information Center，DTIC）负责收集整理和出版，AD 报告的内容不仅包括军事方面，也广泛涉及许多民用技术，包括航空、军事、电子、通讯、农业等 22 个领域。该报告仍使用 AD 编号，此时 AD 引申为 Accession Document（入藏报告）之义。

目前，DTIC 仅收藏绝密级以下的机密、秘密、非密限制发行（内部）和公开发行的 4 种级别的研究报告。公开报告约占总数的 45％，由 NTIS 公开发行。AD 报告采用"AD＋密级＋流水号"的报告号。如"AD-A"表示公开报告，"AD-B"表示内部限制发行报告，"AD-C"表示秘密报告。

③ NASA 报告。NASA 报告是美国国家航空和航天局（National Aeronautics and Space Administration，NASA）出版的科技报告。前苏联于 1957 年发射了世界上第一颗人

造地球卫星后,美苏在宇宙空间技术方面的竞争日益加剧。于是,美国国会对美国国家航空咨询委员会(National Advisory Committee for Aeronautics,NACA)进行了改组,于 1958 年正式成立 NASA,负责协调和指导美国的航空和空间科研机构。NACA 和 NASA 及其所属的科研机构以合同户产生的大量科技报告均冠以 NACA 或 NASA 编号,统称为 NASN 报告。NASN 报告主要报道空气动力学、发动机及飞行器材、试验设备、飞行器制导及测量仪器等方面。虽主要是航空、航天科学方面,但由于它本身是一门综合性科学,与机械、化工、电子、气象、天体物理、生物等都有密切的联系。因此,NASN 报告实际上是一种综合性的科技报告。NASN 报告号采用"NASN+报告类型+顺序号"的表示法。

④ DOE 报告。DOE 报告是美国能源部(Department of Energy,DOE)出版的报告。它原是美国原子能委员会(Atomic Energy Commission,AEC)出版的科技报告,称 AEC 报告。AEC 组织成立与 1946 年,1974 年撤销,成立了能源研究与发展署(Energy Research and Development Administration,ERDA)。ERDA 除了继续执行 AEC 的有关职能外,还广泛开展能源的开放研究活动,并出版 ERDA 报告。1977 年,ERDA 改组扩大为能源部。1978 年 7 月起,它所产生的能源报告多以 DOE 编号出现。AEC 报告的内容除主要为原子能及其应用外,还涉及其他学科领域。ERDA 和 DOE 报告的内容则由核能扩大到整个能源的领域。AEC/ERDA/DOE 报告号没有统一的编号,它是由各研究机构名称的缩写字母加数字号码构成。1981 年开始,能源部发行的报告都采用"DE+年代+顺序号"的形式,所以 DOE 报告 1981 年以后又叫 DE 报告。

(2) 美国政府科技报告检索系统(NTIS 数据库)(http://www.ntis.gov)

NTIS 数据库(National Technical Information Service,NTIS)是美国国家技术情报局出版的美国政府报告文摘题录型数据库。它全面收集由政府自主立项的科学、技术、工程及商业信息,可以检索 1964 年以来美国四大报告的文摘索引信息,少量收录西欧、日本及世界各国(包括中国)的科学研究报告。

目前,NTIS 数据库可以通过 CSA、IDA、Dialog 等系统进行检索,国内在清华大学建有镜像站。NTIS 通过 Gov Research Center(http://grc.ntis.gov)提供网络信息查询,但需要订购、注册,经授权后方可使用,获取全文则需要向 NTIS 申请另行订购。用户通过 NTIS(http://www.ntis.gov)网站可免费查询 1990 年以来的 NTIS 数据库的文献题录和摘要信息,全文获取需购买。

思考题

1. 常用国内外引文数据库有哪些?
2. CSCD 数据库的主要收录学科是什么?
3. CSCD 数据库"来源文献检索"界面提供哪些检索途径?
4. CSSCI 数据库的主要收录学科是什么?
5. 世界三大检索系统是什么?
6. SCI 数据库提供的检索字段有哪些?
7. 美国工程索引收录的文献类型有哪些?
8. 何为特种文献?主要包括哪几类文献?

9. IPC 分类号由哪几部分组成? 分别代表什么? 请举例。

10. 专利文献的定义,常用的国内外专利文献检索系统有哪些?

11. 标准文献的定义,常用的国内外标准文献检索系统有哪些?

12. 会议文献的定义,常用的国内外会议文献检索系统有哪些?

13. 科技报告的定义,常用的国内外科技报告检索系统有哪些?

14. 美国的四大科技报告是什么? 列出英文简称并简单介绍。

第 8 章　网络信息服务与利用

8.1　网络信息服务概述

8.1.1　网络信息服务概述

随着网络技术及服务进程发展的加快,网络已构成了人类有史以来最大的信息资源库,各种信息都可以通过网络,跨时空传递与获取。与传统纸质信息资源相比,网络信息资源具有:海量泛化存在、多类型多媒体、增长与传播快、获取手段与途径多样化等优点,但同时也存在资源无序化、品质良莠不齐、保障稳定性差等问题,面对用户的多元化、集成化和高效化信息需求,网络信息资源亟待优化与组织,网络信息服务日益得到人们的重视。

1. 概述

所谓网络信息服务,就是指以网络为平台,通过数字化处理手段,针对文献信息资源,特别是数字化文献信息资源,为用户提供的信息组织、信息检阅、知识创新等服务,以及对这些信息服务成效的分析服务等行为。包括信息组织、信息检阅、信息分析与知识发现四方面的服务。网络信息服务是一个庞大的体系,本书仅从文献检索与利用的角度,叙述与其相关的网络信息服务内容。

与传统的信息服务相比,网络环境下的信息服务具有信息服务个性化、信息服务知识化、信息服务社会化、服务虚拟一体化、服务方式协作化、沟通互动化、服务终端移动化等特点。

2. 类型

从信息系统的角度,网络信息服务可分为网络通信服务系统、用户信息服务系统和信息业务开展与服务系统;从产业化的角度,网络信息服务则可分为软件支持和集成服务、网络支持和集成服务、系统集成服务、数据库资源服务、网络信息内容服务、咨询和培训服务等;也有学者将网络环境下的信息服务分为网络信息提供业、网络技术服务业和网络信息基础设施提供业三类;

3. 内容

本书从信息资源开发利用的角度,将网络信息服务分为信息组织服务、信息检阅服务、信息分析服务与知识发现服务四类。

① 网络信息组织。网络信息组织的模式分为四个层次[①]：第一个层次为微观的组织模式，包括文件、超媒体、数据库与网站方式；第二个层次为中观的组织模式，主要有按照一定的著录格式对网络信息进行重组的编目和针对特定用户、汇集某一学科或专题领域资源的学科信息门户，它们收集的资料经过人工筛选和处理，会有所取舍，而且，对资源的整序与控制有一定的深度；第三个层次为宏观的组织模式，主要指网络资源指南与搜索引擎，它们力图对整个网络的资源进行控制，倾向于做整个网络范围资源的索引，广泛地汇集网络资源；第四个层次为对网络信息进行分布式组织的数字图书馆，其组织的资源已经远远超出网上信息的范围。

② 网络信息检阅。网络信息组织的成果是为用户提供各类便捷可用的有序信息资源，在此基础上信息服务机构通过各类服务系统或平台，向用户提供的信息检索、信息阅读及其增值服务，就是信息检阅服务，以图书馆系统与门户网站提供的服务最为典型。图书馆提供的常见网络信息检阅服务有：数据库资源服务、参考咨询与检索服务、联机公共目录查询（OPAC）服务、资源导航服务、馆际互借与文献传递服务、学科服务与科技查新、读者教育服务，其他如数字图书馆服务、移动图书馆服务、微博、微信等服务。

③ 信息分析。信息分析是指以社会用户的特定需求为依托，以定性和定量研究方法为手段，通过对信息资源的收集、整理、鉴别、评价、分析、综合等系列的加工过程，形成新的、增值的信息产品的信息加工过程。信息分析具有整理、评价、预测和反馈四项基本功能。其中，整理就是从掌握的大量处于离散状态的信息资源中筛选和提炼出对要解决问题有参考与帮助作用的信息资源，其功能体现在对信息进行收集、组织，使之由无序变为有序；评价是对检索到的信息进行权威性、准确性、适用性的判定，其功能体现在对信息价值进行评定，以达去粗取精、去伪存真、辨新、权重、评价、荐优之目的；预测是利用已掌握的有关研究课题的局部的、不完整的信息资源，进行分析推断出能认识该事物的整体状况及其发展变化规律的信息，其功能体现在获取未知或未来信息；反馈功能体现在根据实际效果对评价和预测结论进行审议、修改和补充。

按内容，信息分析可划分为跟踪型信息分析、比较型信息分析、预测型信息分析、评价型信息分析；按方法，一般可以分为定性分析和定量分析。

常用信息分析工具 Excel、SPSS、Expert Choice（EC）、Vensim、SAS、Minitab、MathCAD、Mathematica、Maple、R 语言等，除此之外，国内外索引类数据库及其服务平台提供强大的引文分析功能，国内外一些全文数据库也在其服务平台中开辟相应的信息统计与分析模块。例如，维普期刊资源整合服务平台从单纯的全文保障服务延伸到引文、情报等服务，平台包含期刊文献检索、文献引证追踪、科学指标分析、搜索引擎服务四大模块；万方数据知识服务平台除提供原文及数据服务外，也开辟信息统计与分析服务。

④ 知识发现服务。知识发现概念一度等同于数据挖掘，也有过诸如知识提取、信息发现、数据模式处理、数据考古学及数据库中的知识发现等不同的术语称谓，区别在于数据挖掘术语多为统计学家、数据分析学家及管理信息系统团体采用；而知识发现术语则是于

---

① 黄如花. 网络信息组织的模式[J]. 中国图书馆学报，2004(1).

1989 年的第一届 KDD(Knowledge Discovery in Databases)专题讨论会上被首次采用,它强调了知识是数据发现的最终产品。1996 年 KDD 国际会议上,知识发现与数据挖掘两个术语的关系被该研究领域的知名学者阐述为:前者是指从数据库中发现知识的全部过程,而后者则是此全部过程中的一个特定步骤。

KDD96 国际会议上,知识发现被定义为:知识发现是识别出存在于数据库中有效的、新颖的、具有潜在效用的乃至最终可理解的模式的非平凡的过程。

从文献学的角度看,知识发现的常用方法主要有文献计量法(包含引文分析法、H 指数法)、内容分析法、聚类分析法、专利技术分析法等。

8.1.2 信息推送与个人文献管理

网络信息服务机构、文献保障服务体系/平台、图书馆门户、数据库服务平台等,为了增加其对用户的黏度,提高用户对其依赖性和满意度,同时也增加自己的附加值,在提供文献服务的同时,会针对用户推出各种信息定制与推送等服务。同时,为方便检索者利用检索到的文献进行论文写作等知识创新活动,提供诸如 EndNote、E-learning、NoteExpress 等个人文献管理工具。

1. 信息定制与推送服务

(1) 中文数据库(以 CNKI 平台为例)

CNKI 知网资源平台提供的信息定制与推送服务主要有:

① 检索痕迹。查看自己的检索历史记录;

② 定制检索式。点击检索结果页面的"定制检索式"按钮,将检索式定制到个人/机构馆的主题文献馆中,无需重复检索,即可跟踪该主题的最新发文,还可以查看关于该主题的全面、系统的分析报告,使学习和研究更加便捷;

③ 订阅推送。提供邮件订阅、短信通知两种形式的定制服务,点击检索页面的"免费订阅"按钮,检索式所涉及到的期刊有新的更新,关注的文献有新的引用时,系统会定期的发送邮件或短信通知。如果不需要,可以短信退订;

④ RSS 期刊订阅。针对期刊,提供了 RSS feeds,该刊如有更新内容,当用户打开 RSS 阅读器时,便会显示提示信息,告诉用户哪一个频道有最新信息和有几条信息。

(2) 外文数据库(以 EV 为例)

Engineering Village 平台提供的信息定制与推送服务主要有:

① Search History 服务。可保存检索式,最多可保存 25 个检索式;还可以通过 E-mail 专题服务将检索式保存到邮箱,用户最多可设定 15 个电子邮件专题服务;

② Save to Folder 服务。可以将选定的检索结果保存到个人文件夹中,对文件夹,用户可查看、编辑、删除。每个文件夹最多可容纳 50 条记录;

③ Tag+Groups 服务。检索者将自己检索到的每篇记录指定一个关键词即 tag(标签),并可将指定的标签分为私人、团队、公开三种类型,以便有效地组织信息。类型为团队的标签,检索者可以通过 E-mail 通知团队成员,团队成员根据标签名称就可查找到想要的记录,方便团队成员间分享检索结果;

④ Blog this 服务。通过博客服务功能,检索者能够很容易地共享彼此的检索结果,同时还为检索者提供了一个知识交流和沟通的平台;

⑤ My Alerts 服务。系统会及时将符合检索要求的检索结果发送到指定的邮箱;

⑥ RSS 订阅服务。检索者在获取 RSS 信息推送服务前,需先安装 RSS 阅读器。

2. 个人文献管理工具

个人文献管理有三种模式:卡片式管理、非专业化工具管理、专业化工具管理。卡片式管理模式下,人们阅读纸质文献,复印、手抄或剪报,制成卡片以便随时查阅与资料汇集,效率很低,不易管理和检索;非专业化工具管理模式下,人们阅读电子文献、纸质文献(扫描或手工输入转化为数字格式),用资源管理器或 Excel 等软件进行管理,效率较卡片模式高;专业工具管理模式下,人们检索、阅读、标注、电子文献,写读书笔记等都可利用专业电子文献管理器管理,使用方便,功能强大,效率非常高。

文献管理工具的工作流程:数据采集(根据用户的阅读或文献检索需要,在用户使用权限内的数据库或网页资源中获取所需文献著录信息、全文)→建立数据库(管理工具利用自身的过滤器 FILTER,通过在线检索、手工导入、批量自动导入、数据库导入等方式将不同格式的数据整合在一起)→管理数据库(管理工具的操作界面管理;复制、删除、统计、查找、输出等文献书目操作;全文管理、合并等管理操作;文献简单分析)→使用数据(用户在管理器的帮助下,在写作时插入引文、编辑文后参考文献、输出格式的选择与修改、论文模版的使用)→达到预期目标。

(1) NoteExpress

NoteExpress 是北京爱琴海软件公司开发的一款专业级别的文献检索与管理系统。具备文献信息检索与下载功能,可以用来管理参考文献的题录,以附件方式管理参考文献全文或者任何格式的文件、文档;数据挖掘的功能可以帮助用户快速了解某研究方向的最新进展、各方观点等;除了管理以上显性的知识外,类似日记、科研心得、论文草稿等瞬间产生的隐性知识也可以通过 NoteExpress 的笔记功能纪录,并且可以与参考文献的题录联系起来;在 WORD 等编辑器中 NoteExpress 可以按照各种期刊杂志的要求自动完成参考文献引用的格式化。总之,该工具在学术写作方面的功能主要体现在:检索、管理、分析、发现、写作、数据挖掘等方面。

输入网址 http://www.inoteexpress.com/进入公司官网,点击"下载"进入下载与培训页面,用户可根据自己需要,选择"个人版免费下载"或"集团版免费下载"下载平台软件,但需购买注册码后才能使用其全部功能。"教程及视频资源下载"栏下列出该软件平台的使用帮助,在入门教程中详细介绍了下载、安装、主程序界面、新手入门、中高级教程、数据库导入图文以及视频教程、常见问题 FAQ 等内容。通过自学培训,很快就可轻松使用。

(2) E-Study

CNKI 中国知网在"数字化学习研究"模块为用户免费提供的个人文献管理工具,被命名为"数字化学习与研究平台",功能主要体现在一站式阅读和管理平台、文献检索和下载、深入研读、记录数字笔记、实现知识管理、写作和排版、在线投稿等方面。

目前,E-Study 已更新到 3.0.1 版本,用户进入 CNKI 平台,点击数字化学习研究模块下的"学习研究"中的"E-Study(数字化学习与研究平台)",即可进入免费下载与视频学习页面,"视频教程"详细介绍了该软件的使用方法,"常见问题"列出用户在使用该平台过程中可能遇到的问题,用户按图索骥,可轻松做到从入门到精通。

(3) EndNote

EndNote 是美国 ISI ResearchSoft 开发的科研文献管理工具,可从互联网、数据库中检索获取文献信息,或者手工导入 EndNote 的文献数据库。EndNote 具备数据库文献的检索、查找功能,最为重要的是 EndNote 和 Word 编辑软件集成,可以方便地在 Word 文档中插入文献,自动生成引用标记和文章末尾的文献列表,为科技论文的写作带来很大的方便。功能主要表现在:个人数据库的管理、撰写文章助手、便捷的收集资料的方式等方面。

EndNote 注册与登录方法如下:

① 通过 EndNote Web 使用 EndNote。进入 ISI Web of Knowledge 页面(http://www.isiwebofknowledge.com/,单击"我的工具"下的"EndNote Web"按钮,进入注册界面以创建 EndNote 图书馆;按照要求填写个人详细信息,注册成功后,出现 EndNote Web 使用指南页面,根据指南,完成创建图书馆。

EndNote 图书馆的功能,可直接在 Web of Science 上将参考文献添加进 EndNote 图书馆;将参考文献导入文件夹,以便随时访问和使用;创建格式符合各种出版样式的参考文献列表;用机构的任何一台计算机访问您的 EndNote 图书馆。

② 通过专门软件使用 EndNote。下载软件(如 Endnote 7.0),安装运行后,进行各种文献管理操作。

8.2 文献保障服务体系

在信息时代,信息资源的有序组织和有效利用,已被视为国家信息基础建设水平和知识创新能力的重要衡量标准。因此,采用数字化技术,以文献信息资源共建、共享为目标而建设的数字化文献信息保障与服务体系成为各国、各地区纷纷斥巨资开发的重大课题。文献保障服务体系一般都具有:资源丰富、学科涵盖广泛;能全面、准确、快速反映全部、部分或某一学科领域研究成果;功能强大,能集检索、开放获取、个性化定题服务、全文传递、知识创新服务等功能于一体;参与单位众多,用户量大;反应时间快捷、手段与途径多元等特点。

8.2.1 中国高等教育文献保障系统(CALIS)

1. 概况[①]

(1) 简介

中国高等教育文献保障系统(China Academic Library & Information System,CALIS),是经国务院批准的我国高等教育"211 工程"、"九五"、"十五"总体规划中三个公共服务体系之一。CALIS 的宗旨是,在教育部的领导下,把国家的投资、现代图书馆理念、先

---

① http://project.calis.edu.cn/calisnew/calis_index.asp? fid=1&class=1.

进的技术手段、高校丰富的文献资源和人力资源整合起来，建设以中国高等教育数字图书馆为核心的教育文献联合保障体系，实现信息资源共建、共知、共享，以发挥最大的社会效益和经济效益，为中国的高等教育服务。

CALIS 管理中心设在北京大学，下设了文理、工程、农学、医学四个全国文献信息服务中心，华东北、华东南、华中、华南、西北、西南、东北七个地区文献信息服务中心和一个东北地区国防文献信息服务中心。

目前为止，CALIS 已完成了联合目录、引进数据库、高校学位论文库、专题特色数据库、重点学科导航库、虚拟参考咨询、教学参考信息、咨询评估等子项目的建设。

（2）门户（http://www.calis.edu.cn/）

中国高等教育数字化图书馆（China Academic Digital Library & Information System，简称 CADLIS），由多个分布式、大规模、可互操作的异构的数字图书馆群组成，向高校读者提供高效、一站式、全方位的综合文献内容服务、教学与科研辅助支持服务，以及其他配套服务的数字化应用服务环境。CADLIS 利用相关软件，帮助高校图书馆构建具有"分布式、开放链接、标准化、协同式"特点的新一代数字图书馆服务体系，实现以下三个方面的互通互联：本馆内各个系统彼此无缝集成为一个整体；本馆系统与全国、地区、省级文献信息服务中心无缝集成；本馆系统与中国高等教育数字图书馆无缝集成。CALIS 系统门户除介绍项目建设成就、服务内容、新闻报道外，主要提供资源检索、期刊服务、e 读文献获取等服务平台。CALIS 门户包括数字图书馆门户网站和门户构建平台两个系统：

CALIS 数字图书馆：是面向全国高校推出的统一服务平台，提供综合信息服务、统一用户管理、会员管理，在线应用培训、电子资源导航、门户个性化定制工具、集成化服务接口等。数图门户网址：http://www.cadlis.edu.cn

数字图书馆门户构建平台：通过提供"自定义、积木式、个性化"的系统建设流程和功能模块，为各个高校提供一套数字图书馆门户服务网站的构建工作，高校用户用此平台通过二次开发能够方便、快捷地构建自己个性化的门户服务网站系统。

2. CALIS 项目与产品举要

主要有：统一检索平台、联机合作编目系统、虚拟参考咨询系统、馆际互借与文献传递、咨询调度系统、CCC 西文期刊篇名目次与数字图书馆门户等。

（1）"e 读"CALIS 统一检索平台

CALIS 统一检索平台采用了新型的基于元数据的检索技术，能够对分布在本地和异地的各种异构资源提供统一的检索界面和检索语言。系统可检索的资源类型包括原文、图片、引文、文摘、馆藏、相关文献等，检索方式包括简单检索、高级检索、二次检索等，并支持多种检索运算符。利用 CALIS 统一检索系统，管理员能对各种信息资源的访问进行限制、监控、统计、计费等处理。CALIS 统一检索系统为用户提供"我的学科"、"我的资源"、"我的收藏夹"、"我的检索历史"等个性化检索服务。CALIS 统一检索系统还实现了与 CALIS 其他各种应用系统的无缝集成，已完成了近 100 个国内外电子资源数据库的配置工作，可以使读者更方便地访问国内外文献资源。

点击网址：http://www.yidu.edu.cn/，进入"e 读"检索平台（图 8-1），平台提供"全部

字段""题名""作者/出版者""主题""ISBN/ISSN"五种检索途径,支持用户在中文图书、外文图书等 7 种类型中查找。

图 8 - 1　CALIS 统一检索平台

【检索实例 8 - 1】　查找《学术交流英语教程》的收藏及读者评价情况

解答　登陆 CALIS 统一检索平台(http://www.yidu.edu.cn/)→检索字段选择"题名"→文献类型选择"所有类型"→点击"搜索"按钮→点击检索结果中该书记录→查看该书详细情况→在"收藏情况"、"电子馆藏"、"用户评价"、"豆瓣评论"等栏目中查看所需信息→点击"馆际互借",进行馆际互借。

(2) CALIS 联合目录公共检索系统

CALIS 联合目录项目的建设成果。CALIS 联合目录数据库建设始于 1997 年,到 2004年 10 月为止,已经积累了 160 余万条书目记录,馆藏信息达 600 余万条。联合目录涵盖印刷型图书和连续出版物、电子期刊和古籍等多种文献类型;覆盖中文、西文和日文等语种;书目内容囊括了教育部颁发的关于高校学科建设的全部 71 个二级学科,226 个三级学科(占全部 249 个三级学科的 90.8%)。2000 年 3 月,CALIS 联机合作编目系统正式启动,以联合目录数据库为基础,以高校为主要服务对象,开展了联机合作编目、编目数据批量提供、编目咨询与系统培训等业务。CALIS 联机合作编目中心目前有成员馆 470 余家。

系统检索范围包括 CALIS 联合目录中心数据库的所有中文、外文数据。目前包含书目记录 6047679 条。选择检索点,输入检索词,然后点击检索按钮,或直接回车就可开启一次检索进程。系统按照题名默认排序,也可以在结果列表页面选择责任者或出版信息排序。系统网址:http://opac.calis.edu.cn/。示例详见 4.2 节相关内容。

(3) 高校学位论文库项目

在"九五"期间建设的博硕士学位论文文摘数据库基础上,建设一个集中检索、分布式全文获取服务的 CALIS 高校博硕士学位论文文摘与全文数据库。该子项目与 CADAL 专题下的学位论文子项目分工合作。前者除负责所有论文的目次报导任务,并负责对 2000 年起CALIS"九五"期间参建单位利用网上提交系统收取的电子版学位论文;CADAL 专题则负责非原生电子版论文的数字化加工,并在得到版权赠予,许可公开无限制利用后纳入百万书库。项目网站:http://etd.calis.edu.cn/ipvalidator.do

(4) 重点学科导航库项目

该项目以教育部正式颁布的学科分类系统作为构建导航库的学科分类基础,建设一个集中服务的全球网络资源导航数据库,提供重要学术网站的导航和免费学术资源的导航。导航库建设的学科范围涉及除军事学(大类)、民族学(无重点学科)之外的所有一级学科,共78 个。项目门户:http://202.117.24.168/cm/main.jsp

【检索实例 8 - 2】　利用重点学科导航库检索"通信工程"学科的重要学术网站

解答　登录门户网址:http://202.117.24.168/cm/main.jsp→在检索框中输入"通信工程"→检索结果中找到所需网站→点击进入(如果因链接信息陈旧导致不能进入相关网页)→复制检索到的学术机构名称→搜索引擎→进入机构网站。

8.2.2　江苏省高等学校文献信息保障系统(JALIS)

1. 概况[①]

(1) 简介

江苏省高等学校文献信息保障系统(JiangSu Academic Library & Information System,JALIS),是 CALIS 建设的一个组成部分,在全国 CALIS 管理中心的统一领导和组织下开展项目的实施。JALIS 管理中心设在南京大学,下设 8 个地区、学科中心和四个书刊采编中心,形成了"管理中心—学科/地区中心—基层图书馆"的三级服务网络体系。

JALIS 管理中心通过与 CALIS 的协调,在江苏地区推进、实施 CALIS 的相关服务计划,规划江苏省内的文献资源建设,督导地区/学科中心的服务工作,处理日常的管理工作。地区、学科中心依托所在馆开展服务,形成针对本地区、学科群的辐射面,成为地区性的文献中心和文献服务中心,为本地区的教育发展、经济发展提供支持,各个中心设有专职人员负责文献传递、馆际互借服务。

(2) 门户(http://www.jalis.org.cn/)

JADLIS 数字图书馆,江苏省高等学校数字图书馆,CADLIS 的江苏版,开辟有"中心介绍""分类资源""特色项目""特色资源""江苏省图工委""JALIS 项目建设"等栏目,将江苏省高校自建与参建 CALIS 的资源整合在 JADLIS 门户上,很好地达到了整合、共建、共享、保障与服务的建设目标。

CALIS 服务导航:JADLIS 提供的 CALIS 导航有全文获取、科技查新、联合问答、收录引证、外文学位论文、书刊联合目录、外文期刊网、电子教参书籍、百万电子图书等内容。读者点击所需服务内容,就可进入相应服务网站获取所需文献或服务。

JALIS 电子资源:JALIS 集团采购的电子资源有超星数字图书馆资源、维普数据库、CSSCI、人大报刊复印资料、CALIS 西文期刊篇名目次数据库等。

JALIS 服务导航:列出了三类 JALIS 服务,主要有 JALIS 特色数据库、JALIS 学科导航库、JALIS 教学联合体,为用户提供快捷的链接入口。

2. JALIS 项目与产品举要

① "e 读"统一搜索平台。JALIS 提供一站式学术资源搜索服务,主要是通过"e 读学术

① 　http://www.jalis.org.cn/ziye_js.jsp。

搜索"来完成的,与 CADLIS 的"e 读"平台不同的是,JALIS 的平台上除"e 读学术搜索"外,增加了"CALIS 外文期刊网"、"CALIS 高校书刊联合目录"两个资源搜索入口,另外,用户可以在"全国""本省/市/共享域"等范围内搜索文献(图 8-2)。

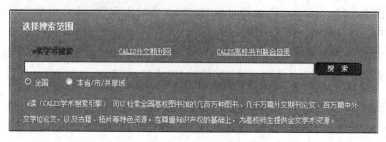

图 8-2　JALIS 统一搜索平台

② JALIS 教学参考文献信息服务系统。该项目由南京师范大学图书馆承建,旨在构建江苏高校教材及教学参考书的制作、服务平台,建成一个基本覆盖江苏省高校主要课程的、提供集中检索、分布式全文获取的 JALIS 高校教材及教学参考书数据库。系统提供的服务有:教材、教学参考书浏览与检索;课程信息浏览与检索;图书文献的本单位收藏情况揭示;电子书全文阅读;精品课程;教材教参电子书推介。平台网址:http://202.119.108.47/。

③ 精品课程教学资源数据库系统。该系统由南京农业大学承建,通过建设的精品课程教学资源数据库系统,整合现有优质精品课程教学资源,通过深入内容标引揭示,建立核心资源本地化镜像保障,搭建一个"开放、互动、整合、共享"的江苏省精品课程共享应用服务平台。收录 2003~2010 年度可供使用的江苏省省级精品课程,包括本科及高职高专课程,共计 780 余门,收录资源 39 600 余条。系统平台网址:http://jsjpkc.njau.edu.cn/。

④ JALIS 特色资源整合平台。由苏州大学图书馆承建,旨在集中展示江苏高校在特色资源建设中的各项最终成果,反映各馆特色资源建设的技术和水平,通过统一平台为 JALIS 成员高校读者提供联合认证、统一检索、学科导航、资源评论等功能服务。整合的数据库 26 个,元数据量超过 110 万条,全文 18 万条。平台网址:202.195.136.155/cxstar。

8.2.3　其他文献保障服务系统

1. 国家科技图书文献中心/国家科技数字图书馆(NSTL)

(1) 概况

国家科技图书文献中心/国家科技数字图书馆(NSTL)是根据国务院领导的批示于 2000 年 6 月 12 日组建的一个虚拟的科技文献信息服务机构,成员单位包括中国科学院文献情报中心、工程技术图书馆、中国农业科学院图书馆、中国医学科学院图书馆,网上共建单位包括中国标准化研究院和中国计量科学研究院。中心根据国家科技发展需要,按照"统一采购、规范加工、联合上网、资源共享"的原则,采集、收藏和开发理、工、农、医各学科领域的科技文献资源,面向全国开展科技文献信息服务。2000 年 12 月 26 日开通的网络服务系统,是其对外服务的窗口。系统主要提供文献检索、原文提供、联机公共目录查询、期刊目次浏览、代查代借、专家咨询、国家科技报告服务、重点领域信息门户导航等服务。平台网址:

http://www.nstl.gov.cn/。

　　NSTL 的资源。经过十多年的建设和发展,中心已经成为了我国收集外文印本科技文献资源最多的科技文献信息机构,拥有各类外文印本文献 25 000 余种,其中外文科技期刊 17 000 余种,外文回忆录等文献 9 000 余种。学科范围覆盖自然科学、工程技术、农业科技和医药卫生等四大领域的 100 多个学科和专业,购买开通网络版外文现刊近 12 000 种,回溯数据库外文期刊 1 500 余种,中文电子图书 23 万余册。

　　(2) NSTL 平台的主要服务内容

　　① 文献服务。包括文献检索、全文提供、网络版全文、目次浏览、目录查询等。非注册用户免费可获得除全文提供以外的各项服务,注册用户同时可获得全文服务。个体用户一般先在图 8 - 3 平台上检索到所需文献线索,再通过图书馆馆员获取原文。

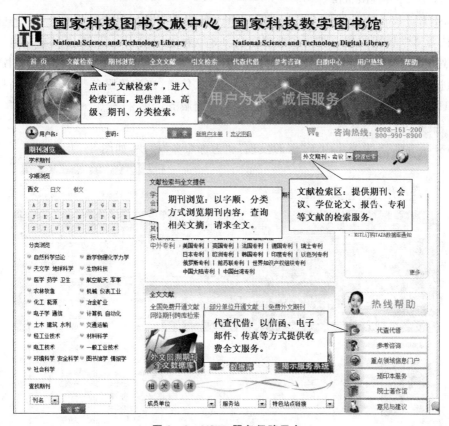

图 8 - 3　NSTL 服务保障平台

　　② 参考咨询。用户可通过"实时咨询"的方式在线与咨询员交流,或通过"非实时咨询"途径提出问题。咨询前请先浏览"已回答问题"栏目,或许可以在那里得到答案。所提问题及其答复可能被加入到已回答问题库之中,供其他人参考借鉴。

　　③ 重点领域导航。针对当前国内外普遍关注的重点领域或科技热点问题,进行资源导航。

　　【检索实例 8 - 3】　纳米技术在信息技术领域的应用情况

　　解答　进入 NSTL 网站(http://www.nstl.gov.cn/,如图 8 - 3 所示)→点击"重点领

域信息门户"→点击"纳米科技"→在浏览导航区找到信息技术,点击进入 →浏览相关学术动态报告。

2. 中国高校人文社会科学文献中心(CASHL)

(1) 概况

中国高校人文社会科学文献中心(China Academic Humanities and Social Sciences Library,CASHL),教育部高校哲学社会科学"繁荣计划"的重要组成部分,目标是成为"国家级哲学社会科学资源平台",为高校哲学社会科学教学和研究提供文献保障服务。服务体系由项目管理中心和 2 个全国中心、5 个区域中心以及 10 个学科中心组成。平台网址:http://www.cashl.edu.cn/。

CASHL 于 2004 年 3 月 15 日正式启动并开始提供服务。目前已收藏有 11 100 多种国外人文社会科学领域的核心期刊和重要期刊、1 370 种电子期刊以及 27 万种早期电子图书、44 万种外文图书,拥有"高校人文社科外文期刊目次库"和"高校人文社科外文图书联合目录"等数据库,提供文献检索和浏览、馆际互借、原文传递、咨询等服务。任何一所高校,只要与 CASHL 签订协议,即可享受文献传递、专家咨询服务。

(2) 服务内容

CASHL 的服务主要集中于"资源发现"、"为你服务"模块,如图 8 - 4 所示。

图 8 - 4 CASHL 服务平台

平台默认"简单查询"模式,用户在"资源类型""学科"中勾选所需文献类型后,在输入框输入检索词即可完成一次简单检索。

CASHL 的文献传递服务,面向各高校读者。当读者在本校各类资源中无法找到所需文献时,可以申请文献传递服务。CASHL 将帮助读者从国内、国外等地查找所需文献。普通文献传递请求在 1 个工作日内做出响应,3 个工作日内送出文献;加急文献请求在 0.5 个工作日内做出响应,1 个工作日内送出文献。

【检索实例 8 - 4】　完成 CASHL 的用户注册

解答　登录开世览文主页 http://www.cashl.edu.cn→单击"注册"进入注册界面 →填写用户信息→单击"提交"后进入 CASHL 馆际互借读者网注册页面,继续填写相关信息(请注意务必正确选择所属学校)→单击"提交"完成注册→注册完成后,请持注册时填写的有效证件到所属图书馆进行确认后,成为 CASHL 的合法注册用户。

【检索实例 8 - 5】　请在 CASHL 中完成篇名为"Presentation"的原文传递

解答　进入 CASHL 平台→在"简单查询"输入框中输入"Presentation"→检索途径选篇名→点击"查询"按钮→在检索结果显示页面找到所需资源(可在此处通过点击篇名、刊名、卷期等查找相应详细信息)→点击记录右侧的"文献传递"按钮→进入原文传递页面→选中"馆藏地址",点击"发送文献传递请求"按钮→完成传递请求,如果没有登录,需输入用户名、密码及验证码进行登录。

3. 百链云图书馆

(1) 概况

百链云图书馆通过联合全国 700 多家图书馆馆藏书目系统、电子书系统、中文期刊、外文期刊、外文数据库等数字资源,系统集成了 300 多个数据库,实现中外文图书、期刊、学位论文、会议论文、专利、标准等各类资源的一站式检索。平台可以对文献资源及其全文内容进行深度检索,在检索结果中,每条命中记录提供了题录信息,同时提供获取途径。如本馆已购买该资源,可直接链接到原文,如本馆未购买资源,可通过邮箱请求原文传递。平台网址:http://www.blyun.com/。

(2) 功能

百链云图书馆集文献搜索、试读、传递为一体,实现了基于内容的检索,使检索深入章节和全文。百链分中、外文搜索,通过全部字段、标题、作者、刊名、关键词、作者单位、ISSN 等检索字段,对全部、图书、期刊、报纸、学位论文、会议论文、专利、标准、视频等类型资源进行文献查找或知识查找,除简单检索外,还提供更专业的高级搜索。其功能主要体现在:

① 从馆藏部分内容到全部内容:检索范围从本馆馆藏扩展到了全部出版文献;

② 从分散的多个数据库到统一调度:将图书馆购买的各种数据库和开放资源进行整合与链接,使得每个数据库不再是信息孤岛;

③ 从本馆服务到多馆联合服务:实现全国多个图书馆资源的联合检索,互联互通,共同协作共享服务;该功能通过原文传递实现,原文传递一般会在 2~10 小时内给予答复。

【检索实例 8 - 6】　利用百链云检索平台,查找"WCDMA 网络优化"方面图书信息。

解答　(集团用户)进入百链检索界面→选择"图书"搜索→在检索框中输入检索词

"WCDMA 网络优化"→点击"中文搜索"按钮→在结果显示页面找到所需图书《WCDMA 网络专题优化》并点击题名→进入该图书详细页面→在"获取资源"栏目,可查看本馆藏书信息→点击"馆藏纸书"→进入本馆 OPAC 检索页面→查看馆藏信息;点击"文献传递"栏目的"图书馆文献传递"可进行文献传递,点击"图书馆文献传递"→输入用户的电子邮箱及验证码,即可完成原文传递请求;在本省市馆藏借阅栏目下可查看本书的馆藏地点;"试读"提供电子书试读。

4. 美国 DIALOG 联机检索系统

（1）概况

美国 DIALOG 联机检索系统是目前世界上最著名的商用联机数据库检索系统之一,也是目前运作最成功的联机商业数据库系统,它拥有 80 多个国家约 10 万多个终端用户。DIALOG 拥有近 600 个联机数据库,学科覆盖面广,其内容几乎涉及全部学科范围,包括综合性科学、自然科学、应用科学和工艺学,社会科学和人文科学,时事报道和商业经济等。DIALOG 数据库中有许多极具代表性和常用的数据库,著名的数据库如 INSPEC、MEDLINE、MATHSCI、BA、NTIS 等都加入到 DIALOG 系统中;还有著名的几大检索数据库,如 SCI、EI、ISTP、SSCI、AHCI(艺术与人文科学引文索引)等也都可从 DIALOG 系统中检索;更有世界著名的 DERWENT 专利数据库以及美国专利、欧洲专利、日本专利等数据库也都可在 DIALOG 中查询。

DIALOG 数据来源于各种不同的图书、报纸、杂志期刊、技术报告、会议论文、专著、专利、标准、报表、目录、手册等上的信息。数据形式包括文献型(文献的题录和文摘)、数值型(统计表、商业财政数据等)、名录字典型(手册、指南、名录等)、全文型(论文、报告、新闻报道的全文等)。

DIALOG 提供信息检索、定题服务、原文定购(Email、Fax 或邮寄传递)等服务。利用 DIALOG 系统,可进行项目查新、文献调研、课题立项、申报专利、了解市场动态和竞争对手、新产品开发、公司的背景情况、经济预测等信息。DIALOG 数据库适用于做比较全面的文献调研检索。如:科研课题开题立项时进行文献回溯检索、课题中期跟踪检索和课题结题时的查新检索等。

（2）检索方式

DIALOG 国际联机检索系统的使用方法不像面向最终用户的数据库那么简单,它具有一套完整而功能强大的指令系统以保障检索的快速性及检索结果的查全率和查准率。这些检索指令和检索技巧需经过培训才能掌握,加之 DIALOG 用户号在同一时间内只能提供给一个用户使用,不能多用户共享,因此,读者使用 DIALOG 国际联机系统必须与图书馆联系,由用户将检索课题提交给图书馆的情报检索人员,并由专业人员来进行检索,否则会有耗时、耗费、甚至检索不到结果的可能。检索入口主要有:

① 一般用户 Web 页面检索:http://www.DialogWeb.com;

② 特别为专业人员推出的 Web 界面:http://www.DialogClassic.com;

③ 非专业检索人员 Web 界面:http://www.dialogSelect.com;

④ 数据库主页:http://library.dialog.com/bluesheets/。

8.3　资源导航与知识发现

8.3.1　资源导航

1. 图书馆网站的信息服务

门户网站,是指通向某类综合性互联网信息资源并提供有关信息服务的应用系统。一般将规模大、功能多、资源丰富的网站称为门户网站。图书馆网站属于专业类教育门户网站,其信息服务主要集中在文献资源(特别是数字资源)服务、参考咨询服务、统一平台检索服务等方面。

(1) 文献资源服务

分为传统文献资源服务、数字文献资源服务两种模式。前者体现在文献分类与编目上,信息组织重在外在,为读者提供描述质量好、结构化程度高的书目数据产品,但可扩充性差;后者主要体现在数字图书馆服务上,通过对异构资源进行整合,使之有序化,同时在知识关联的基础上,在友好的交互界面上为读者提供个性化服务。如图 8-5 所示,北大图书馆的文献资源被整合在主页的“资源”栏目下,通过其下的“电子资源”“纸质资源”“数字特藏”三个子栏目,将全部馆藏呈现给读者。

(2) 统一平台的检索服务

目前,多数图书馆采用搜索引擎技术提供一站式检索服务,如图 8-5 所示北大大学图书馆在同一检索框下,可以进行“未名学术搜索”“馆藏目录”(OPAC)检索“数据库”与“电子期刊”检索;图 8-6 所示清华大学图书馆,则可进行“馆藏目录”“数据库”“电子期刊”“整合检索”等资源检索。“未名学术搜索”“水木搜索”则是两馆基于海量元数据仓储的新一代学术资源发现与获取系统。在默认检索框中输入需要查找的内容,通过勾选多种精炼选项或切换排序方式,可以灵活地过滤和查看检索结果;通过全文获取链接可以便捷地定位到一个或多个全文资源,还可以快速保存选中记录并导出至个人文献管理软件。

图 8-5　北京大学图书馆门户

（3）参考咨询服务

北大图书馆的咨询服务在"咨询台"栏目下设置"电话咨询""实时咨询""邮件咨询""BBS 咨询""常见问题"等不同的咨询模式，除传统通讯外，还有人人网、微博、微信等方式。同时还通过"分享"功能让读者将自己关注的问题分享到人人网、新浪微博、腾讯微博、豆瓣等空间。

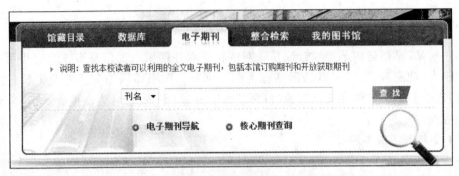

图 8-6　清华大学图书馆资源统一检索平台

高校图书馆门户网站所提供的服务，从形式上看基本相同，如图 8-7 所示南京大学图书馆的统一资源检索平台，就与前二者高校馆同类服务没有什么不同，所不同的是各图书馆馆藏资源在收藏内容上的差异。

图 8-7　南京大学图书馆资源检索平台

2. 图书馆网站的资源导航

目前，图书馆馆藏文献资源的丰富程度可以用"海量"来形容，为便于读者查找，各馆都推出自己的检索系统供读者查阅时使用，虽然当下"一站式"检索占据主流模式，但按类揭示资源的导航模式，依然对读者查找馆藏资源发挥着重要作用。图书馆的资源导航作为按分类揭示馆藏资源，为用户"发现文献"提供引导的一种聚类报道资源方式，与查询系统一起构成了图书馆的检索系统。图书馆资源导航一般按学科、主题、类型等进行分类，导航揭示多为几种分类方式组合使用，常常在提供"按字母分类"导航的同时，也提供"按学科分类"导航、按"类型"导航等形式。

① 按字母分类导航。即主题导航，依期刊名、图书名、数据库名的中外文名称字顺进行聚类揭示，供读者按资源名称检索。有的图书馆在"按字母分类"下，又细分为"中文刊""英文刊"等。如图 8-8 上海交通大学图书馆的学术期刊导航所示。

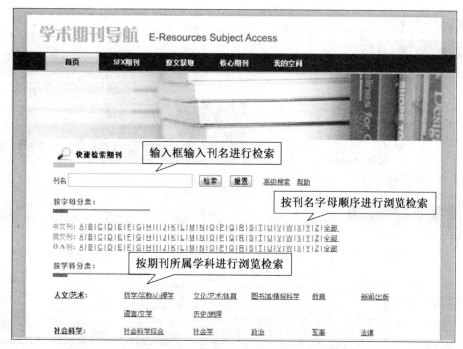

图 8 - 8　上海交通大学图书馆学术期刊导航图

② 按学科分类导航。即分类导航,图书馆的分类导航虽然以图书分类法作为聚类原则,但导航所设一级类目情况常以本馆馆藏的主要类别或学校重点学科为依据,所以图书馆资源导航的大类设置一定程度上可以反映馆藏特色。如上海交大图书馆导航类目设有:人文/艺术、社会科学、自然科学、生命科学/医药学、工业技术、经济管理、综合等类目。

③ 按类型导航。即按文献的载体或出版形式进行导航,一类是先按载体形式分类,再按出版形式或学科与语种分类导航,如,南京大学图书馆先将资源分为电子资源、外文期刊、开放获取资源等类型进行导航,二级类目电子资源再按语种、学科、类型导航;另一类则相反,先按出版形式分类再按载体形式导航。如,武汉大学图书馆一级导航类目分为图书、期刊、报纸、学位论文等,在期刊类目下再依载体形式细分期刊数据库、电子期刊、馆藏纸本期刊等类目。

3. 数据库的资源导航

数据库对其拥有的文献资源进行导航主要采用主题与分类两种方式,分类导航一般按图书分类法作为类目设置原则,主题导航则按收录的图书、期刊等名称的字母顺序进行导航。如图 8 - 9 所示,CNKI 知网提供字母导航、学科导航两种途径供用户查找所需期刊、学位、会议、报纸、年鉴、工具等文献资源;IEL 数据库则在"by title""by topic"栏目下,提供收录会议文献的字母顺序导航;维普资讯同样在导航页面上提供期刊名按字顺导航和期刊学科分类导航两种。

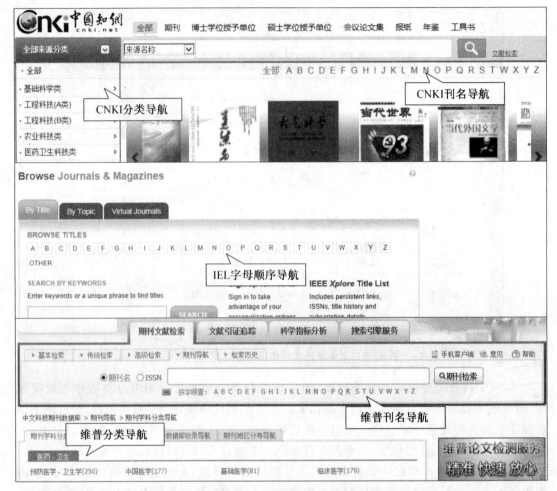

图 8-9 CNKI、IEL、维普数据库的资源导航(局部)

8.3.2 学科导航

1. 概述①②③

搜索引擎作为互联网上用于信息发现的主要工具,对网络信息资源的组织、检索起到了一定的作用,但由于搜索引擎没有采用受控语言,在提供大量检索结果的同时,查准率与查全率得不到保障,信息过多反而造成用户的负担。快速、高效地找到互联网上高质量信息资源的学科导航应运而生。

学科导航是按学科门类将 Internet 上的学科信息、学术资源等集中在一起,以实现资源

---

① 吕慧平,等.中国学科信息门户网站建设的现状与问题探讨[J].现代情报,2006(9).
② 叶春峰,等.国内外网络资源学科导航与信息门户研究分析[J].情报杂志,2004(12).
③ 韩丽.国内外学科信息门户简论[J].图书馆杂志,2004(7).

的规范搜集、分类、组织、评价和序化整理,并能对导航信息进行多途径内容揭示,方便用户按学科查找相关学科信息和学术资源的系统工具,是解决网络信息超载问题的有效途径。目前,学科导航已在网络指南、资源导航、揭示数据库的基础上发展为学科信息门户(Subject Information Gateway,SIG),它根据特定用户的需求对网络中的相关信息进行了资源集成和更深入的揭示,并提供信息查询服务,其整合的信息资源是信息工作者根据一定的标准严格选择过的,有的甚至有资源评价规则和定期测试审核机制,因而,具有准确性、可靠性较高的特点,是用户网上检索相关专业领域信息的一种重要资源。

SIG 的建设起始于 1996 年 DESIRE 项目的一期工程,在国外的研究和发展已达到了较高的水平。现在,SIG 在欧洲渐趋普及,一大批面向数学、工程技术、医学、社会科学的 SIG 相继建立。我国学科导航及门户网站的建设发展迅速,主要有联建和自建两种,联建比较有影响力的如 CALIS 重点学科导航、CSDL 学科信息门户、NSTL 重点领域信息门户等;自建的主要是各高校图书馆自建的学科导航,这一类型虽然规模小,但是绝对数量庞大,是当前学科导航的主要存在形式,如武汉大学环境法研究中心的环境法学术资源导航。

2. 国内外学科导航门户举要

(1)国内综合性学科信息门户群

① CALIS 重点学科网络资源导航门户,http://202.117.24.168/cm/main.jsp,详见8.2.1 节。

② CSDL 学科信息门户群。http://www.las.ac.cn/,中国科学院文献情报中心(国家科学数字图书馆,Chinese National Science Digital Library,CSDL)知识创新工程重大建设项目之一,于 2001 年 12 月正式启动。CSDL 从开放数字信息服务机制出发,建立多个分布的学科信息门户网站,提供权威和可靠的学科信息导航,整合学科信息资源与服务系统。CSDL 学科信息门户按学科大类组建,目前已建成并投入使用的学科信息门户有:

➢化学学科信息门户:http://chemport.ipe.ac.cn/;

➢数理学科信息门户:http://phymath.csdl.ac.cn/;

➢资源环境学科信息门户:http://www.resip.ac.cn/;

➢生命科学信息门户:http://biomed.csdl.ac.cn/;

➢图书情报信息门户:http://www.tsg.net.cn/;

➢新生疾病信息中心:http://eid.whlib.ac.cn/(中国科学院武汉文献情报中心)。

③ NSTL 重点领域信息门户,http://www.nstl.gov.cn/NSTL/nstl/facade/hotweb.jsp,是 NSTL 组织建设的网络信息资源服务栏目。其目的是针对当前国内外普遍关注的重点领域或科技热点问题,搜集、遴选、描述和揭示互联网上与之相关的文献资源、新闻动态、重要机构、资助资金、科研项目、研究团队和科研活动等学术信息,提供内容浏览、专题定制和邮件自动推送等服务。帮助用户及时了解和掌握相关领域研究热点的科研发展态势。

目前提供:食物与营养、水资源可持续利用、海洋生物技术、可再生能源、艾滋病预防与控制、节水农业、纳米科技、认知科学、农业立体污染防治九个学科。

④ 中国高校人文社会科学信息网,http://www.sinoss.net/xkdh/,教育部社会科学司指导下建设的为人文社会科学服务的专业性门户网站。通过全国性的网络平台,为高校及

全国社会科学研究工作者提供社科研究的信息服务；充分利用人文社科资源与成果，为人文社会科学服务社会提供平台；在资源导航方面主要提供学科网站导航、开放存取资源等栏目。

（2）国外学科导航门户

① INFOMINE 项目，http://infomine.ucr.edu/，起始建设于 1994 年的元月，作为加利福尼亚大学 Riverside 分校图书馆项目开始启动，后来陆续有维克森林大学等 6 个图书馆或学院加入合作建设，是图书馆提供的第一个 Web 资源的组织工具，也是第一个基于 Web 的学术性资源的组织站点。INFOMINE 的信息资源设定了生物农业医学、商业和电子、文化和宗教、社会和人文科学、物理数学和工程等几大领域。

② INTUTE 门户，http://www.intute.ac.uk/，英国最大的学科信息门户网站，整合了英国社会科学信息门户、生命科学资源导航、物理科学信息门户、工程数学计算机信息门户、地理学与环境科学信息门户、人文科学信息门户、艺术与人文信息门户及社会科学门户等 8 个非常有名的学科信息资源门户，分科学技术、人文艺术、社会科学、健康与生命科学 4 个服务模块，免费为教师、研究人员和学生提供发现和获取网络资源服务。

英国社会科学学科信息门户：SOSIG（http://www.sosig.ac.uk 已被整合进 INTUTE 中）

（3）其他学科导航网站

① 林业学科信息门户，中国林业科学研究院科技信息所提供，http://www.lknet.ac.cn/sztsg/framelimit.cbs? ResName=xkmh。

② 上海情报服务平台，http://www.istis.sh.cn/dyqb/，依托上海图书馆、上海信息情报系统的文献与人力资源，面向信息产业、汽车产业、化学工业、材料工业、装备制造业、生物与医药、能源与环境、现代服务业，聚焦当前技术、产业、市场的热点，发挥情报的预警、竞合、战略等作用。

③ 中国人民大学图书馆学科资源导航，http://ruc.cn.libguides.com/index.php，提供经济统计、会计、公共卫生、物理学、环境科学、社会保障等学科的资源导航。

④ 环境法学术资源导航，http://apps.lib.whu.edu.cn/，武汉大学环境法研究中心推出，提供：专家学者、学术会议信息、组织机构、法律法规、电子资源五个模块。

⑤ 同济大学图书馆的学科信息服务平台，包含：

➢医学与生命科学学科服务平台（http://dl9.lib.tongji.edu.cn:8001/）；

➢建筑信息门户（http://dl9.lib.tongji.edu.cn:8003/agate/）；

➢汽车行业信息服务平台（http://dl4.lib.tongji.edu.cn/）。

其他，如，浙江大学的学科导航（http://zju.libguides.com/index.php）、河海大学的水利学科导航门户 http://hhslx.firstlight.cn/Customer/index.aspx。

8.3.3 图书馆知识发现系统

随着网络技术、信息资源与用户需求的发展，图书馆提供的信息服务由原来的资源服务上升到知识服务层面。国内外 IT 技术提供商、数字资源供应商利用数据挖掘等技术，凭借自身及网络海量文献资源，纷纷跻身于图书馆知识发现系统的研发，基于知识发现与知识服务、结合本地化服务的系统平台已逐渐在各类图书馆得到应用,为图书馆用户提供高质量、低成本的学术资源发现和共享服务。目前提供知识发现服务的系统主要有:Summon、EDS、Primo、超星发现系统、万方数据知识服务平台等。

1. 概述

图书馆知识发现系统[①]是一种面向服务、基于 Web、使用分布式计算技术,从位于不同地理位置的分散的同构、异构数据集中发现知识的信息资源服务集成系统。这类系统由信息资源服务提供者、信息服务请求者(用户)和信息服务代理组成,并实现发布、查找和绑定三种交互操作,实现各种资源之间的相互调用、协同工作,从根本上解决读者在文献检索过程中繁杂的过程,并且有助于用户快速发现自己所需文献。

对于图书馆的最终用户来说,人们无需考虑图书馆服务系统的后台技术有多么复杂,他们追求的是直接、快捷、高效地获取知识。从研究角度、学术角度来说,用户需要的是有准确来源的数据、最直接的答案,而不是成千上万的文献。所以可满足用户的多种需求,提供人们所需要的知识服务才是最好的服务。同时,针对搜索引擎成为人们的惯用工具,知识发现系统就是为图书馆量身打造的专用搜索引擎。

一般说来,图书馆知识发现系统具有如下基本要求[②]:

① 能够对大量的数据进行分析处理。知识发现系统和有关的数据挖掘工具必须能够对"海量"数据进行处理,寻找用户关注的信息,实现原始数据向有价值的知识的转化。如,CNKI Scholar 平台除依托自身的全部数据库资源外,还联邦检索美国航空航天学会期刊、ACS 期刊、IEEE 期刊、超星图书、万方资源等十几种国内外数据库。

② 能够对多种类型的数据进行分析处理。网络文献数据既有结构化的数据,又有半结构化的数据,还有非结构化的数据。面向网络的知识发现系统必须能够对多种类型的数据进行处理。如,EDS find+系统融合了国内外重要二次文献服务平台的元数据,并能提供和引文数据库同等质量的 Index 元数据。

③ 用户能够参与挖掘过程。系统的交互能力对系统的性能是十分重要的,一方面,交互界面接收用户提出的检索、查询要求和数据挖掘策略,另一方面,交互界面又把生成的结果传递给用户,用户能够对有关的结果进行评估和选择。目前,知识发现服务平台大都支持手机 APP 访问,更加方便了用户参与到数据挖掘与知识发现活动的进程之中。

④ 具有动态性。知识发现是一个动态的发展过程,网络中的数据更新速度比较快,系统应该能够适应发展变化情况,对所发现的知识需要动态维护和及时更新,提供有效的决策支持。如,超星发现系统每周两次对其元数据进行更新。

⑤ 系统能对所发现的模式进行解释和评价。只有把所发现的知识明确表达出来,用户才能更好地掌握和利用,才能体现知识的价值。由于发现的模式通常都比较多,系统在一定的程度上应该能够评价和选择。目前的知识发现系统都提供可视化的知识关联显示,支持可视化地显示知识点与知识点、知识点与人、人与人、机构与人、机构与机构之间的相互关

---

① 张松岩,崔鹏.图书馆知识发现系统建设与应用研究[J].图书馆工作与研究,2014(2).
② 黄晓斌.基于网络的文献知识发现系统研究[J].情报科学,2003(2).

系,并能用图表的形式辅助学术趋势分析。

2. 高校图书馆的知识发现服务平台应用

目前,国内高校图书馆纷纷推出知识发现系统向读者提供"一站式"资源搜索与知识揭示服务,如北京大学图书馆的"未名学术搜索"、清华大学图书馆的"水木搜索"、复旦大学图书馆的"望道溯源"、南开大学图书馆的"南开搜索"、同济大学的"学术搜索"、东南大学的"成贤搜索"、浙江大学图书馆的"求是学术搜索"、厦门大学图书馆的"中文发现"……。这些图书馆知识发现系统功能各有不同,但都具有共同的特点,即收集大量数据库的元数据,在元数据中进行检索,然后按照某一规则排序。这些发现系统帮助图书馆为读者提供统一资源的发现与获取服务,内容包括图书馆自身的传统型馆藏、数字馆藏,以及图书馆订购的各类远程数据库、电子资源,也包括数字资源供应商提供的可获取的多种文献信息资源及网页资源。

3. 图书馆知识发现系统举要

(1) EDS 资源发现系统(Find＋版本)

系统覆盖全球 9 万多家期刊和图书出版社的资源总量已达到 7.5 亿多条,学术期刊超过 17.7 万,全文资源近 7 千万,学术资源的语言种类有近 200 种,非英语的出版社资源超过 3 000 家,中文资源总量也达到近 2 亿条,期刊论文篇目数据达到 8 000 万,书目信息资源 800 万,电子书资源 300 万;图书超过 1 200 万种。同时 EDS/FIND＋平台也扩展了期刊导航、学科导航、数据库期刊浏览、期刊检索、参考引文检索等功能,可以整合图书馆界 90%以上的学术资源,并提供未购学术资源元数据。

系统核心功能包括:

① 快速检索,通过海量学术资源的元数据仓储和预索引,提供快速检索;

② 多平台融合,实现检索结果与 Google Scholar,Wiki 词条、社交网站等资源和服务的聚合;

③ 检索结果按相关性排序,利用控制性主题词表优先的排序方式进行过滤、聚合与导引,令最相关的结果最先排列,方便读者快速定位所需信息;

④ 一站式获取,通过嵌入式全文、客制化链接和链接服务器 LinkSource,读者可以快捷恰当地获取全文和数字对象;

⑤ 个性化服务,提供多项个性化的服务:包括利用电子书架保存检索结果和检索式、RSS 订阅,添加标签和评论的功能等。

【检索实例 8-7】 利用 EDS Find＋找出《中国哲学史》一书的本地馆藏信息。

解答 进入南邮"资源发现"检索界面→数据选择为"馆藏目录",检索途径选"标题",在检索框中输入"中国哲学史"→点击检索按钮→检索结果中找到所需图书→查看馆藏信息。

【检索实例 8-8】 在 EDS Find＋平台上,查找出西方哲学史方面的文献。

解答 进入南邮"资源发现"检索界面→数据选择为"电子资源",检索途径选"所有字段",在检索框中输入"西方哲学史"→ 点击检索按钮→检索结果左侧列出发现的 1 409 条记录的"年份""资源类型""核心刊收录""学科"等分布情况本例按年份:2014 年 10 条、2013 年

22 条、……；按类型：期刊论文 1 355 条、图书 41 条、会议论文 13 条；按核心刊：CSSCI635 条、CSCD1 条→检索结果页面右侧顶部，点击"排序"，可对检索结果进行相关度、时间、核心刊排序→点击一条检索记录，可查看图书或期刊的摘要、详细信息、收录数据库等信息→下载原文或进行数据挖掘分析。

（2）超星发现系统

超星发现系统依托高厚度的元数据资源（至 2014 年 10 月已可搜索 2 341 家图书馆的资料文献），通过采用分面分析法，将搜索结果可以按各类文献的时间维度、文献类型维度、主题维度、学科维度、作者维度、机构维度、权威工具收录维度以及全文来源维度等进行任意维度的聚类。

南邮超星发现平台网址：http://ss. zhizhen. com。

系统核心功能：

① 多维分面聚类，超星发现依托高厚度的元数据资源，通过采用分面分析法，可将搜索结果按各类文献的时间维度、文献类型维度、主题维度、学科维度、作者维度、机构维度、权威工具收录维度以及全文来源维度等进行任意维度的聚类。

② 超星发现系统提供强大的智能辅助搜索功能。借助内置规范知识库与用户的历史检索发现行为习惯，自动判别并切换到与用户近期行为最贴切的领域和关注热点，同步显示与用户检索主题相应的解释，帮助实时把握所检索主题的内涵，并优先按用户筛选文献的喜好显示检索结果，提高发现精准度和检准率。

③ 立体引文分析，超星发现可实现图书与图书之间、期刊与期刊之间、图书与期刊之间、以及其他各类文献之间的相互参考、相互引证关系分析；文献引用频率分析研究，可有效测定与评价某一文献、某一学科、某一作者、乃至某一机构的学术影响力；文献间相互引证逻辑关系，可分析获得某一学术思想的历史渊源、传承脉络以及演变规律。

④ 超星发现系统能够按照知识概念给出知识关联图谱，通过单向或双向线性知识关联构成的链状、网状结构，形成主题、学科、作者、机构、地区等关联图，从而反映出学术思想之间的相互影响和源流。

⑤ 超星发现系统能够对搜索结果进行年代分布规律分析的功能，可揭示出任意主题学术研究的时序变化趋势图，进而帮助研究者在大时间尺度和全面数据分析的高度洞察该领域研究的起点、成长、起伏与兴衰，从整体把握事物发展的完整过程和走向，为预测该学术未来发展的趋势提供帮助。

图 8 - 10　南邮"超星发现"系统平台

【检索实例 8-9】 在南邮超星发现平台上,查找出"压缩感知"、"重构算法"相关研究的年代分布及其知识关联图谱(找出机构关联图)。

解答 进入南邮"超星发现"检索界面(网址:ss. zhizhen. com)→在检索框中输入检索词:压缩感知、重构算法(词间用空格隔开,如图 8-10 所示),点击检索→得出初检结果(如图 8-11 所示)→在"相关论著发文量趋势图"中移动鼠标可查看各年代发文量,点击选中年代,可筛选出该年代全部论著(如本例 2013 年发文量为 429 篇)→点击页面右上角"可视化"图标,进入"超星发现"学术辅助分析系统(图 8-12),通过可视化图表查看相关知识点、作者、机构等关联图,以及检索课题有关的期刊、学位论文、会议论文、专利等各类型学术发展趋势曲线,还可以查看核心期刊、学位论文学科分类、中文学科分类、刊种、地区、作者、基金等统计图(图 8-13)。

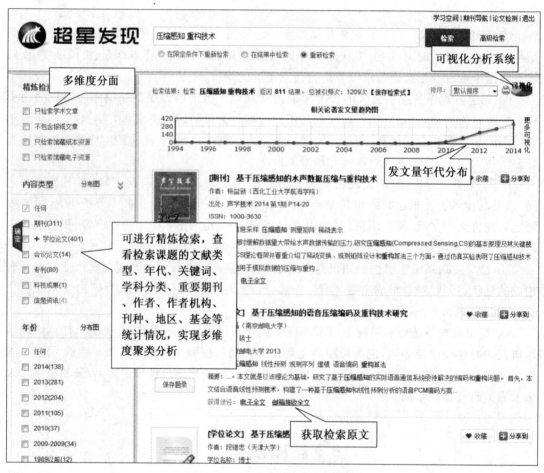

图 8-11 超星发现检索结果页面

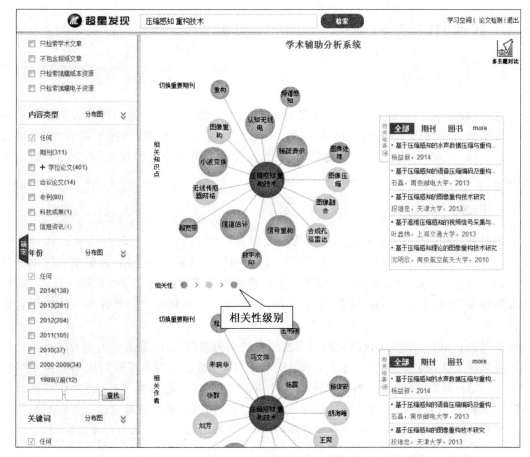

图 8-12　超星发现学术辅助分析系统

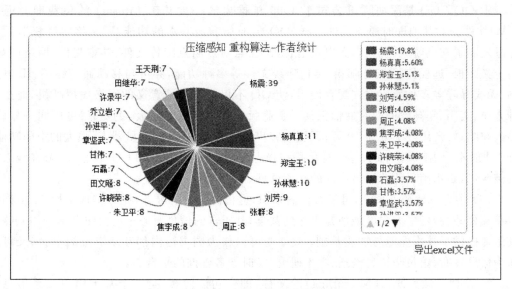

图 8-13　超星发现作者统计图

8.4 其他网络服务

8.4.1 即时通信服务

目前,即时通信在图书馆信息服务活动中得到了广泛的利用。由于即时通信在信息传播过程中具有:实时互动、便利、快捷、高效;无时空限制;费用低廉;功能丰富强大;操作简单,界面友好直观等鲜明互联网传播特质,使其深受图书馆与读者的欢迎,不少图书馆以即时通信工具为平台,开展了许多新型网络服务。

1. 概述

即时通信(Instant Messenge,IM)是指能够即时发送和接收互联网消息的业务。自1998年面世以来,特别是近几年的迅速发展,即时通信的功能日益丰富,逐渐集成了电子邮件、博客、音乐、电视、游戏和搜索等多种功能。即时通信不再是一个单纯的聊天工具,它已经发展成集交流、资讯、娱乐、搜索、电子商务、办公协作和企业客户服务等为一体的综合化信息平台。

即时通信软件,是目前我国上网用户使用率最高的通信软件,集成成为融合多种信息技术的互联网集大成者。信息沟通是互联网的本质,即时通信是当前互联网应用的重要组成部分,以 QQ、MSN 等为代表的即时通信软件,其功能从单一的网络寻呼、聊天等扩展到了多媒体文件传递与共享、远程控制、在线显示、信息即时收发、语音视频交谈、网络会议、收发电子邮件、手机短信、好友搜索等诸多方面,并为包括图书馆在内的众多行业所应用。

2. 图书馆常用即时通信工具

① QQ。QQ 是深圳腾讯公司于 1999 年推出的一款基于 Internet 的免费即时通信(IM)软件。和其他即时通信软件一样,QQ 最原始和最基本的功能是"网络寻呼机",后来相继发展了在线聊天、视频聊天以及语音聊天、点对点断点续传文件、共享文件、网络硬盘、自定义面板、远程控制、QQ 邮箱、传送离线文件等多种功能,并可与移动通信终端、IP 电话网、无线寻呼等多种通信方式配合使用,使 QQ 不仅仅是单纯意义的网络虚拟呼机,而是一种方便、实用、超高效的即时通信工具。企业版 QQ 功能更加强大,主要有:可以同一号码,多人在线;好友用户上限为 10 万;无接入客户数量限制;自动应答机器人;强大的空间功能。QQ 注册用户由 1999 年的 2 人(马化腾和张志东)到 2014 年 4 月 11 日 21 点 11 分在线人数突破两亿,是中国目前使用最广泛的交流软件。

QQ 作为一种聊天系统,可发布传播知识,提供高质量的服务,充分实现个性化,但同时也兼具公共性,可最大限度地使知识达到共享,其丰富的信息服务手段为图书馆利用 QQ 及其组件提供了技术保障与物质基础。QQ 既可以作为图书馆内部互动交流的平台,又可以作为信息发布、馆员与读者沟通、学术研究、实时参考咨询的平台。

② 微博。微型博客(MicroBlog)的简称,即一句话博客,是一个基于用户关系信息分享、传播以及获取的平台。用户可以通过 WEB、WAP 等各种客户端组建个人社区,以 140

字(包括标点符号)的文字更新信息,并实现即时分享。微博的关注机制分为可单向、可双向两种。微博作为一种分享和交流平台,其更注重时效性和随意性。目前,国内人气比较旺的微博平台有新浪微博、网易微博、搜狐微博、人民微博、腾讯微博等。

图书馆界已开始利用微博来拓宽服务范围、增加服务手段。主要的服务内容集中在信息推送方面:新书推荐、会议报道、图情资讯、学术灵感、培训教育、参考资讯、读者意见收集与反馈等。图书馆账户的"粉丝"可以在自己的微博主页及时看到所关注的图书馆用户发布的最新微博信息。

③ 微信。微信(wechat),是腾讯公司于 2011 年 1 月 21 日推出的一个为智能终端提供即时通信服务的免费应用程序,微信支持跨通信运营商、跨操作系统平台通过网络快速发送免费语音短信、视频、图片和文字。微信提供公众平台、朋友圈、消息推送等功能,用户可以通过"摇一摇"、"搜索号码"、"附近的人"、扫二维码方式添加好友和关注公众平台,同时微信将内容分享给好友以及将用户看到的精彩内容分享到微信朋友圈。由于微信拥有支持消息群发、具备自动回复功能、支持一对一交流、支持用户管理、提供公众平台消息接口等功能,不少图书馆已利用其公众平台开展了诸如图书检索、馆藏资源推荐、读者信息查询等微信服务。

3. 图书馆应用

① 新闻报道与互动交流。为让读者有更多、更快的渠道了解图书馆的最新资源与服务,同时也让图书馆有更多、更快的平台倾听读者的感想与建议,图书馆通常会开通诸如QQ 群、人人网公共主页、新浪官方微博和官方微信等服务,吸引读者关注,让图书馆用户群能够快速知道图书馆将要举办的活动。读者通过这些平台,一方面可以及时接收到图书馆的各类通知公告,了解图书馆开展的各项活动、新购书刊目录、数据库名单、新增服务内容等;另一方面也便于向图书馆反馈各项需求信息。

② 信息咨询与定题服务。图书馆利用即时通讯平台,通过便捷的文本交流(在线实时交流、留言和 E-mail)、以及语音和视频交流,提供多种交流及讨论模式,与读者之间建立密切的联系,进行虚拟参考咨询,便捷性、时效性强。同时,针对重点学科课题立项、课题决策、科研项目、学科带头人等重点对象开展定题服务和跟踪报道。

③ 馆藏资源推荐与传递。利用即时通讯平台,图文相结合的方式,向读者介绍新到馆的图书、期刊和音像制品等,发布经典书目清单,个性化的向读者介绍"我这里有什么"。通过 IM 强大的传输文件功能,为读者在线、离线、云传输各类读者所需数字文献资源。如,全国高校图书馆馆际互借 QQ 群(17308510)。

④ 读者教育与培训。图书馆借助 IM,通过在线、离线等各类灵活的方式,对读者提供文献、技术支持,进行网络资源导航,利用远程服务功能帮助读者克服在获取图书馆的资源与服务时所遇到的各种障碍;通过自建公共聊天室,定期或不定期地开展网上知识讲座和专题报告,进行读者信息素养培训或其他学术培训。

⑤ 综合性平台服务。一些图书利用微信等开展综合性平台服务,提供诸如图刊信息检索、读者证的绑定与解除关联、读者借阅信息查询与续借等服务,方便读者利用自己的智能终端(如,手机)进行一些原本需在图书馆现场管理平台上才能进行的功能操作。

总之,图书馆利用即时通讯工具的传播特性,针对其庞大的用户数量,适应新型信息服务要求,利用即时通讯工具开展了诸如基于位置的增强现实服务、基于身份特征的学科服务、基于实时交互的参考咨询服务、基于社群的图书馆活动推广服务等新型信息服务[1][2]。

8.4.2　移动图书馆

1. 概述

网络技术的兴起和普及为图书馆提供了更多的发展空间,催生了图书馆信息服务方式的变革,移动图书馆服务应运而生。移动图书馆[3](亦称手机图书馆)服务是指面向移动用户提供的以智能手机、iPad、PDA(Personal Digital Assistant,掌上电脑)等移动终端设备为载体,通过无线接入的方式访问图书馆资源、阅读电子书、查询书目和接收图书馆服务信息的一种新型服务方式。移动图书馆打破了图书馆信息服务的时空限制,实现了"Anytime、Anywhere、Anyone、Anything"的 4A 标准,也就是任何人在任何时间、任何地点通过移动通讯技术,都能够获取图书馆的任何资源。

移动图书馆的服务模式主要有基于浏览的 WAP 网站模式、基于点播的 SMS 短信模式、基于应用的 APP(Application)模式。SMS 短信服务模式下,使用者通过定制短信来获得移动图书馆信息服务资源,主要包括查询、信息推送等内容;WAP 网站模式下,用户通过手机、PAD 等可无线上网的移动终端登录移动图书馆网站进行网站浏览、数字资源检索、资源下载等;APP 应用程序模式下,用户通过下载安装与移动终端配套的 APP 应用程序,获取移动图书馆的全部信息服务功能。

移动图书馆按照提供服务的途径,可分为 SMS 短信服务、WAP 服务、3G 服务、WIFI服务等;按照服务的方式,可分为点对点信息服务、手机网站服务、APP 应用程序服务;按照服务的性质,可分为事务性服务(如图书催还、预约、续借、读者证挂失等)、检索浏览性服务(如新闻通知浏览、OPAC 检索等)、全文阅读服务(如电子图书、论文、报纸全文阅读等。)

2. 移动图书馆应用实例(以超星为例)

超星移动图书馆是为图书馆制作的专业移动阅读平台,用户可在手机、pad 等移动设备上自助完成个人借阅查询、馆藏查阅、图书馆最新咨询浏览,同时拥有超过百万册电子图书,海量报纸文章以及中外文献元数据供用户自由选择,为用户提供方便快捷的移动阅读服务。

(1) 系统功能简介

超星移动图书馆平台能够实现以下基本功能:与 OPAC 系统的集成实现纸质馆藏文献的移动检索与自助服务;与数字图书馆门户集成实现电子资源的一站式检索与全文移动阅读;与全国共享云服务体系集成实现馆外资源联合检索与文献传递服务;构建读者信息交流互动平台,实现公告信息发布与读者个性化服务定制;我的订阅服务,集成 RSS 订阅功能,有效的为用户提供个性化信息服务。

---

① 王保成,邓玉.微信公众平台在国内图书馆服务中的应用实践研究[J].图书情报工作.2013(10).
② 孙翌,李鲍,高春玲.微信在图书馆移动服务中的应用研究与实践[J].图书情报工作.2014(3).
③ 胡振化,蔡新.移动图书馆信息服务系统[J].图书馆自动化,2004(4).

① 在线一站式检索。基于元数据的一站式检索系统应用元数据整合技术对馆内外的中外文图书、期刊、报纸、学位论文、标准、专利等各类文献进行了全面整合,在移动终端上实现了资源的一站式搜索、导航和全文获取服务。超星将读秀、百链这样的元数据检索引擎运用到移动图书馆,将会使移动查找资源、移动获取资源,更快为用户接受。

② 适合手机的信息资源。在全文资源获取方面,超星移动图书馆通过代理服务器的方式实现了用户通过手机等移动终端访问、获取到所有图书馆已经购买的资源全文。除本地馆藏学术资源外,超星移动图书馆充分考虑到手机阅读的特点,专门提供 3 万多本 e-pub 电子图书 7 800 多万篇报纸全文供手机用户阅读使用。另外,超星移动图书馆还拥有海量的公开课与学术视频资源。

③ 云服务共享。超星移动图书馆接入功能强大的云共享服务体系,平台提供 24 小时云图书馆文献传递服务,无论是电子图书还是期刊论文,都可以通过邮箱接收到电子全文。24 小时内,文献传递请求的满足率:中文文献 96% 以上,外文文献 85% 以上。

④ 个性化服务体验。通过设置个人空间与图书馆 OPAC 系统的对接,实现馆藏查询、续借、预约、挂失、到期提醒、热门书排行榜、咨询等自助式移动服务。并可以自由选择咨询问答、新闻发布、公告(通知)、新书推荐、借书到期提醒、热门书推荐、预约取书通知等信息交流功能。

(2) 应用实例

① 登录。网页版(浏览器使用界面),手机或 PC 在浏览器中输入提供服务的移动图书馆网址,即可进入如图 8-12 所示界面,账号登录后,可进行馆藏与学术资源查询、下载、阅读等。客户端版,提供安卓系统客户端、IOS 苹果系统客户端两种版本。安卓用户与 IOS 用户根据提示(如南邮通达学院移动图书馆在图 8-14 所示网页上方直接点击下载,或到其他下载网址下载)下载安装相应的客户端。初次使用者,下载客户端→打开客户端,选择院校,使用个人图书馆借阅证号和密码登录,即可进入图 8-15 界面。

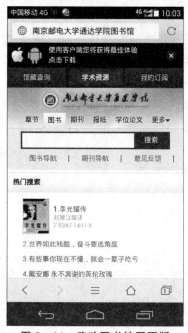

图 8-14　移动图书馆网页版

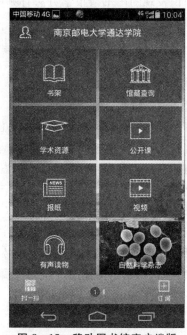

图 8-15　移动图书馆客户端版

② 系统功能模块。我的中心(空间)模块,通过移动图书馆平台与图书馆集成管理系统的对接,提供借阅证挂失、馆藏查询、预约借书、个人借阅历史查询、图书续借、咨询、移动图书馆检索历史记录、浏览历史记录等个性化自助服务。设有我的收藏、扫描历史、学习历程、借阅信息消息中心、意见反馈等栏目。

信息发布模块,自主完成移动图书馆提供的新闻、图书馆通告、新书推荐、借书到期提醒、预约到书通知等信息服务订阅与取消操作。

我的书架模块,收藏下载或导入的电子图书,方便读者随时阅读,该模块中选择图书的途径有支持在线书城、Wifi 传书、本地导入、二维码扫描等。

馆藏查询模块,通过馆藏查询结果,可查看图书在架情况,并预约;

学术资源模块,图书、章节、期刊、报纸、视频等馆藏或云资源的检索,选中所需文献后,出现:全文阅读、下载到书架、文献传递等选择项。

其他,还有报纸、公开课、视频、新闻订阅等模块。

思考题

1. 网络信息服务有何特点?
2. 网络信息组织的核心是什么? 内容有哪些?
3. 信息分析有何功能?
4. 按方法划分,信息分析可分为几种?
5. 文献统计分析的步骤是什么? 常用工具有哪些?
6. CNKI、维普、万方数据资源服务平台提供的信息分析与统计服务各有哪些?
7. 知识发现的内涵是什么? 过程有哪些?
8. 知识发现的图书情报学方法有哪些?
9. 常用文献管理工具有哪些?
10. CALIS 重点学科导航门户的网址是什么? 其功能的时效性如何?
11. CALIS"e 读"统一检索平台提供的检索途径和类型各有哪些?
12. NSTL 服务平台的网址是什么? 其文献服务内容有哪些?
13. CASHL 的服务内容及对象是什么?
14. JALIS 区域教学联合体目前有几个,能提供哪些服务?
15. 门户网站的常用资源导航方式是什么?
16. 目前,图书馆普遍采用何种方式进行文献检索服务?
17. 图书馆网站常用何种方式进行资源导航?
18. 国内学科导航门户有哪些?
19. 目前提供知识发现服务的系统主要有哪些?
20. 图书馆知识发现系统有哪些基本要求?
21. 移动图书馆的常用服务模式有哪些?

参考文献

[1] 花芳. 文献检索与利用[M]. 北京:清华大学出版社,2009.

[2] 吉久明,孙济庆. 文献检索与知识发现指南[M]. 上海:华东理工大学出版社,2010.

[3] 《中华人民共和国国家标准·文献著录总则》(GB 3792.1—83).

[4] 杨先明,但碧霞. 网络信息资源的分布特点及其利用对策分析[J]. 图书馆论坛, 2005(5).

[5] 许萍,肖爱斌. 信息资源获取与应用[M]. 北京:中国书籍出版社,2013.

[6] 《当代信息检索技术》编写组. 当代信息检索技术[M]. 北京:科学出版社,2010.

[7] 谢德体等. 信息检索与分析利用[M]. 2 版. 北京:清华大学出版社,2009.

[8] 彭奇志. 信息检索与利用教程[M]. 北京:中国轻工业出版社,2007.

[9] 马张华. 信息组织[M]. 3 版. 北京:清华大学出版社,2008.

[10] 储节旺,郭春侠,吴昌合. 信息组织学[M]. 北京:清华大学出版社,2007.

[11] 金晓祥. 数字信息检索与创新[M]. 北京:中国书籍出版社,2013.

[12] 何钧. 现代信息资源检索实务[M]. 北京:经济管理出版社,2013.

[13] 肖珑. 数字信息资源的检索与利用[M]. 北京:北京大学出版社,2013.

[14] 柴晓娟. 网络学术资源检索与利用[M]. 南京:南京大学出版社,2013.

[15] 陈雅芝. 信息检索[M]. 北京:清华大学出版社,2006.

[16] 彭奇志,林中. 信息资源检索策略与分析[M]. 南京:南京大学出版社,2013.

[17] 洪全. 信息检索与利用教程[M]. 北京:清华大学出版社,2009.

[18] 笪佐领,陈馥瑛. 网络信息检索及应用教程[M]. 南京:南京大学出版社,2011.

[19] 蒋永新,毛琴芳. 信息检索课程习题指导[M]. 2 版. 上海:上海大学出版社,2009.

[20] 张振华. 工程信息检索与论文写作[M]. 北京:清华大学出版社,2009.

[21] 乔颖. 信息检索实用指南[M]. 北京:中国农业科学技术出版社,2013.

[22] 金碧辉,刘雅娟. 期刊评价与影响因子、被引频次[J]. 中国科技期刊研究,1998,9(4): 239 - 241.

[23] 李晓萍. 姜瑾秋,王丽. 期刊影响因子和总被引频次的影响因素分析[J]. 深圳中西医结合杂志,2007,4(17):260 - 261.

[24] 尚宇红,杜秋英. 浅析影响因子的局限性[J]. 太原理工大学学报:社会科学版,2002, 20(2):230 - 232.

[25] 沈艳红. 信息检索教程[M]. 北京:高等教育出版社,2012.

[26] 计斌. 信息检索与图书馆资源利用[M]. 北京:人民邮电出版社,2013.

［27］陈英. 科技信息检索［M］. 5 版. 北京：科学出版社，2012.

［28］费业昆. 信息检索综合教程［M］. 北京：中国电力出版社，2013.

［29］祁延莉，赵丹群. 信息检索概论［M］. 2 版. 北京：北京大学出版社，2013.

［30］江友霞，常思浩，王涛. 信息检索教程［M］. 北京：人民邮电出版社，2013.

［31］郑云武，陈勇，肖琼. 现代信息检索教程［M］. 北京：人民邮电出版社，2012.

［32］杨青，乔冬敏. 信息检索与利用［M］. 北京：人民邮电出版社，2012.

［33］邰峻，刘文科. 网络信息检索实用教程［M］. 北京：电子工业出版社，2010.

［34］朱传方. 化学化工文献检索与应用［M］. 北京：化学工业出版社，2010.

［35］于志刚. 学位论文写作指导［M］. 北京：中国法制出版社，2013：10－30.

［36］曹天生. 本科生学士学位论文写作概论［M］. 合肥：安徽人民出版社，2008：98－102.

［37］蒋瑞松. 理工科大学生学位论文写作规范与方法［M］. 上海：上海大学出版社，2011：40－50.

［38］蔡丽萍. 文献信息检索教程［M］. 北京：北京邮电大学出版社，2013：270－280.

［39］曹鸿清. 经济文献信息研究［M］. 香港：香港文汇出版社，2004.

［40］http：//www. essaycn. com/Article/CSSCI20142015laiyuan_1. html

［41］http：//www. cfstc. org

［42］中国标准服务网：http：//www. cssn. net. cn

［43］国际知识产权局专利检索系统：http：//www. sipo. gov. cn

［44］李爱明，明均仁. 信息检索教程［M］. 武汉：华中科技大学出版社，2012：235－240.

［45］邓学军. 科技信息检索［M］. 西安：西北工业大学出版社，2006：224－226.

［46］康桂英，赵飞，吕瑞华，等. 网络信息资源检索与科技论文写作［M］. 北京：电子工业出版社，2012：117－119.

［47］吴寿林，汤怡蓉，王新春，等. 科技论文与学位论文写作［M］. 南京：东南大学出版社，2009：165－169.

［48］安吉利卡·H·霍夫曼. 科技写作与交流期刊论文、基金申请书及会议讲演［M］. 任胜利，莫京，安瑞，译. 北京：科学出版社，2012.

［49］刘绿茵. 电子信息检索与利用［M］. 北京：机械工业出版社，2007.

［50］孙平，伊雪峰. 科技写作与文献检索［M］. 北京：清华大学出版社，2013：117－122.

［51］刘颖，宋乐平. 大学信息检索实用教程［M］. 北京：清华大学出版社，2013：154－158.

［52］http：//wenku. baidu. com/link？ url ＝ rJpjlcJ6yA9fupkYsN1zBVCS8lE0GB6BRo
GlkS5hCyb6l2I4PqwyAFZME5Uyy0ymuGXi3B1SbjErgtwnOsC_xSkxiNrkMJ64wl2
lAnP6se